中华传统文化通识

主　编　曾海军　柯　胜　吴　瑶
参　编　赵　玫　郑　超　程学轩
　　　　王若翰

北京理工大学出版社
BEIJING INSTITUTE OF TECHNOLOGY PRESS

内 容 简 介

本书是一本面向大学生的中华传统文化通识教材，由四川大学哲学系教授曾海军领衔主编。全书立足中华文明连续性、创新性、统一性、包容性及和平性视角，简明而系统地介绍了中华传统文化中的政治、军事、思想、经济、汉字、典籍、选才、科技、艺术、民俗等诸多重要方面，旨在使学生对博大精深的中华传统文化在整体上有一个较为全面的了解，引领他们深入思考中华文明的本源和发展道路抉择。

在行文上，本书力求通俗普及和专业论述的和合相济，以及文字上趣味性和学术性的平衡。本书核心编写理念不是单纯罗列传统文化的各种知识，而是着眼于引导大学生运用当代中国视野，通过古今文化发展的关联与变革，领悟中华传统文化一以贯之的核心内涵和文化精髓，激发大学生的文化自信和民族自豪感，为他们将来投身于中华民族伟大复兴事业提供有益的启迪镜鉴。

全书脉络清晰、结构严谨、内容充实，行文流畅、语言通俗、栏目多样。既可作为各种层次的大学生的中华传统文化通识课教材，也可作为各类喜欢研读中华传统文化的普通大众读本。

版权专有　侵权必究

图书在版编目（CIP）数据

中华传统文化通识 / 曾海军，柯胜，吴瑶主编.
北京：北京理工大学出版社，2025.2.
ISBN 978-7-5763-5126-2
Ⅰ.K203
中国国家版本馆 CIP 数据核字第 20254N8X19 号

责任编辑：徐艳君	文案编辑：徐艳君
责任校对：刘亚男	责任印制：李志强

出版发行 / 北京理工大学出版社有限责任公司
社　　址 / 北京市丰台区四合庄路6号
邮　　编 / 100070
电　　话 / (010) 68914026（教材售后服务热线）
　　　　　(010) 63726648（课件资源服务热线）
网　　址 / http://www.bitpress.com.cn
版 印 次 / 2025年2月第1版第1次印刷
印　　刷 / 三河市天利华印刷装订有限公司
开　　本 / 787 mm×1092 mm　1/16
印　　张 / 12.5
字　　数 / 295千字
定　　价 / 78.00元

图书出现印装质量问题，请拨打售后服务热线，负责调换

代序：奠基于文化生命原点的再出发[①]

中华民族的当代复兴，需要有文化的创造和创新。文化的创造和创新，并非各种抽象要素和观念碎片的外在组合。譬诸骡子与狮虎兽，其体量不可谓不大，但却丧失了生育和自身繁衍的能力。缺失文化自我认同奠基的文明要素拼接，只能造成某种"文化意义上的骡子或狮虎兽"，而不能有真正的文化建构。文化的创造，须著力本原，深造自得，盈科后进，成章而达，积之既久，则取之左右逢其源，文化文明，由是乃可得以生生连续而日新无疆。

或谓"文化即是人化"，不过，这"人化"的前提则是自然。人自己就在自然之中，无法超然于自然之外而对其任意施加以"文"。儒家从"文质"的内在连续与整体性的意义上理解人的存在，就特别强调了这一点。《论语·雍也》："子曰：质胜文则野，文胜质则史。文质彬彬，然后君子。"《孟子·离娄下》："大人者，不失其赤子之心者也。"此言"文质"，乃就人作为个体的存在而言。《大戴礼记·礼三本》："凡礼，始于脱，成于文，终于隆。故至备，情文俱尽；其次，情文佚兴；其下，复情以归太一。"此所谓"情文"，亦即"质文"，乃指文明的创制而言。由此言之，"质"或自然，既是人存在的界限，同时亦规定了"文"之合理性的界限。超出这一界限的"文"之过度扩张，不仅将导致人自身生存意义的否定，甚而亦将受到自然的报复与惩罚。

是以人类文明的反思，即包含了一个回归自然的向度。道家倡言："复归于婴儿""复归于朴"，以实现人的存在之真实。儒家亦主张"报本反始""反本修古"，以奠立礼制人文之存在性的意义基础，都表现了这一点。不过，文明之回归自然，并非也不可能实质性地"回到"自然，而是要在文明的前行运动中贯注一种文质合一和自然生命整全性的精神。《老子》三十二章切当地描摹了文明的初始情态："道常无名，朴……天地相合，以降甘露，民莫之令而自均。始制有名。名亦既有，夫亦将知止。知止可以不殆。"这"始制有名"，或《大戴礼记·礼三本》所谓"礼始于脱"的文明初创，可以视为是一个"自然与文明的交汇点"，它在一种初始的文明形式中，保有着人类自然生命的整体内涵。

[①] 李景林，河南南阳人，哲学学士、硕士，历史学博士。曾任吉林大学哲学与社会学院教授、中国哲学史教研室主任，现任四川大学文科讲席教授，北京师范大学哲学学院教授、博士生导师，兼任中国哲学史学会副会长、中华孔子学会副会长、国际儒学联合会学术委员会委员等。主要研究方向：儒学、道家哲学、中国文化。主要著作有《教养的本原》《教化的哲学》《教化视域中的儒学》《教化儒学论》《孔孟大义今诠》《教化儒学续说》《孟子通释》《下学集腋》《中国哲学概论》（主编）等，在海内外学术刊物上发表学术论文两百余篇。曾获北京市高等学校教学名师奖、"四有"好老师金质奖章、吉林省哲学社会科学优秀成果一等奖、北京市哲学社会科学优秀成果一等奖、中国高校人文社会科学研究优秀成果三等奖等多种教学科研奖励。主持国家社科基金重大项目、教育部人文社会科学重点研究基地重大项目等多项学术研究项目。

今人所谓的"轴心时代",即本原于对此"自然与文明的交汇点"之反思。它是一个标志人类进入理性化地了解自身及其周围世界,并规定了各系不同文明发展方向的时代。作为人类对自身存在之"哲学突破"意义的原初自觉,各系文明在此时代所产生的原始经典或"圣经",亦以一种理性定型化的方式保有着其"自然"的内涵或精神生命的完整性,成为各系文明不断回溯以获得其原创性的天府义海或"生命原点"。

这样看来,人类存在所拥有的、作为"文"(这里的"文",是一种动词义的文)化之前提的自然,乃是某种在文明定向中差异化了的"自然",而非一种抽象一般性的自然。被各系文明之原始经典或"圣经"所"文"化并保有着的"自然",亦因哲学突破所获得的原初自觉与理性指引,而被陶铸为某种文明的特殊禀性。现身在此特殊自然禀性中的理性,是具有精神生命的理性;而经由理性自觉规定指引的自然禀性,亦是禀有明觉灵性和精神方向的生命自然。正是在这文化原初的生命差异性中,各系文明实现并获得了一种向着他者世界的敞开性和价值的普遍性。

《论语·述而》中言:"子曰:述而不作,信而好古,窃比于我老彭。"道家倡导复归自然,儒家则"信而好古",并主张"复古"。其实,道家所谓的复归自然、复归婴儿,只是一种象征性的说法。人类不能实质性地"回到"自然,只能回向于那个基于"自然与文明交汇点"之反思的"生命的原点"。因此,儒家"复古"的说法,比道家复归自然之说,更切合实际。儒家所谓的"复古""反本修古",即指向那个"生命的原点"。就文化整体而言,这个"生命的原点",也就是轴心时代所形成的原始经典或生命自然的精神蕴含。

我这里所谓的"自然与文明的交汇点"和"文化生命的原点",并非一个现成的时空固定性的概念。复古或回归经典,亦非"回到"现成摆在那里的"六经"一类原始的经典,而是对原始经典精神生命之诠释理解性的当下呈现与存在性拥有。一个时代的思想文化,见诸器物,形于制度,随时移世变,历久则会弥新。中国哲学"知止""复古"观念的思想旨趣,即在于通过这"生命的原点"之临在[①]对文明的奠基与解蔽作用,赋予并使之保有生生连续的原创性活力。思想文化的演进,有因有革,有连续有损益。相较于西方而言,中国思想和文化的发展,更偏重于这"因"或"连续"的一面。中国学术和文化,具有一个源远流长的诠释传统,"述而不作",或寓"作"于"述",通过经典及其意义系统的诠释性重建,以"因"应时代的要求,形成具有当代性意义的思想和礼仪系统,构成了中国思想文化演进发展的一种基本方式。这也是中国思想文化能够生生日新,延续数千年而不中绝,始终保持自身内在生命活力的原因所在。

新世纪以来,中国人的文化意识,已经逐渐摆脱了近百年来占据主流地位的文化激进主义思潮,代之而起的,则是一种日益增强的文化自信和文化自我的认同意识。中国当代文化的建构,亦正在经历一次奠基于"文化生命原点"的再出发。循此以进,假以时日,积厚广泽,中国文化的创造性重建和当代复兴,当可期之不远。

李景林

2024 年 6 月

[①] 临在:其英文为 presence,是指某一存有物和其他存有物"在一起"的实在性及不同的深度;也指有觉察力地安住于当下,活在当下,活在每一刻中。

前 言

党的二十大报告明确提出，"全面建设社会主义现代化国家，必须坚持中国特色社会主义文化发展道路，增强文化自信"，要"坚守中华文化立场"，"以社会主义核心价值观为引领，发展社会主义先进文化，弘扬革命文化，传承中华优秀传统文化，满足人民日益增长的精神文化需求，巩固全党全国各族人民团结奋斗的共同思想基础，不断提升国家文化软实力和中华文化影响力"，"推动中华文化更好走向世界"。

本书是为大学生编写的一个系统而简要的传统文化读本，它以党的二十大报告和习近平总书记在文化传承发展座谈会上的讲话（2023年6月2日）精神为指导。当今世界处于"百年未有之大变局"，中国正走在伟大复兴的路上。那么中国学子应该具有怎样的全新视野？如何以新视野来看待我们与世界的过去、现在和将来？作为高校通识课教材，本书力求立足伟大时代和中华立场，体现人文各学科新的研究成果，帮助大学生提升人文素养，感受中华文化的深厚底蕴，增强民族自尊心和自豪感，使之更具文化自信力和创造力。

本书结构清晰简明，概论梳理了文化文明的概念并阐述了中华传统文化的突出特性；后续各章分别从文化溯源、政治、军事、思想、经济、汉字、典籍、选才、科技、艺术、民俗等各方面对传统文化的精要内容进行了论述。在编写过程中，注重在知识讲授以外，引导学生以历史性的视角思考当下；在内容安排上，在正文内容之外，辅以拓展阅读、音视频资源、开放式思考题，指引学生加深对中华传统文化相关知识的印象。

本书由四川大学哲学系教授曾海军主持编写，编写团队来自全国各高校从事中华传统文化教学与研究的教师，以及四川大学哲学系中华传统文化相关专业的硕士、博士。主要编写者有：曾海军，中山大学哲学博士，四川大学哲学系教授、博士生导师；赵玫，山东大学哲学博士，西北民族大学副教授；吴瑶，北京大学哲学博士、四川大学哲学系助理研究员；郑超，北京师范大学哲学博士，西南石油大学讲师；柯胜，四川大学哲学博士，国家开放大学华侨学院国学导师；王若翰，日本关西大学东亚文化研究科博士；程学轩，四川大学哲学硕士。

全书由曾海军、柯胜拟定大纲、体例和统稿，各章具体编写分工如下：

第一章　原始反终：中华传统文化溯源，柯胜；
第二章　为政以德：格局宏大的政治观，吴瑶、王若翰；
第三章　兵国大事：传统军事文化述要，柯胜；
第四章　睿哲连绵：思想巨匠们的舞台，柯胜；

第五章　经邦济世：富而有道，郑超；

第六章　表意万载：汉字汉语，曾海军；

第七章　一脉不绝：典籍构建的永恒，赵玫；

第八章　选贤与能：人才与阶层流动，程学轩；

第九章　实学汇通：独特的科技体系，柯胜；

第十章　依仁游艺：可观天工，柯胜；

第十一章　礼求诸野：世风民俗，柯胜。

在本书编写过程中，我们得到了以下师友的无私帮助，他们是——练亚坤（中山大学哲学博士，广东工业大学马克思主义学院讲师）、张传海（山东大学哲学博士，宝鸡文理学院政法学院讲师）、王明华（中山大学哲学博士，广州南方学院博雅学院讲师）、孟少杰（清华大学哲学博士，上海交通大学马克思主义学院讲师）、闫雷雷（中山大学哲学博士，清华大学哲学博士后，陕西师范大学哲学学院讲师）、刘益（中山大学文学博士，韩山师范学院文学与新闻传播学院讲师）等老师。他们在高校繁忙的工作中拨冗为本书编写提供了无私的帮助，在此，特向他们表示最衷心的感谢。感谢北京理工大学出版社的编辑们为本书所付出的辛勤劳动。另外，在编写过程中，我们参考、借鉴并引用了相关著作和学术论文，也向这些论著的作者一并致以深深的谢意！

由于编写时间所限，本书难免存在错漏之处，真切希望广大读者、学友和专家不吝批评指正，以便对本书做进一步修订。

本书编写组
2024 年 5 月

目 录

第一章 原始反终：中华传统文化溯源 (1)
    第一节 文明、文化与中华文化 (1)
    第二节 中华传统文化的突出特性 (3)
    第三节 中华传统文化的形成 (8)

第二章 为政以德：格局宏大的政治观 (20)
    第一节 天命与仁德：政治的合法性 (20)
    第二节 忠孝与家国天下：政治的组织形式 (25)
    第三节 礼法相济：政治的治教之方 (30)

第三章 兵国大事：传统军事文化述要 (37)
    第一节 止戈为武——军事的核心目的 (37)
    第二节 存亡之道——各家的军事思想 (40)
    第三节 将星璀璨——历代兵家及兵书经典 (45)

第四章 睿哲连绵：思想巨匠们的舞台 (53)
    第一节 群星闪耀 (53)
    第二节 川汇江河 (54)
    第三节 时思俱进 (61)

第五章 经邦济世：富而有道 (69)
    第一节 德本财末 (69)
    第二节 生财有道 (71)
    第三节 富而后教 (75)

第六章 表意万载：汉字汉语 (81)
    第一节 仓颉六书与汉字流变 (81)
    第二节 表意的方块字及汉字文化圈 (86)
    第三节 汉字化繁为简与汉语由简入繁的双重变奏 (89)

第七章 一脉不绝：典籍构建的永恒 (94)
    第一节 典籍的保存形态 (95)

第二节　典籍的聚散与存亡 ……………………………………………（100）
　　第三节　典籍分类与"四部"之核心 …………………………………（104）

第八章　选贤与能：人才与阶层流动 （111）
　　第一节　从世袭王官到乱世之士 ………………………………………（111）
　　第二节　从以吏为师到察举征辟 ………………………………………（115）
　　第三节　从门阀世家到科举取士 ………………………………………（118）

第九章　实学汇通：独特的科技体系 （124）
　　第一节　数学与天文 ……………………………………………………（124）
　　第二节　农学与水利 ……………………………………………………（130）
　　第三节　医学与理化 ……………………………………………………（136）

第十章　依仁游艺：可观天工 （144）
　　第一节　书法丹青 ………………………………………………………（144）
　　第二节　天籁舞台 ………………………………………………………（155）
　　第三节　建筑与园林 ……………………………………………………（160）
　　第四节　器物服饰 ………………………………………………………（163）

第十一章　礼求诸野：世风民俗 （168）
　　第一节　饮食文化 ………………………………………………………（169）
　　第二节　下里巴人 ………………………………………………………（176）
　　第三节　时域殊俗 ………………………………………………………（185）

参考文献 …………………………………………………………………（191）

第一章
原始反终：中华传统文化溯源

学习目标

1. 了解文化和文明、中华和中国概念的联系和区别。
2. 理解中华传统文化的突出特性。
3. 了解历史地理环境对文明的影响。
4. 理解中华先民的奋斗与选择。

能力目标

能关注身边的中华传统文化，思考主客观条件对文化气质的影响。

什么是中华传统文化？中华传统文化似乎和现代生活方式很有距离，学习它对当今有什么意义？这恐怕是不少同学在开始本课程学习时存有的疑问。

中华传统文化，是中华民族在漫长的历史进程里，通过不断奋斗和社会变革，而逐渐形成和发展起来，具有悠久历史与民族独有特性的文化体系。"文化"一词是具有现实生命力和影响力的概念，这里的"传统文化"并不仅仅依靠时间的长久，更重要的是它所承载的价值意义，必须符合中华民族的精神价值观和奋斗前进的方向。

因此，在开始学习中华传统文化知识之前，我们有必要先对"文明""文化""中国""中华"等概念做一个比较明确的界说。

第一节　文明、文化与中华文化

一、文明

"文明"一词源出《周易》，"天下文明"[1]"其德刚健而文明"[2]"文明以止"[3]"文明

---

[1] 出自《周易·乾卦·文言》。
[2] 出自《周易·大有卦·彖辞》。
[3] 出自《周易·贲卦·彖辞》。

以说"①，原意表示光明，以及光明有文采的社会。而今天所说的"文明"，是指人类在社会历史发展过程中所创造的物质和非物质成就的总和。过去，西方学界曾经提出过社会发展要达到"文明"的高度，需要满足三要素的指标，包括文字、冶金术和城市的出现。然而，今天多数学者认为这一标准并不适用于所有文明。因此我们也不用牵涉这些学术争议，不妨简单理解为，文明是以一种偏静态的眼光来衡量人类所有物质与精神创造的总和。

一般而言，文明涉及的共同地域和群体都比较大，比如中华文明、阿拉伯文明、欧洲文明等。有的文明，可能出于某些原因与外界隔绝而长期不为人所知，如印加文明、玛雅文明等；或者已经整体湮灭，后世才发现遗迹，如吴哥文明；甚至还没被人类发现而只是存在人们的想象中，如外星文明。还可以用大型的生产模式作为代称来命名文明，如农耕文明、游牧文明、工业文明等。

二、文化

文化，是指人类社会的生存方式以及建立在此基础上的价值体系，是人类在社会历史发展过程中所创造的物质财富和精神财富的总和。

这个定义的后半段和前面对"文明"的定义几乎一样，事实上，有很多权威辞书里对文明的一个解释就是文化。但是，多数学者认为两者含义虽有重叠，但还是有所区别。

区别一，认为"文明"对社会发展的范围和程度要高于"文化"，而且"文明"需要发展到一定程度，达到一些指标要求。"文化"的门槛则相对比较低，只要是人类非天然、非本能的创造，都可以叫文化。从发展的历史而言，是先有"文化"而，后有"文明"。"文化"一词既可以像"文明"那样使用大的共同区域、大的群体和大型生产方式作为前缀，如中华文化、儒家文化、伊斯兰文化、农耕文化等，也可以用中小规模范围、群体和象征作为前缀，比如三星堆文化、小众文化、春节文化、茶文化等。

区别二，"文化"本身有价值体系的判断标准，人类社会的奋斗发展本身就在不断扬弃，因此并非所有存在都能被认定为"文化"，糟粕和黑暗残忍的历史记载不应在文化中复活，比如商代的"人牲人殉"等。

区别三，从汉语本身来看，"文化"一词的出现，在中国最早可追溯到《周易》，《周易·贲卦》里提到"观乎天文，以察时变；观乎人文，以化成天下"②。这句话的意思是，通过观察天文现象来了解时序的变化，通过观察人类社会的文明礼仪来教化天下。这里的"化"强调对社会民众、对现实的人产生具体的，特别是思想精神方面的影响，安顿百姓、切于民用。因此，真正的"文化"一定是具有历史或现实生命力和影响力的，我们看待"文化"不应只用静态视角，而更多要用发展和辩证的眼光。

本书中的"文明"和"文化"两词大部分情况下可以通用，但在强调"疆域范围"和"辉煌璀璨"时多用"文明"；在强调对当时和现在民众的影响，特别是思想精神方面时多用"文化"。

---

① 出自《周易·革卦·象辞》。
② 出自《周易·贲卦·象辞》。

三、中国、中华与华夏

"中国"和"中华"这两个概念在历史和文化上有着深厚的联系，但它们各自的含义和侧重点也有所不同。

（一）中国

"中国"这个词语最早出现在先秦时期。当时，华夏族（即汉族的前身）定居于黄河中游一带，认为此处乃是天下的中心，故称"中国"。目前所见最早的"中国"一词出现在西周初期周成王时的青铜器"何尊"铭文上，铭文原文为"宅兹中国"，意思是在天下的中央这个地方营建都城。后世历代多以"中国"指中原地区及其周边地区。随着地理疆域的扩大，"中国"逐渐取代了朝代名，成为华夏多民族统一国家的正式名称。清代《尼布楚条约》在外交上以国际条约的形式，第一次将"中国"作为主权国家的专称。此后，中华民国和中华人民共和国的国名简称均是"中国"。

（二）中华

中华，古时亦称"中夏"，意思与"华夏"相近。根据现在已知的资料，"中华"一词最早见于典籍是在东晋十六国时期。东晋桓温《请还都洛阳疏》中："自强胡陵暴，中华荡覆，狼狈失据。"

根据历史资料记载，"中华"一词主要指黄河流域中下游一带，"华"字古同"花"字，意思为美丽而有光彩，有"服章之美谓之华"的记录，中原人自认为是"冕服章采"的文明地区，自称"中华"，以后逐渐扩大为全中国的别名。

（三）华夏

从字面上来看，"华"在古代汉语中有美丽、光荣的含义，也有考古学家认为"华"原指中原地区仰韶文化的花标志，而"夏"则有盛大、强大的意思。因此，"华夏"本义即是指一个文明程度高、文化繁荣的地方。"华夏"一词起源很早，除了作为汉族的前身华夏族的族名，也代指其定居的中原地域，这是汉族最初兴起的地方，后各朝疆土渐广，凡所统辖，皆称"中华"，亦称"中国"。

"中国"与"中华"虽在很多时候可以通用，但也有不同之处："中国"强调地理地域这个概念，而"中华"则更强调民族文化这个概念。本书的"中国文化"和"中华文化"也有类似侧重，但两者基本可以互相替换。

中华文明是世界上唯一绵延不断且以国家形态发展至今的伟大文明，中华文化的核心从古至今一以贯之。回答本书开篇时的问题，中华传统文化就是中华文化的核心在古代各个历史时期的具体展现。学习中华传统文化，鉴古可以观今，察过往能够知未来。今天的我们，正在为中华文化书写新的历史篇章。

第二节　中华传统文化的突出特性

2023年6月2日，习近平总书记在文化传承发展座谈会上的讲话中指出："中国文化源远流长，中华文明博大精深。只有全面深入了解中华文明的历史，才能更有效地推动中华优秀传统文化创造性转化、创新性发展，更有力地推进中国特色社会主义文化建设，建设中华民族现代文明。"① 他随后还在此次会议上总结出中华文明具有"连续性、创新性、统一性、包容性、和平性"的突出特性。

中华文化体现了中华文明对世界的具体影响，中华优秀传统文化具有很多重要元素，它们共同塑造出中华文明"连续性、创新性、统一性、包容性、和平性"的突出特性，这些也是中华传统文化的突出特性。

一、连续性

中华民族具有百万年的人类史、一万年的文化史、五千多年的文明史。中华文明是人类历史上唯一一个延续发展至今未曾中断的原生文明，并且一直是幅员广大，人口众多的超大型文明体系。这一伟大成就的背后，是中华文明始终保持着自强不息的旺盛生命力和独立自主的文化主体性。《周易》曰："天行健，君子以自强不息"② "地势坤，君子以厚德载物"③。中国人民有深厚的家国情怀与深沉的历史意识，以及维护大一统的人心根基。在漫长而艰难的探索中，中华民族一直自觉坚持由自己决定前进的道路。一旦认定正确的方向，尽己之全力无愧于心，百折不挠，不惧失败，正视错误，勇于改正，愈挫愈坚。道路自信是文化自信的前提，一个国家和民族只有能真正自强独立，才可能创造历史伟业，才可能自我传承和发展独特的民族文化，才能创造属于自己的独特民族文明。

中华民族一直是人类文明发展的先锋梯队，在荆棘坎坷的文明拓荒之中"筚路蓝缕，以启山林"，历尽艰辛开辟了一条发展的大道，为人类文明进步作出了不可磨灭的贡献。在数千年的文明发展史中，中华文明正面回应了各种内外挑战，其间也曾跌入谷底，甚至面临生死存亡危局的时期，但终能克服千难万险，绝地反胜。时至近代，列强曾凭借工业文明的先机，对中国进行野蛮侵略、屠杀、掠夺和践踏，使中华民族一度接近国家灭亡、文明毁绝的边缘。中国人民为了反对内外敌人，争取民族独立和人民自由幸福，前赴后继，不畏牺牲，救亡图存，奋斗百年，最终实现浴火重生并开启新的民族复兴之路。这条道路必然是具有中华文明深厚历史底蕴的路，也是建设中华民族现代文明之路，中华文明会一直以中华民族独有的气质屹立于世界文明之林。

如果不从源远流长的中华文明、中华传统文化的连续性来认识中国，就不可能理解古代中国，也不可能理解现代中国，更不可能理解未来中国。

二、创新性

中华文明在如此悠久的历史中始终保持了文化连续性，但连续不是停滞、更不是僵化，绝非亘古至今一成不变，而是以创新为支撑的历史进步过程，是在创新驱动下不断演进。习近平总书记指出："每一种文明都延续着一个国家和民族的精神血脉，既需要薪火相传、代代守护，更需要与时俱进、勇于创新。"④ 继承与创新一直都是中华民族的文化基因，早在商代，中国人就将"苟日新，日日新，又日新"作为箴言铭记。周代《诗·大

---

① 出自《习近平在文化传承发展座谈会上的讲话》，2023 年 6 月 2 日。
② 出自《周易·乾卦·大象》。
③ 出自《周易·坤卦·大象》。
④ 出自《习近平在联合国教科文组织总部的演讲》，2014 年 3 月 27 日。

雅·文王》篇颂扬"周虽旧邦，其命维新"。《周易》中就有《革卦》与《鼎卦》，成为"革故鼎新"这一成语的由来，表达"除旧布新"永无停止。创新是文明前进的源泉，创新性是文明发展的内生动力，没有创新的文明是一潭死水，没有连续性创新能力的文明绝不可能长久。中华文明不断创造自己的物质文明、精神文明和政治文明，在很长的历史时期内作为最繁荣最强大的文明体屹立于世。这样超大规模的文明体系，要对其进行革新的难度极大。纵观世界历史，不乏出现强盛几十年、上百年的霸权国家，但时移势易，它们的"功业"终化尘烟纸痕。唯有中华民族，敢于与时俱进不断变革自己，如《周易·系辞下》所说，"穷则变，变则通，通则久。"即使身处困穷逆境，也要迎难而上，承担变革创新带来的痛苦甚至牺牲，以巨大的代价换得中华文明如凤凰涅槃，不断书写"旧邦新命"的未来。

我们在建设中华民族现代文明的过程中，更需要立足新时代伟大实践，适应时代要求和现实需要，进行自我更新，为传统文化注入新的时代内涵，为中华文明连续发展提供不竭动力。

三、统一性

中华文明和政治上的统一性，植根于中国相对独立的地理环境，中国各区域文化的交流融合在旧石器时代即已开端，八千多年前新石器时代广大地域已初步形成共有的"一元"宇宙观、伦理观、历史观，成为中华民族共同体意识的源泉。自炎黄战胜蚩尤，华夏族开始形成，华夏核心区域的各族群已有了萌芽状态的"天下王权"。《史记·五帝本纪》记载黄帝时期"诸侯咸来宾从""诸侯咸归轩辕"；《尚书·尧典》讲尧"光宅天下""协和万邦"；《尚书·益稷》《舜典》讲舜"光天之下，至于海隅苍生，万邦黎献，共惟帝臣""五载一巡守，群后四朝"。可见尽管上古时期这一地域邦国林立，但先民一直在追求并实现了相当规模的统合，文化上呈现出强烈的统一趋势，这可以看作政治上"中国"的起源。

继而通过大禹治水，实现了《尚书·禹贡》所描述的"九州攸同""四海会同""东渐于海，西被于流沙""声教讫于四海"的格局，催生了名副其实的文明国家——夏朝，初步构建"大一统"政治王权，是政治上"中国"形成的标志。同时也将统一性深深融入中华文明的血脉中，刻入中国人的基因里。

由夏至商、周，王权的影响力不断上升，支配的范围越来越大，对疆域的控制越来越稳固。先秦典籍《诗经·北山》中说的"溥天之下，莫非王土"意为疆域、国土的统一；"率土之滨，莫非王臣"意为国家政治的统一。周朝建立的分封制中，周天子是天下大宗，诸侯都要经过周王分封，王权的地位大大提高，"由是天子之尊，非复诸侯之长而为诸侯之君"[①]。从这种意义上说，那时中国已经是一个统一国家，是一种"分封

[①] 出自王国维的《殷周制度论》，这句话反映了西周时期天子与诸侯之间的关系变化。在商朝及以前的朝代，天子、诸侯、君、臣之间的等级关系没有明确的规定；而到了西周，通过分封子弟功臣，明确了君臣隶属关系，形成了森严的等级秩序，使得天子成为诸侯的君主，而非仅仅是诸侯之长。

这句话的具体背景：在西周建立后，周武王进行了大规模的分封，将功臣、兄弟、亲戚等封为诸侯。然而，君臣名分并未立即明确。直到周公东征平叛后，再次进行分封时，才明确封建诸侯为周的臣子，从而确立了天子的尊贵地位，不再是诸侯之长，而是诸侯的君主。

制"的统一国家。而秦汉则形成中央集权郡县制的"大一统"国家，此后"百代都行秦法政"①。这种治国理念与制度设计，在数千年的政治过程中获得了中华民族的广泛认同。"事在四方，要在中央"②"车同轨，书同文，行同伦"③ 等制度，有力维护了国家的稳固。

中华文明长期的大一统传统，形成了多元一体、团结集中的统一性。"统一性"从根本上决定了中华各民族文化融为一体、即使遭遇重大挫折也牢固凝聚。"向内凝聚"的统一性追求，是文明连续的前提，也是文明连续的结果，决定了国土不可分、国家不可乱、民族不可散、文明不可断的共同信念。中华文明作为境内各民族文化的集大成，在其形成和发展过程中，各民族之间文化认同不断加深，最终形成了"你中有我，我中有你"的文化血脉。政治认同、文化认同和心理认同是一个民族文化主体性的突出反映，追求统一的大一统理念，是中华文化主体性的重要内容，决定了国家统一永远是中国核心利益的核心，决定了一个坚强统一的国家是各族人民的命运所系。

四、包容性

中华文明具有突出的包容性。中华民族发展壮大的历史，就是一部各民族多元文化汇聚的历史，也是一部交流吸纳世界文化的历史。中华文明从来不用单一文化代替多元文化，也不是以简单进行文化混杂来宣称"多元"。能凝聚民族共同体的文化必须是得到共同认可的文化。中国倡导主体文化与多元文化有机结合，以化解冲突，凝聚共识。历史上以儒家思想为核心的汉文化是中华文化的主体，它与境内各民族文化、各地域文化互融互通，汇聚成共同的中华文化，进而形成多元一体的中华民族。多元聚为一体，一体容纳多元。"多元一体"既体现了充分尊重"多元"，坚持平等和谐，又凸显了高度认同"一体"，不断同心聚力。"各民族之所以团结融合，多元之所以聚为一体，源自各民族文化上的兼收并蓄、经济上的相互依存、情感上的相互亲近，源自中华民族追求团结统一的内生动力。"④ 各民族共同开拓了辽阔的疆域，共同书写了悠久的历史，共同创造了灿烂的文化，共同培育了伟大的精神。中华文明独一无二的历史土壤孕育了中华文明兼容并包、厚德载物的文化气质，这种强大的包容性在中华文化传承演进过程中承担着重要的历史使命，在思想价值、民族融合、宗教信仰、社会礼俗、文化交融等方面作出了重要的历史贡献。越包容，就越是得到认同和维护，就越会绵延不断。

---

① 出自毛泽东的《七律·读〈封建论〉呈郭老》：劝君少骂秦始皇，焚坑事业要商量。祖龙魂死秦犹在，孔学名高实秕糠。百代都行秦政法，十批不是好文章。熟读唐人封建论，莫从子厚返文王。这是毛泽东晚年写的最后一首咏史诗，同时也是他一生中写的最后一首诗。诗里说得明显："百代都行秦政法"。所谓"秦政法"，是指秦始皇统一中国后，废除了"封建制"，改成"郡县制"，郡县长官由中央王朝任命，从而稳固了中央集权，也就成为几千年来中国政治体制的一个基本格局。《封建论》乃是唐代柳宗元为了称赞秦始皇的这个改革而写的一篇政治论文。

② 战国著名法家代表韩非在《韩非子·扬权》中提到"事在四方，要在中央"，说明了韩非子的主张是建立君主专制中央集权制度。

③ 最早出自《礼记·中庸》第二十八章。这句话的意思是：现在天下车子的轮距一致，文字的字体统一，伦理道德相同。这句话强调了天下统一的标准，包括交通、文字和伦理道德的统一。这句话在《史记》中也有相关记载，其背景是秦始皇为了维护秦国的大一统事业，实施了一系列具体政策，如统一度量衡、车轨和文字等，体现了古代中国对于统一和标准化的追求。

④ 出自《习近平在全国民族团结进步表彰大会的讲话》，2019年9月27日。

中华文明的包容性是文明海纳百川伟大胸襟的体现，也是文明汲取丰富营养而不断壮大的根本所在，决定了中华民族交往、交流、交融的历史取向，决定了中国各宗教信仰多元并存的和谐格局。中国勇于接受新事物，善于吸纳各种文化，还体现在对外来思想与宗教并不排斥上，各种外来宗教和思想在中国大地上都有发展的空间，它们最终也因中国本土化而丰富了中华民族的精神世界，融为中华文明的一个组成部分。中华文明对外开放、兼收并蓄：丝绸之路的开辟、外来作物的引进、佛教的东传、西学东渐等，表明中华民族从物质文化、精神文化各个层面都能充分吸取其他民族的优秀文化，同时也将中华优秀传统文明向周边地区乃至更遥远的地域传播出去。在历史上与不同文明的交流与碰撞，对中华文化自身的影响非常深刻。但是这些影响并没有在本质上异化中华文化，因为中华文明作为早已成熟的悠久文明，拥有强大的文化自信和坚实稳定的文化基础，具备对异质文化进行选择吸收和改造容错的能力，因此才能做到日新日益又不失根本。

五、和平性

习近平总书记指出："古往今来，中华民族之所以在世界有地位、有影响，不是靠穷兵黩武，不是靠对外扩张，而是靠中华文化的强大感召力和吸引力。"[①] 中华民族是一个热爱和平、主张和平的民族，它根植于中国"和"文化的价值理想和精神境界，是中华民族和谐哲学的根本体现。倡导求同存异、相互包容，并在此基础上形成"和而不同"的文化传统，强调在差异中寻求发展，而不是相互排斥、相互对抗，更不是互相否定。

和平、和睦、和谐是中华文明五千多年来一直传承的理念。中华传统文化中的"和文化"，不仅体现在战争与和平的关系上，而且深入到人与自然、人与人、人与社会的关系。"天人合一""礼之用，和为贵""和也者，天下之达道也"，理想的境界是能够"致中和，天地位焉，万物育焉"，以道德秩序构造一个群己合一的世界。在这一构建过程中，提倡"忠恕"的原则，"己欲立而立人，己欲达而达人""己所不欲，勿施于人"，在人己关系中，以他人为重，建立道德金律。

中国一直倡导交通成和，反对隔绝闭塞；倡导共生并进，反对强人从己。《周易·象辞》曰："天地交而万物通也，上下交而其志同也。"《庄子·田子方》中讲："两者交通成和而物生焉。"天地阴阳交合，方有万物的生养畅通；社会上下交流沟通，方可志同道合。世界文明是由各种文明中的共同价值组成的，又是由不同文明色彩纷呈的多样性予以丰富、融汇、促进和发展的。每一种文明在其发展过程中，都离不开与其他文明的交流交往和互动互融，没有哪一种伟大文明能只靠坐井观天、闭门造车而永恒发展的。世界是丰富多样的，"物之不齐，物之情也"[②]，中国人尊重人与人之间的差异性，认为开放交流才能发展进步、充满活力，才能达致"和"的状态，如《中庸》所言："辟如天地之无不持载，无不覆帱……万物并育而不相害，道并行而不相悖。"中华文明对待其他文明，始终秉持和平包容的态度，而不是排斥、对抗、封锁，有争端和冲突应该用和平手段解决，不

---

① 出自《习近平在文艺工作座谈会上的讲话》，2014年10月15日。
② 出自《孟子·滕文公上》，意为：物品千差万别，这是客观情形，自然规律。

是依靠武力压迫、征服。"以力服人者霸，以德服人者王""强不执弱，富不侮贫"①。应通过积极的对话交流汲取不同文明所长，在借鉴吸纳中实现创新超越。这种"和"的智慧让中华文明能够绵延发展、不断壮大。

和平性突出反映了中国人的辩证思维，宋理学家张载以"太和"一词描述中国人的认知思维。他在《正蒙·太和篇》中指出："有象斯有对，对必反其为；有反斯有仇，仇必和而解。""仇必和而解"消除了理念中的对立思维；"保合太和乃立贞"，秩序和谐才能一派祥和稳健，走上正道，这是推动构建和平世界的必由之路。和平性并不意味着懦弱，中国长期是世界上最强大的国家之一，拥有深厚的军事文化底蕴，《孙子兵法》说："兵者，国之大事，死生之地，存亡之道，不可不察也"。中国一直倡导军事的目的是"止戈为武"，主张慎战不战。"止戈为武"，意思是说止息兵戈才是真正的武功。武备最重要的作用就是保卫和平，故"天下虽安，忘战必危。""武"的真谛是消除战争、安定百姓。中国人很早就懂得，和平对文明的保障作用，也深知战争对文明的破坏作用。"国虽大，好战必亡"②，信奉丛林法则，以强欺弱、穷兵黩武，必将走向灭亡。

几千年来，和平性已经深深烙进中华文明的特质里，刻进中华儿女的基因里，融入中华民族的血脉中。中华文明的和平性，从根本上决定了无论过去、现在和未来，中国始终是世界和平的建设者、全球发展的贡献者、国际秩序的维护者，是大争之世的和平砥柱和定海神针；决定了中国不断追求文明交流互鉴而不搞文化霸权；决定了中国不会把自己的价值观念与政治体制强加于人；决定了中国坚持合作、不搞对抗，决不搞"党同伐异"的小圈子。

第三节　中华传统文化的形成

文明和文化的形成是一个复杂的过程，它既受到自然地理环境的直接制约，也是人类社会发展的能动结果。文化的演进，不是凭借已知条件就能按步骤推导出的必然，尤其对于规模超大而且历史悠久的中华文化共同体，采用简单的标签化处理更不可取。我们对中华传统文化溯源，是希望探寻中华文化何以如此特别的原因。也希望通过探索其独特的地理环境和社会发展历史，来启发思考它们对文化形成过程的影响，而这也是未来各民族和全人类发展的重要借鉴。

人类的生存生产能力必须与生存生产环境条件匹配，因此地理条件对早期文明和文化的产生、发展影响极大。人类不断发展的能力与不断扩宽的生存生活环境互为因果，互相促进，这一过程至今仍在继续。

---

① 出自《孟子·公孙丑上》。孟子认为，凭借武力假托仁义的可以称霸，但这种霸权并不稳固；而依靠道德施行仁义的可以称王，这种王权才是真正的王者之道。孟子强调，靠武力使人服从的，人们并非真心屈服，只是力量不够反抗；而靠道德使人服从的，人们是真心悦服，就像弟子们敬服孔子那样。"强不执弱，富不侮贫"出自《墨子·兼爱中》，意思是强大者不欺凌弱小者，富人不欺侮穷人。这句话体现了墨子所推崇公平正义的原则，给予弱势群体应有的尊重和关爱。这种公平正义的精神有助于维护社会的和谐稳定，促进社会各阶层之间的良性互动。

② 出自《司马法》，意思是一个国家即使再强大，如果频繁进行战争，最终会导致国家的灭亡。《司马法》是古代中国的一部重要军事著作，由司马穰苴所著，书中强调了战争与和平的关系，指出即使在和平时期也不能忘记战争的准备，以防止潜在的威胁。

一、中华文化形成的地理条件

地理条件中，地形对早期文明和文化的影响居于首位，因为地形条件决定生存的稳定安全、空间大小与便利程度，还决定着人口的分布和迁徙方向，是人类生存生活的最基本条件。气候也是影响文化形成与发展的重要因素，它和土地一起决定时代条件下的资源产出量，还影响了人口数量和增长速度。

今日的中国是一个广土巨族①的现代国家，它疆域辽阔、海陆兼备，中华民族世世代代在这里繁衍生息，发展壮大。中国地理位置优越，它处在亚欧大陆的东部核心位置，整个疆域广大而且完整，东临世界最大的大洋——太平洋，国土南北两端最大距离约5 500千米，东西两端最大距离约5 200千米，东西时差达4小时。陆地边界长度约2.2万千米，陆地总面积约960万平方千米，大陆海岸线长度约1.8万千米，海域总面积约473万平方千米②。广袤的疆域，复杂的地形和多样的气候，为中华文明诞生和永续发展提供了环境基础。

(一) 中国的三级阶梯

古代中国的地势按照海拔高度从高到低分成一至三级阶梯。中国的三级阶梯是中国地形的显著特征，其划分基于地势的西高东低、逐级下降的分布特点。具体来说：第一阶梯主要包括青藏高原和柴达木盆地，平均海拔在4 000米以上，是中国地势最高的区域。第二阶梯位于第一阶梯的东侧，包括内蒙古高原、黄土高原、云贵高原、准噶尔盆地、四川盆地和塔里木盆地，平均海拔为1 000~2 000米。第三阶梯位于中国东部，主要包括东北平原、华北平原、长江中下游平原、辽东丘陵、山东丘陵和东南丘陵，海拔大多在500米以下。

中国早期文化遗址在第二阶梯和第三阶梯。我们忽略早期人类在亚欧非大陆如何起源的各种争议假说，直接依靠最新考古成就和中国古籍记载来研究这片土地上人们的生存和发展。早在几十万年前，中华民族的先祖已经生活在此。中华文明形成不是由单点发生逐渐向周边扩散的模式，而是先从多地起源，逐渐向中心辐聚融合。早期文明的遗址，主要分布在黄河、长江和辽河三大流域（还包括华北和巴蜀等比较特殊的地区）。如黄河流域的仰韶、龙山，长江流域的河姆渡、良渚，辽河流域的红山，蜀地的三星堆，华北的磁山等。对上述三大流域早期文化进行性质比较后发现，黄河流域文化与华夏文明一致程度最高，在华夏文明长河中当属正源。通过对黄河流域大地湾、齐家、仰韶等文化遗址的发掘，并结合古籍里有关上古五氏（有巢氏、燧人氏、伏羲氏、女娲氏、神农氏）的相应记载，可以描绘出一张黄河流域文明发展和迁徙的路线图：原本生活在第二阶梯——陇西与秦晋高原的群山之中的先人，逐渐掌握了筑居、用火，并发展出渔猎和农耕技术。他们东出南下进入第三阶梯，由高原山林过渡到平原河泽，然后到达以河洛为中心的黄河中下游地区，定居此地开始稳定的农耕生活，这一迁徙过程经历至少万年。

---

① "广土巨族"一词出自《习近平在文化传承发展座谈会上的讲话》："中华文化认同超越地域乡土、血缘世系、宗教信仰等，把内部差异极大的广土巨族整合成多元一体的中华民族。""广土"指的就是国土广大，也就是地盘大；"巨族"指的是人口众多，并且众多人口被整合到统一的文化和政治体之中，成为一个实质意义上的整体。

② 以上国土面积数据源自中华人民共和国中央人民政府网，https://www.gov.cn/guoqing/。

（二）华夏文明的三个基石

今天的"中国"一词早已不限于最初的中原地区，而是已经成为现代国家的华夏全部疆域的名称。它的大陆内部地理环境纵深开阔，回旋余地大，适合人类生存的范围达到了 500 多万平方千米。三级阶梯包含了多种地形地貌，由高原、平原、山地、丘陵、江河、湖泽自然构成多个大小地理单元，分别孕育了各有风采的地理文化区。因此中华文化不仅影响地域广大，而且兼具统一性与多样性，这在全世界都罕有其匹。

1. 核心地域

河洛之地也成为早期文明诸源汇融的中心，华夏文明体系在此逐渐成形，具体时间大致在夏商周三代。

河洛地区西接群山，东连广原，古人认为是天下之中，故称"中原""中国"。中原既是当时的华夏核心区域，也是后来宏大疆域的龙兴起始，华夏文明体系在这里很快初步成熟，并开始向四方传播。

2. 主体文化和主体族群

中原的东部，从华北平原到长江中下游平原，黄河、济水、淮水、长江"四渎"共同哺育这片区域，其面积广袤、土地肥沃、物产丰富、气候适中、交通便利。它与西部的关陇秦晋和北部的辽东平原形成广阔而完整的一体，为发展伟大文明提供了宽广的承载基础。但这片土地也是自然灾难深重的地域，早期先民们共同面对频发大灾，最终选择了彼此认同、团结协作，得以舍小顾大、祸福同享，使原本松散的部落联盟加速融合，形成庞大的主体族群和成熟的华夏核心文化。

至此，支撑华夏文明体系的三个基石（核心地域、主体文化和主体族群）已经具备。地理环境条件和先民奋斗选择共同造就了这一切，从此这片土地上的人民和文化万年一体，不可分离。

（三）古代中国的主要地理单元

历史上可以把古代中国大致分为以下地理单元：中原、山东（包含淮北）、江东（包含淮南）、荆楚、巴蜀（包括汉中）、关陇、河套、山西、河北，以上这些单元属于古九州核心区，后续则还有百越、河西走廊、西域、云贵、塞北（包含东北）、青藏等区域的加入。

不同区域地理特点差异很大，从整体上来看：

中原土地肥沃、气候适宜、农耕文化发展较早，然而其居天下之中，自然也是古代乱世各势力争斗的焦点。

河北、山东同样是开发较早的平原大区，产粮仅次于中原，山东还有鱼盐之利。

荆楚和江南流域气候湿润，但开发晚于中原，直到南宋，江南才完全超过中原，成为中国最富庶的地区。中国历史上几次南北分裂，荆楚都是南方政权的门户，从地理上屏护下游江南的政权大本营。

西北关陇地区气候干燥、土地贫瘠，但其中的关中却易守难攻，是古代大争之时最可能称霸称王之地。

容易自成一体的还有巴蜀和山西，巴蜀天府之国，山西表里山河，经常作为乱世的避难所。山西北部大同盆地与河套地区又往往是农耕文明和游牧民族拉锯的战场……

每逢朝代更替，各方势力为证明自身得到天命，常以统一领导这些区域为目标，对这些主要地理单元展开激烈争夺。今天公认的七大古都西安、安阳、洛阳、开封、杭州、南京、北京，分别位于关陇、中原、江南（即江东）、河北等地理单元，就是朝代更替时被各大势力极力争取的主要地理单元，这可以从中国政治经济文化中心的变动迁移中看出。

二、中华传统文化形成的基础：农耕文明

古代中国创造了人类农耕文明时代一系列的巅峰成就。无论是先进的技术，还是璀璨的文化，都曾在世界上遥遥领先。这些伟大成绩背后，是中国古代劳动人民付出的巨大努力。

超大规模农耕文明不仅要有大面积适宜农业生产的沃野，还需要大量具备丰富生产经验的辛勤劳动者。此外对农耕文明影响巨大的自然因素还有气候变化以及其他自然灾害。

在工业时代前的几千年里，农业的脆弱性在于始终要靠天吃饭。中国大陆有多种类型气候，但以大陆性季风气候为主。冬季受亚洲高压的控制，盛行寒冷、干燥的偏北离陆风，夏季则受西北太平洋副热带高压的控制，盛行由海而来、潮湿而温暖的偏南气流。今天即使依靠现代技术也无法对气象做长期精确预报，华夏先民只有依靠世代积累的直观经验来指导耕种。

据气象史记载，在最近的一万年内，北半球经历了末季冰川期结束，以及多次大气候冷暖干湿反复波动变化。在华夏文明诞生至今的五千余年里，多个气象因素的叠加使得气候状况更为复杂。比如距今五千年到三千年的两千年间，中国气温曾达到最温暖时期，大约在中国夏商时期，高温带来冰川融化，导致洪水泛滥，此时中原甚至有亚洲象在野外自在生活。而进入历史小冰期，则气温陡降，甚至太湖、汉水、洞庭湖、淮河都能结冰，有的县还曾连降大雪六十天。据《今本竹书纪年》记载："周孝王七年（公元前903年），江汉俱冻。"《三国志》卷二《魏书·文帝纪》中曾记录当时的极寒天气："魏文帝黄初六年（225年）。这一年十月，魏文帝为了征讨吴国，行幸广陵故城（江苏扬州），临江观兵。戎卒十余万，旌旗数百里。可是就在这一年，天气大寒，水道结冰，船只不得入江，因而退兵引还。"学者史念海在《历史地理学十讲》中引用多本古籍，描述了宋代不同时期的天气变化情况："宋时不仅黄河流域无梅树，就是东南沿海的荔枝树，也曾不止一次被冻死。长江下游的太湖，湖面广阔，为东南大泽，也曾经全部冰封，洞庭山上的柑橘树同样被冻死。就是江南的运河，也不止一次结冰，这都应是前所未有的气候变化。""元武宗至大二年（1309年），已经有了江南运河结冰的记载，接着太湖又连续封冻，柑橘树也被冻死。温暖时期就这样再度转入寒冷期。这样寒冷的气候一直持续到明清两代。"《中国气象灾害大典·综合卷》也曾记载："清康熙九年（1670年）冬季，华北、华东、华中连降大雪，雪日延续四十或六十天不等。强寒潮带来严重的冰冻灾害，民多冻死。黄河之龙门至华阴段结冰桥，盱眙淮河坚冻两月，长江流域的安徽东至县段出现的长江冰冻。"这些极端天气带来的水灾、旱灾、风灾、火灾以及酷热与极寒，还会伴生蝗灾、瘟疫，加之更无法预料的地震等灾难，人们生存的艰难可想而知。

华夏农耕文明核心地区的古九州地域，年年都有灾害发生，区别只是程度大小和具体受灾区域。屡见相当规模的聚落城邑在短时间之内被巨灾完全摧毁。自然因素的大灾往往还能引发内外战争，导致人祸之害更甚于天灾。

(一) 政治文化基础

华夏先人很早就认识到，只有实现大规模的农耕经济，才有能力抵御各种灾难、降低损失，获得足够的生存发展实力。而维护大规模的农耕文明体系，需要有足够多的人口，并使民众安居乐业，得到他们的支持拥戴。因此，中华传统政治文化很早就产生了"保民"的思想。早在殷商时期，盘庚就提出"罔不惟民之承保"[①]"式敷民德"[②]。祖甲"能保惠于庶民"[③]。周兴于西岐，文王"怀保小民，惠鲜鳏寡"[④]，周公审时度势，总结提出"敬天保民"，将"保民"上升为执政者"以德配天"的具体表现之一。后世逐渐将其发展为"民本"思想，"民为贵，社稷次之，君为轻"[⑤]"民惟邦本，本固邦宁"[⑥]等政治观念均由此而来。

此外，维护大规模的农耕文明体系还需要将广大民众动员组织起来，依靠有效的规模和不断完善的制度，集中力量应对各种挑战。集中的程度越高，动员的力量越强大，能办的大事就越多。集中的范围也从具体事务的组织，进而扩大到经济、政治和思想文化领域。比如，集中权力于某一统治团体，确保决策和政策的统一性，最终形成统一的国家文明实体。在农耕时代的生产力条件下，集中统一生产的规模优势尤为明显，不仅能安定秩序、抵御强大外敌、应对自然大灾，还能具备足够力量进行安全生产、开拓新业以及建造大型工程。由此可见，政治上的统一能带来经济多样性，不仅有利于繁荣民生，还极大地提高了经济和政治的安全性。

中国实现全面统一的进程并非一蹴而就的，它是华夏农耕文明发展的自然结果，是政治和文化的自然演进。从夏商周三代到秦朝建立大约两千年期间，中国的行政体制经历了夏商的"内外服联盟制"，周朝的"分封与宗法制"，最后到秦朝真正定于一尊的"郡县制"。华夏一步步建立了中央集权的超大农耕文明体，"大一统"的思想观念也随之逐渐形成，中央集权制度就是"大一统"思想的具体体现，"大一统"是中央集权的目的和结果。"大一统"不仅仅是政治上的统一，更强调思想和文化上的统一。无论是"克己复礼"[⑦]"一匡天下"[⑧]，还是"天下有道，则礼乐征伐自天子出"[⑨]，均体现了孔子对统一天下的秩序与规范的期盼。孔子还在《春秋》的微言大义中贯穿了"大一统"的理念，使之成为儒学的核心内容之一。董仲舒进一步发展了这一思想，提出"春秋大一统"和"罢黜百家，独尊儒术"的主张，认为"大一统"是天地的常理。这种观念成为后世文化心理主线，深深影响了历代的政治格局。它也融进了中华民族最核心的民族感情，成为凝聚中华民族共同体意识的重要纽带。

从周代开始建立的宗法制度，体现了"家国同构"的特点。秦之后，国家层面的集权制度和带有血缘关系的宗法制度结合，形成与"大一统"相匹配的社会政治结构。这一结

---

① 出自《尚书·商书·盘庚中》，意为：没有谁不想顺承和安定人民。
② 出自《尚书·商书·盘庚下》，意为：把恩惠施给民众。
③ 出自《尚书·周书·无逸》，意为：能够保障和惠及普通百姓。
④ 出自《尚书·周书·无逸》，意为：保护和关怀小民，施恩惠于年老而穷困无靠的人。
⑤ 出自《孟子·尽心下》，意为：百姓最为重要，国家其次，君主为轻。
⑥ 出自《古文尚书·虞夏书·五子之歌》，意为：人民是国家的根本，根本稳固了国家才会安宁。
⑦ 出自《论语·颜渊第十二》。
⑧ 出自《论语·宪问第十四》。
⑨ 出自《论语·季氏第十六》。

构不仅维持了农耕时代社会长期的稳定性，而且深刻影响了国家组织动员、伦理道德、民风民俗等多方面。

"以民为本"和"大一统"思想共同构成中国传统政治文化的基础。两者相反相成，互相制衡又相互弥补，是完整一体的政治文化架构，不应把两者割裂后进行污名化，或把"中央集权"简单赋以"东方专制主义"标签。

(二) 勤劳务实的精神气质

在农业诞生之前，人类生存所依赖的采集和渔猎活动被认为是"利用型经济活动"。农业则是人类开创的第一种"生产型经济活动"，它使人类可以更多地依靠自己的劳作，而不单纯依靠大自然的赏赐而存活，从而推动人类社会迈进了文明的大门。因此农耕文明自一诞生就建立在辛勤劳动的基础上。中国是世界农业最早的发祥地之一，数千年领先世界的农耕生产深刻塑造了华夏人民独特的精神气质。

华夏民族勤劳善良，敢于奋斗，长期的农耕生产更使他们养成了质朴务实的品格。农耕劳动最讲究"一分耕耘一分收获"，一年四季各个时节，农事都不可懈怠，任何环节来不得半点虚与应付。这也是中华传统文化特别推崇"实干、实务和实用"的缘由。

实干即实践，重视实干，强调的是"行胜于言"，行动为先。做实事都会遇到困难，但中国人相信"天下事有难易乎？为之，则难者亦易矣；不为，则易者亦难矣"。[1] 亲身实作永远胜过高高在上的"坐而论道"。在言行关系上，孔子认为，"君子耻其言而过其行"[2] "君子欲讷于言而敏于行"，[3] 如果"巧言令色，鲜矣仁"[4]。《中庸》也认为"力行近乎仁"，只有努力实践才能接近仁义理想，这就把实干和人的品行进行了关联。因此在中华传统文化中，评价一个人可靠，用词往往会带上一个"实"字：踏实、老实、笃实、务实、诚实……

农耕生产使华夏先民特别重视现实中的具体事务，即实务，而且关注实在的结果。俗谚"人哄地皮，地皮哄肚皮"就是这一朴素观念的体现。中华传统文化中有极其强烈的立足现实倾向。《论语》就提到"子不语怪力乱神"[5] 这些虚玄的概念，孔子告诫弟子："未能事人，焉能事鬼？""未知生，焉知死？"[6] "实事求是"[7] 是中国人所赞同的对待世界的基本态度。在涉及较为抽象的事务或道理时，中国人擅长用类比的方法将其转换为实际事物来理解讨论。比如《周易》中的"象"，如乾卦可象征天、父亲；坤卦可象征地、母亲等，中医里提倡的"五行生克"等，都能简明给出某种直接结论，也基本不需要复杂的逻辑推理。从这个角度也可以解释，为什么古代中国科技在实际应用方面曾达到他国难以企及的高度，但是却没朝着注重数理逻辑的方向发展，因此没有成为现代科学的原生国家。农耕文明对实务的重视，另一个体现就是偏向规避风险，实实在在的土地被视作生活根本，也是王朝和社会稳定的基石。安土重迁、叶落归根是多数人的选择，这反映了在动荡不安的世界中，中华传统文化对于现实稳定安宁有执着的追求，而故土和根就是稳定安宁

---

[1] 出自彭端淑《为学一首示子侄》。
[2] 出自《论语·宪问第十四》。
[3] 出自《论语·里仁第四》。
[4] 出自《论语·学而第一》。
[5] 出自《论语·述而第七》。
[6] 出自《论语·先进第十二》。
[7] 出自《汉书·河间献王传》。

的象征。

华夏民族在长期农耕生产中与各种灾难斗争，培养了深深的忧患意识，居安思危，有很强的底线思维，这也导致了文化潜意识里实用性的偏向。这带来的优点是能打破旧有束缚，比如不尚浮华虚名，"唯才是举"等。特别是在历史进程转折点的关键时刻，这种思维可抓住稍纵即逝的机会。另外，它也表现为现实目的性极强，容易以当下短期利益为导向，落入实用主义的窠臼，因此需要高瞻远瞩的眼界与之形成张力平衡。对这种实用性倾向，一味肯定或者否定都过于简单，不是恰当的态度。

（三）中庸与天道循环思想

中国数千年发达的农耕文明背后，有古代先进的天文学、地理学、气象学等知识给予支持。通过观象授时、观察物候变化发现的自然规律，不仅被广泛运用到农业生产中，还启发华夏先哲感悟出"中庸"与"天道循环"的哲学思想。

"中庸"是中国传统思想倡导的宇宙观、方法论和道德境界，这一词最早来自《论语·雍也》："子曰：'中庸之为德也，其至矣乎！民鲜久矣。'"孔子之孙子思后来所著的《中庸》，被南宋理学家朱熹列入儒家经典《四书》。中庸的中，有中正、中和、不偏不倚之义；庸，有平常、恒常、不易不变之义。此外，中庸还有"时中"，即随时取中之义。农耕文化讲求稳定而和谐的社会秩序。古代天文学精密制定历法，确定各个节气时间，指导春耕、秋收等农业活动严格按照自然规律进行，不失农时，这种对时间和空间的尊重和利用，实际上是一种"因时制宜"的实践。中庸倡导的平衡与适度、随时应变的思想即是这种实践的体现。

中庸提倡和谐，不走极端。对个人修养而言，中庸为"至德"，就是人的道德修养要达到毫无私欲遮蔽，讲求天理道心合一。与人真诚，有温、良、恭、俭、让的君子之风。对国家政治而言，中庸讲求社会和谐，礼即"理"也，礼法治国体现天理，"礼之用，和为贵。"[①] 孔子认为：礼的推行和应用，要以和谐为贵。君子通过"中"位（王权、王位）心怀诚敬，交通天人，调和上下，选贤任能，以建立民功为最重要的"德"，从而实现政通人和，政统长永，与时偕行。另外要做到"时中之和"，就不能"生乎今之世，反古之道。"[②] 因为那样做会"灾及其身者也"。

先秦经典《周易》指出："一阴一阳之谓道，继之者善也，成之者性也。"[③] 阴阳变化是天道的体现。《易纬·乾凿度》认为"易"本身就有三个含义：一是"变易"，变化无处不在，永不停息；二是"不易"，不变的是"变化"本身，要在变动中把握不变的本质；三是"易简"，再复杂的变化都归结于最基本的变化，如"一阴一阳"，它是最基本的变化，也是最基本的循环。阴极则阳，阳极则阴，寒极则暑，暑极则寒，古人观察到：物极必反，事物似乎总是朝着自己相反的方向变化，然后形成往复循环。《周易·泰卦》曰："无平不陂，无往不复。"[④]《老子》则曰："反者道之动。"[⑤] 由此可以看出此时已经

---

① 出自《论语·学而》。
② 出自《中庸·第二十八章》，意为：处在当今这个时代，却僵化地推行古人的治国举措，照搬古人的制度。
③ 出自《周易·系辞上》，意为：阴阳的对立统一转换体现了道，阴阳相继就是善的体现，阴阳生生相继就是万物本性的体现。
④ 出自《周易·泰卦》，意为：凡事没有始终顺利而不遇险阻的，没有始终往前而不遇反复的。
⑤ 出自《老子·四十章》，意为：循环往复的运动变化，是道的运动。

出现了循环论的思想。中国传统思想中循环论和递进论一直并存，但循环论的影响更广泛。寒暑交替、四季轮回、斗转星移、播种收获，是农耕文明最易感受到的循环变化。循环论的思想产生后又反过来影响了古代中国人的世界观。

中国古代哲学的五行学说认为，木、火、土、金、水，五行相生相克，形成循环。这一思想被广泛运用于各领域分析解释其变化，如中医、农业、建筑等方面。在战国时期，又被邹衍发展为"五德终始"说，将循环论的思想和政治历史密切联系，用来解释朝代兴衰更替。后世无论是汉代董仲舒提出的"三统说"，还是民众口中"分久必合，合久必分"的说法，均深受循环论的影响。

循环论进一步发展，和"天道"概念相结合就形成"天道循环"观念。中华传统文化认为"否极泰来"不是消极等待的结果，"天道循环"只有通过奋斗才能得到验证，倡导以积极的"力行"来面对天道循环。顺利时，当怀忧患之心警惕负面的滋长；艰难困苦时，要有光明之志坚持正确的信念。循环论的思维也使中国人在前路遭遇迷茫时，习惯回头向历史请教，希望汲取历史大循环中类似的经验教训，进而能革新求变。在历史上，政治和思想变革却往往使用"克己复礼""复古更化""返本开新"等旗号，这是原因之一。

今天历史唯物主义吸收了"循环论"和"递进论"中的合理部分，但并不是简单拼合历史循环论和历史进化论，历史唯物主义认为历史是由生产力和生产关系的发展推动的，具有客观必然性和辩证性，强调历史的螺旋式前进。

三、多支汇融形成的中国传统文化观

中华文明具有突出的包容性，中华文化是由中华疆域内所有民族共同创造的，各民族共同守卫了祖国的锦绣河山、广袤疆域，并共同创造了悠久的中国历史和灿烂的中华文化。中华文化与中华民族密不可分，近代"中华民族"概念的确立，标志着中国从传统的多民族结构向现代民族国家的转变。这一概念不仅仅是一个族群称谓的问题，更意味着一种观念的转变，即从历史地、连续地看待生活在中华大地上的所有民族，以及所有民族创造的文明成果。今天更需要正确认识，加强中华民族大团结，长远和根本的是继续增强文化认同，建设各民族共有精神家园，积极培养中华民族共同体意识。

中华文化是多元一体的格局，这决定了其"组成无高下"，但是"文化有主体"。中华文化以汉文化为主体，各民族文化水乳交融、融洽相处，共同构成了中华文化的博大精深和多彩绚丽。作为中华大家庭的主体民族，汉族本身就是主要依靠文化认同而非血缘认定组成的共同体，汉族的形成和发展经历了漫长而复杂的过程，涉及多个朝代、多个地域和多个民族的交流、融合和变化。

少数民族文化是中华文化不可分割的重要组成部分，每一个民族都对中华文化的形成和发展作出了独特贡献。少数民族对中华文化的贡献是全方位的，包括丰富的物质文化成果和非物质文化遗产，还涉及深厚的文化交流与融合。这都极大丰富了中华文化的内容，在文化认同和凝聚力上发挥了积极的作用，促进了各民族之间的理解和尊重，并增强了中华民族的共同体意识。

（一）悠久的民族交融史

1."中华民族"概念的形成

将"民"和"族"两个字组合成"民族"这个新词，是近代中国从日语引进的。日

本在明治维新时期大量翻译西方的著作时，把英语中"nation"这个词直接译为汉字"民族"。

近代西方民族国家出现后，中国引入了现代"民族"概念，给它赋予了两方面的含义：一是表示"国族"，即体现为国家层面的民族，如中华民族、法兰西民族等；另一个含义则是国家层面下的族裔共同体，如中国的汉族、壮族、满族等民族。中国认为民族是历史发展阶段形成的稳定的人民共同体，在历史渊源、生产方式、语言、文化、风俗习惯及心理认同等方面具有共同特征。

"中华民族"一词，最早是由中国近代思想家、政治家、教育家梁启超提出的。1899年，梁启超在日本发表了一篇题为《东籍月旦》的文章，首次使用了从日语翻译而来的现代意义的"民族"一词，如"民族变迁""民族竞争"等新名词。1902年，梁启超在《论中国学术思想变迁之大势》一文中首次使用"中华民族"一词并沿用至今。1905年，梁启超发表《历史上中华民族之观察》一文，对"中华民族"一词，从形式到内容进行了革命性创造，指出中华民族指中国境内的所有民族，汉族、满族、蒙古族、回族、藏族等为一家，是多元、混合的一个共同体，为消除民族歧视、促进各民族关系和谐、团结、统一，发挥了积极的理论指导作用。

欲学习更多相关内容，请扫描查看延伸阅读1-1。

"中华民族"这个概念的诞生，标志着中华民族作为一个整体的自我意识的萌芽和觉醒。今天，中华民族是唯一代表中国现代民族的共同体名称，它已经不仅是中国各民族的代称，而且是一个与中国的国家、民族、地域、历史紧密相连的整体的代称。

延伸阅读1-1

远溯炎黄时期，生活在中华大地上的华夏、东夷等各大族群，经过交流、征战，初步实现了早期华夏民族的大融合。到尧舜禹时，华夏族部落联盟进一步壮大。夏、商、周三代，在中原地区完成朝代更迭的同时，也是华夏族由联盟逐渐形成强文化认同群体的转型过程。在西周东周交替之际，产生了"夷夏之辨"的命题。它的提出实际上为华夏后世开启了一个标准，即主要以礼仪文化来衡量区分民族，这一标准优先于血缘和地缘衡量，是主要标准。这样不仅明确了华夏文化的主体，也为未来更好实现民族间的融合奠定了基础。

2. 中华民族历史上三次民族大融合

中华大地历史上的三次民族大融合是中华民族形成和发展过程中的重要里程碑。

第一次民族大融合：春秋战国时期。

在春秋战国时期，各诸侯国为了争夺土地和人民，进行了频繁的战争。这些战争虽然带来了动荡和破坏，但也促进了各民族之间的交流和融合。特别是秦国在统一六国的过程中，不断与西戎等民族进行斗争和融合，最终使得这些民族融入了华夏文明。此外，楚国、吴国、越国等南方国家也大量吸收了华夏文化，逐渐融入了华夏体系。这一时期的民族融合为后来汉族的形成奠定了基础。

第二次民族大融合：魏晋南北朝时期。

魏晋南北朝时期是中国历史上又一个动荡不安的时期，但也是民族融合的重要阶段。在这个时期，北方的匈奴、鲜卑、羯、羌、氐等游牧民族开始大规模进入中原地区，与汉族人杂居相处。这些民族在吸收汉族文化的同时，也逐渐融入了汉族社会。特别是北魏孝文帝改革期间，推行了一系列汉化政策，如改穿汉服、学说汉话、采用汉姓、与汉族人通婚等，这些措施加速了鲜卑族和其他少数民族的汉化进程。此外，南方汉族人也大量迁居到边疆地区，与当地民族进行融合。这一时期的民族融合进一步推动了中华民族多元一体格局的形成。

第三次民族大融合：宋元时期。

宋元时期是中国历史上又一次大规模的民族融合时期。在这个时期，虽然战争一度频繁，但各民族之间的政治、经济、文化交流却更加密切。特别是在元朝时期，蒙古族统治者建立了空前辽阔的统一王朝，为各民族之间的交流和融合提供了有利条件。汉族人大量迁居到边疆地区，带动了先进生产技术的传播和边疆经济的开发。同时，边疆各族也大量迁入中原和江南地区，与汉族杂居相处，进一步加强了民族融合。在这一时期，西域、中亚等地的文化也开始融入中原文化，形成了独特的元曲文化。此外，契丹、女真等民族在融入汉族社会的过程中，也逐渐形成了新的民族共同体——汉人。这一时期的民族融合不仅促进了中华民族多元一体格局的巩固和发展，也为后来的明清时期乃至现代中国的形成奠定了坚实基础。

综上所述，中国大地历史上的三次民族大融合是中华民族形成和发展过程中的重要事件，这些融合不仅促进了各民族之间的交流和团结，还推动了中华民族多元一体格局的形成和发展。

（二）中华文化的一体与多元

中华民族多元一体格局，是在漫长的历史发展过程中形成和发展起来的，是在长期的历史交往和交流交融中形成的，并在不断交融中发展、丰富和完善。中华民族之所以能够在几千年的历史发展过程中历经磨难而又自强不息，最为重要的原因就在于它始终坚守着自己的文化主体地位。同时，在漫长的历史发展过程中，中国各民族文化在吸收、借鉴和融合其他民族文化精华的基础上而不断创新、发展、进步。中国各民族文化也在不断推动着中华文明的发展与进步，为中华民族伟大复兴奠定了坚实基础。

汉文化是中华文化的主体。虽然历史上既出现过中原王朝和少数民族政权的一统，也出现过少数民族与汉族政权并立，还经历过三次民族大融合，但这些都没有改变汉文化在中华文明中主体地位。在漫长的历史发展过程中，汉文化不仅是中华民族精神家园的根基，更是中华民族共同的思想基础、思维方式和行为方式。中华文化对主体的坚守保证了"一体"基础的稳定，是其能经历种种严峻考验后屡次浴火重生，始终传承不绝的原因。

汉族的传统文化是指在汉族形成和发展过程中逐步形成并世代传承的思想观念、风俗习惯、艺术形式、行为规范等，是汉民族精神的重要载体。在漫长的历史发展过程中，汉族形成了一整套独特的价值观念和行为规范，这些价值观念和行为规范凝聚着汉族人的智慧和劳动，是汉族的文化精髓。具体而言，主要表现为以下几个方面：

第一，汉民族精神的核心是"自强不息，厚德载物"，自强不息的哲学基础是重视人格的以人为本思想，厚德载物的哲学基础是重视整体的以和为贵的理论。

第二，汉民族的文化核心是儒家思想。儒家思想以"仁"为核心，强调"仁爱""忠孝""礼义"，认为人与人之间要讲究"礼"和"义"。儒家的仁治成为一种具有内动力的文化模式。儒家的"仁"的思想，被作为中华民族进行内部个人修养的文化教化的最高价值，被作为人与人之间、族群与族群之间处理相互关系和存有问题的准则。也可以说，

"仁"已经转化为中华民族的根本属性,中华文化也是仁的文化。儒家思想不仅被中国历代王朝所推崇和采纳,还对世界上许多国家的文化产生了深远影响,在汉民族的价值观念体系中具有十分重要的地位。

第三,汉族道德观念体系独具特色。发达的农耕文化使汉族形成了独特的道德观念体系,即以"仁"为核心、以"孝"为道德准绳、以"礼"为行为规范的道德体系。这一道德体系中既包含了儒家思想所提倡的重义轻利、尊老敬贤等道德观念,也包含了尊重自然、顺应自然、保护自然等道德观念。

第四,汉族精神在长期发展过程中逐渐形成并不断丰富完善,包括重视亲情和家庭伦理、重视婚姻和孩子教育等方面。

中华文化多元格局表现为各民族文化的融合和各民族文化之间的平等交流。我国56个民族都是中华民族大家庭的成员。不同民族都有自己独特的历史、文化和风俗习惯,在漫长的历史发展过程中,他们之间存在着文化上很多的共性。汉族文化与各少数民族文化都是中华文化重要组成部分。比如各少数民族对土地、山川、河流等资源都有共同的崇拜,在长期发展过程中,各少数民族之间形成了一种以祖先崇拜、图腾崇拜为核心的独特地域文化。而这种地域文化与汉族文化相同或相近,既包括建筑、服饰、饮食、礼仪等物质层面内容,也包括宗教信仰、风俗习惯等非物质层面内容。

我国作为一个统一的多民族国家,各民族之间既相互联系又相互影响。自古以来,各民族都在自己居住地区发展着自己独特的生产生活方式和习俗。这些文化与汉文化相融合形成了各民族共有共享的中华文化。各族人民通过长期交往交流交融,促进了民族之间的相互了解和相互尊重,增强了各族人民对中华传统文化的认同感和归属感。在与汉族进行交往交流交融中,各民族之间相互学习、借鉴了各自的优秀文化传统和长处。

(三)中华文化与世界文化的交流融汇

中华文化的多元格局还体现在中华文化与其他种族交流中展现出的开放的态度,对其他种族的文化表现出极大的包容性,中华民族自古以来就有"和而不同"的思想,"和而不同"是中华文化对待内外关系的一种独特方式。中华文化强调的是和谐与秩序,在持守住自己主体根本的原则下,还注重各民族、各文化之间的相互理解和尊重。这种思想不仅体现在对内多元文化的融合方面,也体现在对外来文明的交流与吸收方面。

在长期的历史演进中,中华文明与世界其他文明通过取长补短、择善而从、兼收并蓄的方式,丰富和发展了自身的文化,同时也将自己的优秀文明成果输出,为人类文明进步作出了重大贡献。

西汉张骞"凿空西域"(开通西域道路),这一伟大壮举丰富了中国人民的地理知识,扩大了中国人的地理视野,加速了丝绸之路的开拓,直接促进了中国和西方物质文化交流。物产方面,中国精美的手工艺品,特别是丝绸、漆器、玉器、铜器等传向西方,而西域的土产如苜蓿、葡萄、胡桃(核桃)、石榴、胡麻(芝麻)、胡豆(蚕豆)、胡瓜(黄瓜)、大蒜、胡萝卜,以及各种毛织品、毛皮、良马、骆驼、狮子、鸵鸟等陆续传入中国。文化方面,西域的音乐、舞蹈、绘画、雕塑、杂技也传入中国,对中国古代文化艺术产生了积极的影响,同时中原的养蚕丝织等技术也由此西传。

在历史上,我们多次经历传入文化的交流与融汇。它们的思想精髓也为中国传统社会的思想文化观念注入了很多新的思想资源。无论是物质层面,还是文化层面,中华文化中都不乏众多外来文化因素。对外来思想的广泛吸纳，使得中国文化也与时俱进，在同其他文明的交流互鉴中不断焕发新的生命力，呈现出与先秦、秦汉迥然不同的面貌。这也使得中华文化在全球范围内更加具有影响力和吸引力，中国的文明成果在交流中同样不断给世界文明以启迪和震撼。正如古代中国以四大发明为代表的先进技术传播到西方，给西方社会带去的深刻变革一样。

中华文化面临过的最大挑战，是近代一百年受到西方工业文明侵凌。中华人民共和国成立后，经过七十多年励精图治，在完成工业现代化赶超后，中华文化过去被低估了的普世汇通性正在重新被世界认识。在中国人的眼中，国家复兴是中华文明与世界文明再一次互鉴共进的双向奔赴。它也再一次验证了中华文明兼收并蓄的胸怀，预示着中国必将再一次为人类文明作出伟大的贡献。一个伟大的民族，一定是创造了为全人类所共享的文化价值的民族，因此，一个民族文化的核心价值，应该看这个文化中有多少为大多数人类成员觉醒后所共知、共守的价值内核。这种核心价值能否与时俱进，是衡量一个民族文化是否永葆活力的重要指标。中华文化能够贡献给世界的，是人之为人的、群之为群的、家之为家、国之为国的一整套精神价值和伦理道德，这是中国文化中具有永恒性、普遍性的价值理念，既适用于古代，也适用于今天，不仅适用于中国人，也适用于全世界。

课后赏析

作品名称：《何以中国》电视纪录片
出品单位：上海广播电视台东方卫视、百视TV
指导单位：上海市委宣传部、国家文物局
上映时间：2023年
导演：干超
剧情介绍：百万年的人类史、一万年的文化史、五千多年的文明史，中华大地山河锦绣，滋养了世界上唯一绵延不断并以国家形态发展至今的伟大文明。本片试图探寻中华文明能延续发展的内在脉络是什么，这个文明古国强大的韧性与生命力从何时起源，多元一体的中华民族又是怎样形成的。

课后思考

1. 请你谈谈对"地理决定论"观点的看法。
2. 请思考中华文明选择集中与统一的现代意义。

第二章
为政以德：格局宏大的政治观

学习目标
1. 掌握古代政治观涉及的相关基本知识。
2. 把握古人的政治观。

能力目标
提升对于影响政治格局的复杂因素的整体性理解能力和评判能力。

"为政以德"出自《论语》，揭示了中国传统政治中的最根本价值根底，由此也奠定了传统政治的理想高度和宏大格局。本章将从古代政治的合法性、政治的组织架构以及政治的治理方式三方面展开，以此展示由"德"贯穿其中的宏大政治观。

第一节　天命与仁德：政治的合法性

今天的中国人民享有充分的宗教信仰自由，大多数中国人是无神论者（或无明确宗教信仰者），这个现象在全世界看来都是极其罕见的。当今世界范围内，不管是中东、欧美，还是印度、阿拉伯，每个地方都有自己的主流宗教。可是到了中国，竟然大部分都是无神论者。一位德国专家就曾经发出过这样一个疑问："中国是一个无神论者的国家，既不信神也没有国教，是如何支撑到现在的？"相关权威统计表明，中国是当今全球无神论及无明确宗教信仰者的主要集中地，其人口规模和比例均居世界首位。这深刻影响了中国的政治、经济和文化制度。我们进一步探讨古代中国文化的政治观发展变化时，会发现中国民众以无宗教信仰的世俗人口占多数，实际已持续了几千年之久。但是，世界各地的文物和记载都证明了：自上古开始，人类早期的聚居生活时期，原始世俗权力（即后世所谓"王权"）与原始宗教权力（即后世所谓"神权"）是混合在一起的，中国先民也不例外。究竟后来发生了什么变故，使得中国不仅在历史上很早就完成王权、神权相分离，成为世俗国家，同时还以宏大的政治观发展出独特的政治制度，治理了几千年的华夏疆域？这就需要回溯历史上几个重大事件，从"绝地天通"开始讲起。

第二章 为政以德：格局宏大的政治观

一、绝地天通

上古时期被认为处在原始宗教阶段，先民对神有着普遍的崇拜。而在天人关系或原始宗教的形式上，有过一次重要的宗教改革，叫作"绝地天通"。所谓"绝地天通"，即断绝天地之间相通的道路，将人与神直接接通的通道阻绝，使得天地就此隔开。这个议题在中国哲学史、宗教学史、人类学史等上都具有重要意义，它不但是中国哲学中关于天人关系的早期重要议题，也是原始宗教的一次重要革新，同时还是一次重要的政治变革。

关于绝地天通的文献记载，主要现于《山海经·大荒西经》《尚书·吕刑》和《国语·楚语》。然而，三本古籍中的记载详情，以及涉及的人物、情节各有不同，因此人们对"绝地天通"的理解也不尽相同。《国语》的成书年代距今更近，且最为翔实，且以《国语》中的楚语为例来展示"绝地天通"的具体经过：

昭王问于观射父，曰："《周书》所谓重、黎实使天地不通者，何也？若无然，民将能登天乎？"对曰："非此之谓也。古者民神不杂。民之精爽不携贰者，而又能齐肃衷正，其智能上下比义，其圣能光远宣朗，其明能光照之，其聪能听彻之，如是则明神降之，在男曰觋，在女曰巫。是使制神之处位次主，而为之牲器时服。"

……

"及少皞之衰也，九黎乱德，民神杂糅，不可方物。夫人作享，家为巫史，无有要质。民匮于祀，而不知其福。烝享无度，民神同位。民渎齐盟，无有严威。神狎民则，不蠲其为。嘉生不降，无物以享。祸灾荐臻，莫尽其气。"

"颛顼受之，乃命南正重司天以属神，命火正黎司地以属民，使复旧常，无相侵渎，是谓绝地天通。"[①]

以上《国语》中有关"绝地天通"的大意如下：

楚昭王阅读《尚书·吕刑》相关内容时产生疑惑，于是他便向大臣观射父询问。《尚书·吕刑》篇是记载公元前11世纪末周穆王诰封吕侯时的诏书，提到了蚩尤作乱，颛顼帝命担任"南正"的重司和担任"火正"的黎司绝地天通，使得天与人界各归其位。这促使楚昭王思考，如果重司、黎司能够让天地之间、神人之间的通道阻绝，那岂不是意味着在此之前，天地之间、神人之间是可以直接交流的？即文中"《周书》所谓重、黎实使天地不通者，何也？若无然，民将能登天乎？"接下来的大段内容皆是观射父针对楚昭王的发问而对绝地天通的叙述。

其情节与经过大致如此：在绝地天通之前，有着一个"民神不杂"的阶段。这个阶段存在着能力超凡的人，是天人之间的通道，被称为"巫觋（xí）"。然而，蚩尤作乱，扰乱了天人的分际，使每人、每家都自认为可以与天直接相通，而不须凭借巫觋之力，于是原本的秩序被破坏，出现"民神杂糅，不可方物。夫人作享，家为巫史"的情形。由于当时占卜成风，因而废弃人事，甚至还不乏投机者，借着神的名义，亵渎神灵、大肆敛财。基于这样的局面，颛顼帝命重司、黎司"绝地天通"，阻断了天人之间直接交流的通道，并命令伯夷、禹、稷分别掌管刑罚、地理划分、农业生产，使得人间建立起自身的秩序，把治理人界的权力下放到了人的手里，于是"国家"开始产生。简而言之，"绝地天通"的举措，是针对"民神杂糅""民神同位""家为巫史"等天人混乱的情形，试图将其恢

[①] 出自《国语·楚语》。

复到"民神不杂""民神异业"的阶段。

之所以说"绝地天通"是一次宗教改革,是因为它重新界定了神人沟通的方式,将神人沟通的通道从神—人的直接对话转变为神—巫觋—人的方式。而之所以说"绝地天通"是一次政治事件,则在于它确立了人间秩序的执掌者。在原始宗教盛行的时期,掌握了天人沟通的能力和权力,实际上就掌握了治理人间的权力。也就是说,从"民神杂糅"到"民神不杂",是从事实上打压日渐崛起的个人意识,通过将沟通神的权力重新交付给巫觋,实现君主对掌握治理人间秩序的垄断,从而加强君主权威的合法性。

二、以德受命

周克殷商是我国历史上一次重要的政治变革,面对这一政权的更易,周人如何建立起自身的政权合法性、如何对这场"革命"进行说明,成为关乎周人治理的重要议题。根据古代文献,这种说明主要通过"以德受命"的天命观来说明。

在商人那里,"帝"是至上神,而在周人的表述中,则出现了"天"的概念,并出现了以"天"来替代"帝"的做法。因此,在周人看来,从神那里获得的使命和权力被称为"天命"。而获得天命的周人不是灭商的武王,而是早先被拘于羑里的文王。《尚书》《诗经》里有这样的描述:

我文考文王,克成厥勋,诞膺天命,以抚方夏。①

天休于宁王,兴我小邦周;宁王惟卜用,克绥受兹命。②

有命自天,命此文王,于周于京。③

文王受命,有此武功。既伐于崇,作邑于丰。④

根据这些记载,可知周人认为其禀受天命是从文王开始的。而文王为何能够获得天命、天命为何能从商人那里转移到西边的周部落呢?

首先,周人建立起了"天命靡常"⑤的观念,即天命或天的意志不是一成不变的,而是处在变动之中。因此《诗经》有载:"周虽旧邦,其命维新",周人恰恰就是获得了新的天命才成为人界的主政者。"天命靡常"的观念说明了天命为何能够转移,而至于天命为何从商纣转移到文王,则需要通过"以德受命"来加以说明。

需要注意的是,"德"的本义是图腾,为氏族成员所共享。在周人那里,"德"并不完全等同于当今的德性之意。殷周之际的变革,常常展现了殷与周之间的差异,但殷周之间也存在沿袭性。例如,"德"之本意即"顺天",是对殷商遵循神和祖先的旨意的继承。因此,在这一时期,"德"更多地表现为一个宗教概念,而非道德概念。朱熹对"德"的解释为"德者,得也",也是据此而来。那么,承接天命的人王应该如何去敬德呢?周人认为应该"敬德保民","敬德"就是"敬天",这是周王朝政治观的理论依据;"保民"

---

① 出自《尚书·武成》,此句是周武王对父亲周文王的赞美之词,意为:我的父亲文王,能够完成他的功业,承受了上天赋予的使命,用来安抚天下。

② 出自《尚书·大诰》,意为:上天赐福于文王,使小邦周兴旺起来;文王通过占卜,能够继承并接受天命。

③ 出自《诗经·大雅·大明》,意为:天命降临在周文王身上,让他在周地和京地建立功业。

④ 出自《诗经·大雅·文王有声》,意为:周文王受命于天,拥有强大的武力。他攻克了崇国,然后在丰地建立了城邑。

⑤ 出自《诗经·大雅·文王》。"天命靡常",是西周初年流行的天命观,认为君权是天所授予的,天命的依据是君主的德行,是人事的好坏,如果君主暴虐,天命就会转移。

是周王朝政治观的实践表征,"保民"是"敬德"的必然结果和具体表现。"敬德"和"保民"是周王朝政治观不可分割的两个方面,前者是理论基础,后者是实践表征。

在商代人看来,过世后的祖先会升天,并且得到天帝的欢迎,也就是"先王先公可上宾于天"[①],由于祖先在天帝左右,祖先因此成为后世子孙与上帝沟通的媒介,甚至一些学者认为帝可能就是过世的祖先。以此,商人非常重视祖先崇拜。由于祭祀与通天皆基于祖先的沟通能力,因此与神交流的能力就变成了一姓的专利,换句话说,人界秩序的建立和统治权就收归到了一姓手里,血缘变成了王权继承的正当性来源,因此纣王会狂妄地说:"我生不有命在天"[②],认为自己是殷商后代,可以直承天命。

那么,为何天命会发生转移,从殷商的一姓转移到文王身上呢?周人认为,这是基于人的"德",也就是"天命有德"。周人认为"皇天无亲,惟德是辅"[③],认为"神"不会因为关系的亲疏决定天命的授予,而是以人的德来作为授命的恒准。《尚书·西伯戡黎》中载:

西伯既勘黎,祖伊恐,奔告于王。曰:"天子!天既讫我殷命。格人元龟,罔敢知吉。非先王不相我后人,惟王淫戏用自绝。故天弃我,不有康食。不虞天性,不迪率典。今我民罔弗欲丧,曰:'天曷不降威?'大命不挚,今王其如台?"王曰:"呜呼!我生不有命在天?"祖伊反曰:"呜呼!乃罪多,参在上,乃能责命于天。殷之即丧,指乃功,不无戮于尔邦!"

这段文字讲述了殷商末年,文王战胜黎国以后,殷商大臣祖伊有唇亡齿寒之忧,而奔告纣王。祖伊认为,这是天要收回赐予殷商的天命的迹象,从龟甲的占卜中也得不到吉兆。并且,这并非因为殷商的祖先不庇佑后世子孙,而是纣王本人德行有亏,荒淫无度,才导致天命的转移。并且,百姓们都痛恨纣王,都盼望着殷商的灭亡,纷纷说道:"上天为何不降下惩戒?天命不会再降落在殷商了。"对此,纣王反而狂妄地认为"我生不有命在天",祖伊在应对纣王时说:"这全是出于大王的罪过,如此还能祈求天命吗。殷商即将灭亡,这都是因为纣王的所作所为。"

"讫我殷命""天弃我""大命不挚"皆是"天命靡常"的体现,天命发生转移,而不总是系于一姓。而是天命转移的原因,通过祖伊和百姓对纣王的谴责道出,因为"王淫戏用自绝",纣王无道而自取灭亡,这正是"天命有德"的体现。可见,天命之所以会发生转移,不是因为祖先的庇荫,而是因为君主自身的德行,正因为文王有着天下归心之德,才会承接天命。总的来说,与殷商通过血缘的纽带来"宾天"不同,周人认为天命的授予是基于个人之德来"配天"。

由文王开启的"以德受命"的天命思想,为政权的更迭提供了新的解释资源。政权的合法性不再是系于一姓,而将天命和政权的合法性交到了有德之人手中。因此,政权的更迭,不再是一姓一国的交替,而是基于"德"的有无。如果说"绝地天通"是将与天沟通的能力收回到君主手中,那么周人的"以德受命"则将其放置到有德之人手上,使所有

---

① 陈梦家:《殷商卜辞综述》,科学出版社,1956年,第580页。
"先王先公可上宾于天"意为:在商代,殷人的先王先公死后成为祖先神,可上宾于帝廷或帝所,转达人间对上帝的请求。

② 出自《商书·西伯戡黎》,这句话是商纣王在听到祖伊的劝谏后所说的,意为:我的命运难道不是早就由上天决定了吗?

③ 出自《尚书·蔡仲之命》,意为:上天公正无私,总是帮助品德高尚的人。

民族的人都掌握了平等获得天命的机会。

三、王道与霸道

周朝的"以德受命"为政治的合法性提供了新的解释，这一解释在我国历史上影响深远，并被孔子和孟子进一步深化。这些解释都有相关记载：

子曰："为政以德，譬如北辰，居其所而众星共之。"①

为人君，止于仁；为人臣，止于敬；为人子，止于孝；为人父，止于慈；与国人交，止于信。②

齐景公问政于孔子，孔子对曰："君君、臣臣、父父、子子。"③

孔子在《论语》中明确提出"为政以德"，认为治国理政最重要的便是德性，如此，君主便可以像北斗星一样，居其位而众星拱之，使得君主之意不令而行。《大学》里也提到，"为人君，止于仁"，对于不同的身份来说，其都有其当止之地和当行之道，对于君主来说，其所当止之地便是"仁"，要用仁心来对待天下百姓，以仁政来治理百姓，如此才是教而治之的圣王。可见，孔子认为仁德是君主成其为君主的依据，因此在《论语·颜渊篇》里，他说"君君、臣臣、父父、子子"。君臣父子并不是天生的、偶然的，而是需要通过自身的努力去成其为自身的，只有当君主展现出仁德，才是名副其实的君主，可以说，这是"以德受命"说在先秦时期的相应表达。

孟子则通过王道和霸道之辨对君主的合法性进行阐述：

孟子曰："以力假仁者霸，霸必有大国，以德行仁者王，王不待大。汤以七十里，文王以百里。以力服人者，非心服也，力不赡也；以德服人者，中心悦而诚服也，如七十子之服孔子也。诗云：'自西自东，自南自北，无思不服。'此之谓也。"④

孟子认为，王道和霸道不一样。包裹着仁义的外衣，以武力来争权夺利，这是霸道，其多半会网罗大片的土地，成为一方大国，比如齐桓公、晋文公；而以仁德去推行仁政则是王道，王道不一定会拥有广袤的土地和成为大国，比如商汤和周文王，他们都崛起于百里之际。也就是说，天命的降临、王位的合法性并不在军事力量的强弱、国土面积的广狭，而是在治国理政的发心动念是否是出于仁义、是否出于百姓的福祉。同时，以力服人的霸道难以让百姓心服口服，只能因为力量的弱小而不得已臣服；以德服人的王道则让百姓由衷地心悦诚服，是因为感动于圣王之德而自然归心。孟子生活在战国时期，当时诸侯并起，充斥着以力假仁的霸者行径，因此孟子区别霸道和王道，为的是确立政权和王位的依据，以此来匡正当时的政治秩序。于是有了这段问答：

齐宣王问曰："汤放桀，武王伐纣，有诸？"孟子对曰："于传有之。"曰："臣弑其君可乎？"曰："贼仁者谓之贼，贼义者谓之残，残贼之人谓之一夫。闻诛一夫纣矣，未闻弑君也。"⑤

在与齐宣王的对话中，孟子进一步说明了君主之为君主的依据。齐宣王的提问是针对

---

① 出自《论语·为政》。
② 出自《大学》传之三章。
③ 出自《论语·颜渊》。
④ 出自《孟子·公孙丑上》。
⑤ 出自《孟子·梁惠王下》。

第二章　为政以德：格局宏大的政治观

汤武革命而发，认为其有着"臣弑其君"的嫌疑，是不忠的行径，但在儒家看来，商汤和周武王都是后世效法的圣王，这之间的矛盾应该如何解释呢？孟子认为，伤害仁义的人叫作贼和残，由于悖逆仁义、戕害仁义，虽然坐在君位上，但也不再是为政以德、身载仁德的君主，而只是"一夫"，既然只是一个普通人，那汤武所诛杀的只不过是一夫而已，而不存在"臣弑其君"的行为。孟子通过对"君"的界定化解了汤武革命臣弑其君的困境，一旦上位者不能行王道、行仁政，那么他就不再是天命在身的君主，而只是一个贪念王位的普通人，是一个名不正言不顺的人，因此应该推翻他的统治。

同时，君主的德性不仅关乎其自身身份的确立，对于国家的治理也至关重要。《孟子·离娄上》提到：

孟子曰："人不足与适也，政不足间也。惟大人为能格君心之非。君仁莫不仁，君义莫不义，君正莫不正。一正君而国定矣。"

孟子认为君主若是能仁、义、正，则举国上下皆能仁、义、正，一旦君主正，则国家便能安定。这与孔子所言"为政以德，譬如北辰，居其所而众星共之"相照应。张载在《正蒙·有司篇》中也提到：

道千乘之国，不及礼乐刑政，而云"节用而爱人，使民以时"。言能如是，则法行，不能如是，则法不徒行，礼乐刑政，亦制数而已耳。

张载论及《论语·学而》一章中"道千乘之国：敬事而信，节用而爱人，使民以时"，认为在谈治理千乘之国时，之所以不言礼乐刑政等具体的治理之具，而只是以"节用而爱人，使民以时"，就是为了突出君主仁德的重要性。若是君主以仁德行礼乐刑政，则能够不令而行，如顺水行舟；若是君主没有仁德，则礼乐刑政终究只是帝王之术而已。可见，仁德不仅是君主成为君主的合法性，也是关乎整个国家治理的关键所在。

第二节　忠孝与家国天下：政治的组织形式

一、分封与国、家

我国古代政治的基本形态与分封制和宗法制有着密切的关联，这两种制度及其密切的关联构成了中国传统政治的基本框架。分封是指周王室分封诸侯，使其成为一个独立的政治单位，也被称为封邦建国。通过分封，建立诸多诸侯国，即"封建"，这是后世更为熟悉的一种说法。同时，诸侯再进一步分封卿大夫，卿大夫治下的政治单位被称为"家"。也就是说，古代的"国"和"家"，是通过分封而成立的不同等级和规模的行政单位。

欲学习更多相关内容，请扫描查看延伸阅读 2-1。

大规模的分封被认为发生在周公摄政和周成王统治时期。这一时期，经历了周公东征，平息了诸多叛乱，获得了大片的疆域，进一步的分封对于周王朝的治理变得必要。《左传·僖公二十四年》记录了当时分封的情况：

延伸阅读 2-1

中华传统文化通识

　　昔周公吊二叔之不咸，故封建亲戚以蕃屏周。管、蔡、郕、霍、鲁、卫、毛、聃、郜、雍、曹、滕、毕、原、酆、郇，文之昭也。邘、晋、应、韩，武之穆也。凡、蒋、邢、茅、胙、祭，周公之胤也。

　　根据《左传》的记载，周公分封的目的是"封建亲戚以蕃屏周"，也就是通过亲属治下建立起周王朝的全面统治，这一点，通过周公分封的对象亦可见。"文之昭""武之穆""周公之胤"分别是周文王的子辈、周武王的子辈以及周公的子辈，这些都是与周室有着血缘纽带的人。《荀子·儒效》也记载，"'周公'兼制天下，立七十一国，姬姓独居五十三人。"此外，周公的分封对象也有与周室存在着姻亲关系的诸侯。可见，分封的最主要依据和对象其实是血缘纽带，这成为周初政治框架的重要因素。

　　正因为分封制，才使得古代的"国"与"家"出现。其含义与今天的主权国家有所不同，所谓的"国"，在这一时期是指诸侯国，比如前文提到的齐国、鲁国等，并且这些"国"与周王室有着密切的关联；而"家"是指卿大夫之家，比现在的家庭的范围要大很多。而在"国与家"之外，还有"天下"，是周天子治教所及的范围，指普天之下。《礼记·礼运篇》言："大道之行，天下为公"，这是古代政治治理的理想境界。故而才有《大学》所说的君子应当"修身、齐家、治国、平天下"。

二、宗法与家国同构

　　与古代政治的基本形态密切相关的另一种制度是宗法制。宗指宗族，法指规范，宗法是指宗族内部的规范体系。其形成于周公摄政时期，但"宗法"一词，却起源于北宋时期。北宋的大儒程颢、程颐、张载等皆重视宗法制。张载在《经学理窟·宗法》中写道：

　　管摄天下人心，收宗族，厚风俗，使人不忘本，须是明谱系世族与立宗子法。宗法不立，则人不知统系来处。古人亦鲜有不知来处者，宗子法废，后世尚谱牒，犹有遗风。谱牒又废，人家不知来处，无百年之家，骨肉无统，虽至亲，恩亦薄。宗子之法不立，则朝廷无世臣。且如公卿一日崛起于贫贱之中以至公相，宗法不立，既死遂族散，其家不传。宗法若立，则人人各知来处，朝廷大有所益。或问："朝廷何所益？"公卿各保其家，忠义岂有不立？忠义既立，朝廷之本岂有不固？今骤得富贵者，止能为三四十年之计，造宅一区及其所有，既死则众子分裂，未几荡尽，则家遂不存，如此则家且不能保，又安能保国家！

　　张载认为宗法制不立，人便不知道自己的来处。若不知道来处，就家族而言，家族就难以绵延壮大，没有向心力来将家族成员关联起来，虽然在血缘和情感上是至亲，却因为关联的弱化而恩薄情浅；从政治治理来说，宗法制不立，朝廷就没有可以仰仗的世臣，一代人的亡故就意味着政治生命的终结，而不能将其家风治法传之久远。因此，宗法制对于个人的安身立命、家族的传之久远、国家的长治久安都具有重要作用。不过，张载关于宗法制度的阐释是就北宋时期的政治局势而言，与周代的宗法并不完全等同。

　　宗法制的诞生，与周公有着密切关联，王国维就认为宗法制中的立嫡子制就是周公所定。具体来说，宗法制包括立子立嫡之制、庙数之制、同姓不婚之制、族墓之制、姓氏之制度等，其中，最重要的是立子立嫡之制。

　　《礼记·大传》中有这样的记载：

　　别子为祖，继别为宗。继祢者为小宗。有百世不迁之宗，有五世则迁之宗。百世不迁者，别子之后也。宗其继别子之所自出者，百世不迁者也。宗其继高祖者，五世则迁者也。尊祖，故敬宗。敬宗，尊祖之义也。

这段话涉及宗法制度中最基本的大宗与小宗的界定。周代往往是嫡长子成为传承人，接续血脉，而庶子或别子成为另外一脉的始祖。简而言之，同一始祖的嫡系长房继承系统为大宗，而庶子或别子的继承系统则为小宗。对于自己一脉相承的一系来说，是百世不迁者，后世子孙永远都敬奉同一位祖先；而对于上推五代的高祖而言，他的庶子或别子成为另外一脉的始祖，虽然与自己有着血缘关系，但是发展到第五代以后，就已经不在五服关系内，就不再是同宗关系。因此，大宗和小宗的关系是相对的，有些关系是百世不易，有些亲属关系却会随着代际而消失。

而这样的关系反映到周室内部，尤其是与分封制相结合，大、小宗实际上又与权力、土地、爵位等的继承发生密切关系。例如，天子之位由嫡长子继承，其他嫡子和庶子分封为诸侯；诸侯位也由嫡长子继承，其他庶子封为卿大夫；卿大夫位由嫡长子继承，其他庶子成为士（图2-1）。因此，分封就变成了在宗族内部权力和爵位的代际相传。

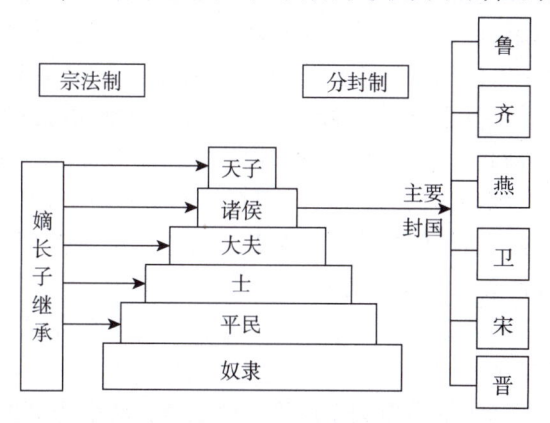

图2-1　家国同构

并且，继承王位的嫡长子，既是国家的政权执掌者，又是同姓一家的最高族长。也就是说，于国和家而言，嫡长子都是率众之人。同样，诸侯之嫡长子也是诸侯之国和一家的率领者。也就是说，通过分封与宗法制度，建立起了家和国之间特殊的关系，"封建制是以一家（天子之家）治天下，宗法制是以一家（诸侯之家）治一国，这即是传统家国同构之意"[①]。所以天子的家事往往被认为是国事，而有些国事又同时是天子的家事。张载在《西铭》里说的"大君者，吾父母宗子；其大臣，宗子之家相也"就是以亲属关系来描述政治关系，其背后便是对家国同构关系的认受。

实际上，分封与宗法之间，分封是载体、是表象，宗法是内核、是本质，通过分封，宗法制在周朝的疆域中开始明确体现，并把宗法的架构和组织原则推行到各国地区，由此进一步把宗族的观念推扩到更大范围内去，将周代的精神进一步推行。中国古代的国家和政权规模正是基于二者建立起来，但正因为其建立的原则和方式，使得其作为国、家和国家的内涵不同于现在通常所说的国、家和国家。

而作为中华文明创制之源的周公，之所以推行宗法与分封相结合的制度设计，一是由于立子立嫡之制确立了政权的传承方式和合法性，避免了政权传递过程中出现的动荡和风

[①] 陈壁生：《从家国结构论孝的公共性》，《船山学刊》2021年第2期，第18页。

险；二是天子、诸侯、卿大夫等君臣关系同时又是亲属关系，他们之间因为恩情的交织，会结成更为稳固的政治结构；三是因为宗法制度会在天子、诸侯、卿、大夫等掌握权力的人群之间建立起良好的道德秩序，因此在上层形成足以示范下民的风气。不过，秦汉以后，开始推行郡县制，实行编户齐民，周制变成了文献上的古物，宗族之间的秩序性与组织性也逐渐衰弱。

三、以孝治家与以忠事君

古代的国与家的含义和今天通常所说的国、家不同。同时，与今天的国与家分属公与私两个领域不同，古代的国与家之间有着密切的关联。

古代的国中和家中的成员，既是亲属关系，又是政治关系。比如，对于天子和天子的儿子、诸侯和诸侯的儿子、卿大夫和卿大夫的儿子来说，他们既是父子关系，又是君臣关系。因此孟子曾言："内则为父子，外则为君臣，人之大伦。"[1] 关上门，就一家而言，其是父子关系，打开门，就一国而言，其又是君臣关系。父子的相处之道关乎是否能齐家，君臣的上下级关系关乎是否能国治。因此，国与家之间的成员有着亲属和政治两重身份，这也是周公通过分封制和宗法制所建立起来的恩情交织的政治格局具有稳定性的重要原因。通过周公的大范围分封，这样的政治格局被扩展到周室所辖的范围内，于是，整个天下都在周室一家的治理范围内，因此，天子不仅是周室一家的族长，不仅是其子的父亲，也是天下一家的族长和天下百姓的父亲。《尚书·洪范》中言："天子作民父母，以为天下王"，"天下共主"就是天下百姓的父母。

物格而后知至，知至而后意诚，意诚而后心正，心正而后身修，身修而后家齐，家齐而后国治，国治而后天下平。[2]

在现代生活中，涉及治国的君臣关系属于公的领域，关乎齐家的父子关系属于私的领域，但在古人那里，治国与齐家却有着密切关系。比如，《大学》认为，修身、齐家、治国、平天下有着一脉相承的同构性，四者不是无关的四个方面，而是密切相关且具有阶次性的。一个人如果不能自修己身，便无法在家中自尽己责，没法安顿好整个大家族，使家族难以绵延壮大。同样，一个人如果不能治理好自己所在的家族，又何谈去处理好自己所在国中的大小事务？

一家仁，一国兴仁；一家让，一国兴让；一人贪戾，一国作乱。[3]

一家仁，一国才能仁，一家让，一国才能让。

或谓孔子曰："子奚不为政？"子曰："书云：'孝乎惟孝，友于兄弟，施于有政。'是亦为政，奚其为为政？"[4]

老吾老，以及人之老，幼吾幼，以及人之幼。天下可运于掌。《诗》云："刑于寡妻，至于兄弟，以御于家邦。"[5]

这里孔子和孟子也分别引述《尚书》和《诗经》之言，认为只有在家中处理好父子、

---

[1] 出自《孟子·公孙丑下》。
[2] 出自《大学》经一章。
[3] 出自《大学》传之九章。
[4] 出自《论语·为政》。
[5] 出自《孟子·梁惠王上》。

夫妇、兄弟关系，才能驾驭好邦国的事务。也就是说，《四书》认为周朝的分封和宗法制构筑的家国天下体系其实是一个家国同构的体系，治家之方与治国之道之间在道理和运行上有着一致性和一贯性，治国之道实际上是治家之道的推衍和扩展。

父子之道，天性也，君臣之义也。①

对于家国之间的一致性和一贯性，《孝经》以父子之道和君臣之义的关系来揭示，认为在家的父子关系和在国的君臣关系有着内在的一致性，这是"家齐而后国治"和"一家仁，一国兴仁；一家让，一国兴让"的原因。

孝者，所以事君也；弟者，所以事长也；慈者，所以使众也。②

更进一步地来说，《大学》认为，对待父亲的孝，实际上和侍奉君主之道有着一致性；对待兄长的悌，与对待长上的方式也具有一致性；对待孩子的慈爱，和对待百姓的方式也有一致性。

有子曰："其为人也孝弟，而好犯上者，鲜矣；不好犯上，而好作乱者，未之有也。"③

因此，有子才会说，一个孝悌的人却犯上作乱，这种情况是很少见的。可见，侍奉双亲和侍奉君主之间在态度和方式上有着相通性，而这种相通性的内容便是孝与忠。

季康子问："使民敬、忠以劝，如之何？"子曰："临之以庄则敬，孝慈则忠，举善而教不能则劝。"④

居处不庄，非孝也；事君不忠，非孝也；莅官不敬，非孝也；朋友不信，非孝也；战阵无勇，非孝也；五者不遂，灾及于亲，敢不敬乎。⑤

古人认为父子、君臣、夫妇、兄弟、朋友"五伦"是人修身的人伦道场，而其中尤其重要的是父子与君臣两伦。对于父子关系，《大学》说"为人子，止于孝"，《论语》中孔子说"君使臣以礼，臣事君以忠"，子对父的态度应该止于"孝"而不迁，臣对君的态度应该是"忠"于上而不移。同时，忠与孝之间被认为有着密切的相关性，比如孔子认为"孝慈则忠"，"忠"是建立在"孝慈"的基础上的，对待君主的"忠"是得益于对待父亲的"孝"的推扩和延展，即"孝者，所以事君也"之意。古人也经常将忠臣和孝子联系起来，比如，《荀子》将"忠臣孝子"连称，东汉时期还出现了"忠臣出于孝子之门"的说法。因此，才会出现《礼记·祭义》的说法，认为"居处不庄""事君不忠""莅官不敬""朋友不信""战阵无勇"这些行为通通是不孝的表现。可见，"孝"的含义远远大于孝顺父母，其涉及的场域也远远大于现在所谓的家庭之内。

因此，在古代世界，"孝"是五伦的开端，是齐家、治国的基础，所以儒家尤其强调"孝"的重要性。

有子曰："君子务本，本立而道生。孝弟也者，其为仁之本与！"⑥

尧舜之道，孝悌而已。⑦

夫孝，德之本也，教之所由生也。⑧

---

① 出自《孝经·圣治章》。
② 出自《大学》传之九章。
③⑥ 出自《论语·学而》。
④ 出自《论语·为政》。
⑤ 出自《礼记·祭义》。
⑦ 出自《孟子·告子下》。
⑧ 出自《孝经·开宗明义章》。

子曰:"夫孝,天之经也,地之义也,民之行也。"①

五刑之属三千,而罪莫大于不孝。②

在有子看来,孝是行仁之本,是践行仁的出发点;在孟子看来,哪怕是尧舜这样的圣王,他们所践行的,也不过是把孝悌做到极致;在《孝经》看来,孝顺是德性的根本,是教化建立的源头,更是天经地义的民之当行之事,因此在众多罪恶之中,最大的罪过就是不孝。虽然后世的思想家对于"孝"从不同的角度有着不同的诠释,但从总体上来说,在古代的中国世界,"孝"是一个人修身、齐家、治国、平天下的基础和出发点,"孝"对于个人的自立、家国的治理和天下的秩序都具有不可替代的重要作用。

第三节 礼法相济:政治的治教之方

一、儒家之礼

"礼"在中国古代社会中,具有非常重要的地位。比如,对于孔子的思想,往往以"仁"为其最为核心的思想理念,然而,"礼"和"仁"一样,也是孔子尤其重视的内容。翻开《论语》,随处可见孔子对于"礼"的讨论、肯定和践行。比如,"非礼勿视,非礼勿听,非礼勿言,非礼勿动"③以及"赐也,尔爱其羊,我爱其礼"④。

"礼"在孔子之前的夏商周三代就已极具规模。在儒家的经典体系中,关于"礼"的经典就有三部,分别是《周礼》《仪礼》和《礼记》。前两部成书于三代时期,《周礼》被认为是周公所作,记录了三代时期的各种礼仪制度,而《仪礼》则是周朝的礼仪典章制度的汇编。至于《礼记》,相传是孔子的弟子所作,由西汉学者戴圣编纂,共计四十九篇,《四书》中的《大学》和《中庸》也出自《礼记》。与《周礼》《仪礼》不同的是,《礼记》虽然也有具体的礼制内容,但也记载着先秦学者对于礼的作用、意义等价值内涵的讨论。

那么,究竟什么是礼呢?《礼记》中有以下记载:

道德仁义,非礼不成,教训正俗,非礼不备。分争辨讼,非礼不决。君臣上下父子兄弟,非礼不定。宦学事师,非礼不亲。班朝治军,莅官行法,非礼威严不行。祷祠祭祀,供给鬼神,非礼不诚不庄。是以君子恭敬撙节退让以明礼。⑤

明乎郊社之义……治国其如指诸掌而已乎?是故,以之居处有礼,故长幼辨也。以之闺门之内有礼,故三族和也。以之朝廷有礼,故官爵序也。以之田猎有礼,故戎事闲也。以之军旅有礼,故武功成也。⑥

由以上两段话可见,礼关乎生活的方方面面。如果没有礼,人便难以修养出道德仁

---

① 出自《孝经·三才章》。
② 出自《孝经·五刑章》。
③ 出自《论语·颜渊》。
④ 出自《论语·八佾》。
⑤ 出自《礼记·曲礼上》。
⑥ 出自《礼记·仲尼燕居》。

义；没有礼，教化和移风易俗之事便不完备；没有礼，纷争诉讼也没法决断。同时，君臣、父子、兄弟、师生之间的关系也没法确立；朝廷、军旅、司法等事，没有礼的威严也无法执行；祭祀鬼神，若没有礼的诚敬也无以感通致诚。因此，君子必须在各种情境、各种人伦关系中通过行礼来成己和成物。如此，平居时有礼，因此长幼之序得以建立；闺门之内有礼，因此家族内部和谐安宁；朝廷之际有礼，官爵之间的序列也得以彰明；田猎时有礼，则兵戎之事减少；在行军打仗时有礼，则战事会成功。可见，礼涉及古人生活世界的各个方面，无论是在家中，还是在国中，都应当顺礼而行，礼实际上成为古代先民的行为准则，也是齐家治国的秩序保障，因此《左传·昭公二十五》说："夫礼，天之经也，地之义也，民之行也"。

是故夫礼，必本于大一，分而为天地，转而为阴阳，变而为四时，列而为鬼神。其降曰命，其官于天也。夫礼必本于天，动而之地，列而为事，变而从时，协于分艺，其居人也曰养，其行之以货力、辞让、饮食、冠昏、丧祭、射御、朝聘。[①]

礼也者，合于天时，设于地财，顺于鬼神，合于人心，理万物者也……尧授舜，舜授禹。汤放桀，武王伐纣，时也。[②]

根据《左传》和《礼记》的说法，礼并不仅仅是后天的、人为的治教之具，还有先天的根源，它是上合天道、下顺人事的。比如《礼记·礼运》认为，礼是从大而一的天道本源而来，进而分化为天地、阴阳、四时和鬼神，它降到人世间则是从天而降的天命。因此，礼实际上源于天，合乎地，表现为事，并因时损益，助力于各种事宜，它对于人来说是滋养的来源，在事上又具体表现在货力、辞让、饮食、冠昏、丧祭等各个方面。《礼记·礼器》也认为，礼是合乎天时、地财、鬼神、人心以及万物的，因此礼能够协调和安顿万物，并且是尧舜禹圣王相互传授和沿袭的治教之方。

这种理解被朱熹总结为"礼者，天理之节文，人事之仪则也"。[③] 认为礼不仅是人事的礼仪规则，还是不为尧存、不为桀亡的天理的具体显现。所谓"节文"，是指以文饰表现的差等、节次，这种差等和节次不仅仅是人为约定的，还有着先天的根源和依据，所以能够传之久远、放诸四海而皆准。不过，需要注意的是，礼的先天理据虽然具有百世不易的先天性，但礼在具体时空中的具体呈现却是在一定条件下合乎适宜的呈现，因此，随着时间和境况的变迁，具体的礼仪制度也应当因时损益，不然就会出现削足适履的僵化礼制。近代以来对礼的批评，往往是针对僵化之礼而发，从而得出极为激烈的口号式断语，比如吴虞在1919年11月1日《新青年》第六卷第六号上发表文章，高喊打倒"吃人的礼教"。然而，礼与僵化之礼毕竟不同，对于僵化之礼的警惕大有必要，但切勿因此不见礼之原貌而全盘否定。

基于礼的成己成物的特性，礼被认为是个人修养和政治教化的重要举措。

颜渊问仁。子曰："克己复礼为仁。一日克己复礼，天下归仁焉。为仁由己，而由人乎哉？"颜渊曰："请问其目。"子曰："非礼勿视，非礼勿听，非礼勿言，非礼勿动。"颜

[①] 出自《礼记·礼运》。
[②] 出自《礼记·礼器》。
[③] 朱熹：《四书章句集注》，中华书局，1983年，第51页。

渊曰:"回虽不敏,请事斯语矣。"①

《诗》曰:"相鼠有体,人而无礼;人而无礼,胡不遄死?"是故夫礼,必本于天,殽于地,列于鬼神,达于丧祭射御,冠昏朝聘。故圣人以礼示之,故天下国家可得而正也。②

故礼义也者,人之大端也……故唯圣人为知礼之不可以已也。故坏国、丧家、亡人,必先去其礼。故礼之于人也,犹酒之有蘖也,君子以厚,小人以薄。③

孔子认为,克制自己的私欲,回复到合乎礼的状态,这就是仁。并且克己复礼不由别人,完全掌握在自己的手中,是自己可以真正掌握的事情,所以孔子还说"仁远乎哉?我欲仁,斯仁至矣"④,从这个意义上讲,对人而言,仁是最具有必然性的事情。而仁的达成,是通过非礼勿视/听/言/动来实现的,也就是说,人的出处语默、行为举止,都要以礼为衡准,如此,则能帮助人斧正和涵养身心,从而日渐义精仁熟。而对于国家的治理来说,礼具有重大且必要的作用,古之圣王正是因为以礼治国,天下国家才得以安定。同时,只有圣王能够真正意识到礼的重大性,知道治国离不开礼的参与,因此坏国、丧家、亡人的出现,往往都始于礼坏乐崩。这也是孔子在先秦忧心礼坏乐崩并强调礼的重要性的原因。

二、法家之法

"法"也是治国理政的重要治具,在古代政治世界具有重要作用。《大戴礼记·礼察》言:"礼者禁于将然之前,而法者禁于已然之后。"相对于防患于未然的礼而言,法的特点是禁止于事情发生以后,这是礼与法的差异。从字源而言,"法"的出现远远晚于"礼"。不过,学者普遍认为,即使在字源意义上的"法"没有出现的时期,"法"实际上已经出现在先民的政治生活中。在春秋时代以前,"法"通常是以"刑"的方式出现。因此梁启超先生认为,"我国古代,礼与法视同一物。礼者,即规律本族之法也。故凡礼制著于竹帛者,皆可认为一种之成文法。"⑤因此,在这一时期,实际上处在礼法混一的状态,法从属于礼、包藏于礼。

夏有乱政而作禹刑,商有乱政而作汤刑,周有乱政而作九刑。⑥

若古有训,蚩尤惟始作乱,延及于平民,罔不寇贼,鸱义奸宄,夺攘,矫虔。苗民弗用灵,制以刑,惟作五虐之刑曰法。杀戮无辜,爰始淫为劓、刵、椓、黥。越兹丽刑并制,罔差有辞。⑦

墨罚之属千。劓罚之属千,剕罚之属五百,宫罚之属三百,大辟之罚其属二百。五刑之属三千。⑧

以上记载显示,在夏商周三代之时,就已经有作为强制性的刑法存在,并以此来镇压少数民族叛乱和各种反抗行为,而且种类繁多,颇具规模。

---

① 出自《论语·颜渊》。
②③ 出自《礼记·礼运》。
④ 出自《论语·述而》。
⑤ 梁启超:《饮冰室文集之十六·论中国成文法编制之沿革得失》,中华书局,1936年,第7页。
⑥ 出自《左传·昭公六年》。
⑦⑧ 出自《周书·尚书·吕刑》。

第二章 为政以德：格局宏大的政治观

到了春秋战国时代，随着礼坏乐崩，一种与过去儒家所提倡的"礼治"思想大异其趣的思想逐渐走上政治舞台。"法"逐渐从"礼"中分离，越发得到统治者的重视，成为与"礼"并立的治国之具。管子因此在《枢言》中说："法出于礼"①，这同时开启了礼法分离的阶段。

在礼法分离这一阶段，随着法家思想的逐步成熟，法治的理念得到了更多君主的重视和青睐，到战国时期，"法"已然成为政治统治的最核心范畴。先秦诸子多有关于政治思想的探讨，儒家、墨家、道家等流派皆以人民为政治的出发点来讨论治国理政的方针，而法家却恰恰相反，其以君主或国家为出发点，来缔造统治之术，因此法家思想常常被认为是帝王之术。法家思想注重法、术、势三方面，其代表人物分别是商鞅、申不害、慎到。而集三者之大成，将法家思想推向高峰者则是韩非。韩非的思想主要存于《韩非子》一书，虽然此书被认为掺杂了他人之作，但根据《史记·韩非列传》所载：韩非"作《孤愤》《五蠹》《内外储》《说林》《说难》，十余万言"可见，其中诸多篇目确系出于韩非本人之手。

在韩非看来，法、术、势各有其能，且关系密切，是人君之治的重要手段。法是针对所有社会成员，是对其进行规范和惩戒的工具；术是针对群臣，是君主掌控和管制群臣的方式；势是君主之势，是保证法和术运转的基础，因此韩非说："君无术则弊于上，臣无法则乱于下"②"抱法处势则治，背法去势则乱"③。而在法、势、术三者之间，法又处于中心地位。

法者，编著之图籍，设之于官府，而布之于百姓者也。④

法者，宪令著于官府，刑罚必于民心，赏存乎慎法，而罚加乎奸令者也。⑤

这两段话是韩非对"法"的定义。他认为法是编写在图书典籍之上，由官府设立，而推行于百姓之中的，其对于谨慎守法的人会恩赏，对于破坏法律的奸邪之人会惩罚。可见，韩非认为"法"是由国家确立、百姓遵守的，具有普遍性、强制性和公开性的行为规范和准则。并且，"法"对于国家的治理非常重要：

释法术而任心治，尧不能正一国。去规矩而妄意度，奚仲不能成一轮。废尺寸而差短长，王尔不能半中。使中主守法术，拙匠守规矩尺寸，则万不失矣。君人者，能去贤巧之所不能，守中拙之所万不失，则人力尽而功名立。⑥

韩非认为，抛弃法术而只是凭借君主之心去治理国家，哪怕是尧这样的圣王都无法治理好一个国家。去除圆规角尺而凭借自己的随意臆测，即使是造车专家奚仲也无法造一个车轮。废弃尺和寸等测量工具而去比较长短，哪怕是王尔这样的能工巧匠都不能有一半的时候符合要求。资质平庸的君主若能守术法，笨拙的匠人若能使用规矩尺寸等工具，则能够万无一失。作为一国之君，如果能做到"去巧守拙"，也就是摒弃那些投机取巧的想法，进而奉行"勤能补拙"的老实肯干作风，则大臣们都能做到竭尽全力地办事，这样他们的

---

① 出自《管子·枢言》。
②⑤ 出自《韩非子·定法》。
③ 出自《韩非子·难势》。
④ 出自《韩非子·难三》。
⑥ 出自《韩非子·用人》。

功名也就建立起来了，并且功名自立。也就是说，在韩非看来，"法"对于国家治理的重要性在于，它不仰赖人君的德性和资质，哪怕是资质平庸的君主，只要能够运用"法"来治国理政，则能够"人力尽而功名立"。

同时，对于法家重刑的批驳，韩非也提出了自己的独到见解。韩非的老师荀子曾主张"刑称罪则治，不称罪则乱"①，认为刑法的量定应该根据罪行的大小，反对重罪轻刑和轻罪重刑，但韩非却赞同商鞅重刑的主张。

殷之法，弃灰于公道者断其手，子贡曰："弃灰之罪轻，断手之罚重，古人何太毅也？"曰："无弃灰，所易也，断手，所恶也。行所易，不关所恶，古人以为易。故行之。"②

针对殷商弃灰于公道则断其手的刑法，子贡认为太严苛，是轻罪重刑，韩非借孔子之口回答说，不往路上扔灰是十分容易的，断手则是百姓十分惧怕的，让百姓通过做十分容易的事就能免除他们十分惧怕的事，这不是很容易吗。韩非之所以提倡重刑，并不是意在用重刑来震慑百姓，而是希望以重刑与日常行为之间的难易轻重来引导百姓不犯罪。

同时，韩非也意识到"法"不是万能的，也不是完美的。

法所以制事，事所以名功也。法有立而有难，权其难而事成，则立之；事成而有害，权其害而功多，则为之。无难之法，无害之功，天下无有也。是以拔千丈之都，败十万之众，死伤者军之乘，甲兵折挫，士卒死伤，而贺战胜得地者，出其小害，计其大利也。夫沐者有弃发，除者伤血肉。③

韩非认为法是用于成事，成事便可以名功。但立法可能会遇到阻碍，但权衡其困难，只要能够成事，那么也要立法；成事虽然会产生害处，但权衡其害之大小，只要功更多，那么也要行事。无难之法和无害之功，这样完美的情形是没有的。可见，韩非认为，法的价值和作用，也是相对的，是建立在事成名功的基础上，即"出其小害计其大利也"，而不可能不产生任何弊端。就好比打仗一定会损兵折将，但不能因此就不打仗；洗头也一定会有掉落的头发，但不能因此便不洗头；医治创伤可能会伤及好的血肉，但不能因此就不医治。

三、礼法合治

"礼"与"法"经历了礼法不分和礼法分离两个阶段，其展现出明确的对立性，比如儒家思想注重礼乐之教，而法家思想推崇以法治国，然而，这种对立并非绝对的，礼与法之间也一直存在着统一和相辅相成的两个方面。

实际上，在礼法不分和礼法分离之外，还存在着礼法合治的情形，并且这一思想萌芽于孔子。

子曰："道之以政，齐之以刑，民免而无耻；道之以德，齐之以礼，有耻且格。"④

故礼以道其志，乐以和其声，政以一其行，刑以防其奸。礼、乐、刑、政，其极一

---

① 出自《荀子·正论》。
② 出自《韩非子·内储说上》。
③ 出自《韩非子·八说》。
④ 出自《论语·为政》。

也，所以同民心而出治道也。①

圣人之治化也，必刑政相参焉。太上以德教民，而以礼齐之；以次以政焉。导民以刑，禁之刑，不刑也。化之弗变，导之弗从，伤义以败俗，于是乎用刑矣。②

孔子认为如果采用刑政命令来引导百姓，运用刑法来为百姓划定底线，这种治理百姓的方式会让百姓苟免刑罚但难以真正地产生羞耻之心；而如果采取以道德为引导，以礼仪来规范的方式，百姓则能产生羞耻之心而日进于善。朱熹对这段话的解释是：

政者，为治之具。刑者，辅治之法。德礼则所以出治之本，而德又礼之本也。此其相为终始，虽不可以偏废，然政刑能使民远罪而已，德礼之效，则有以使民日迁善而不自知。故治民者不可徒恃其末，又当深探其本也。③

朱熹认为，政、刑、德、礼都是治理百姓的必要方式，不可偏废，却有着本末之别。德与礼是治理之本，而德又是礼之本，礼的确立根源和目的都是德性，而政与刑只是辅助之具，因此，政与刑只能使得百姓远离犯罪，而德与礼却能引导百姓向善，至于犯罪则自然化解。如此，为政者应当抓住作为本的德与礼，而不能将重心放在刑与法上。

可见，虽然儒家坚持"礼"为重，"法"为辅，但仍然坚持礼、法共治而不偏废。《孔子家语·刑政》和《礼记·乐记》也肯定礼、乐、刑、政，皆是治教之具，在坚持德、礼的根本地位的前提下，应该肯定刑、法在治理国家中的作用。

另外，在荀子的思想中，也出现了礼法并治的理念。荀子，既是先秦儒家的代表人物，也是法家代表人物韩非的老师，因此，荀子对礼与法有着深刻的洞见。"礼法"这个说法盛行于东汉时期，是对国家的礼仪法度的总称，体现出了礼法合流的情形。就文字记载而言，其最早出自商鞅《商君书·更法》的，即"礼法以时而定，制令各顺其宜"，但"礼法"的思想被认为肇端于荀子。

人君者，隆礼尊贤而王，重法爱民而霸。④

治之经，礼与刑，君子以修百姓宁。明德慎罚，国家既治四海平。⑤

荀子认为，人君若能重视"礼"且尊敬贤人，则能称王天下，若能重用"法"而爱民，则能够称霸天下。礼与刑，都是治国之经，君子以此治国便能使得百姓安宁。这是荀子礼法并治思想的体现。

到了汉代，汉武帝接受董仲舒的提议——罢黜百家，独尊儒术，在治国方略上采用了儒家所倡导的礼法合治的举措。董仲舒认为，"天道之大者在阴阳。阳为德，阴为刑；刑主杀而德主生"⑥，认为以德为本的礼和以刑为主的法，就好比阳与阴的关系一样——"一阴一阳之谓道"⑦，阴阳构成了天道的循环，天道造化，不能仅仅凭借阴，也不能只是依赖阳，需要阴阳并起，礼与法亦然。只是在礼与法之间，董仲舒仍然认为以德为本的礼

---

① 出自《礼记·乐记》。
② 出自《孔子家语·刑政》。
③ 朱熹：《四书章句集注》，中华书局，1983年，第54页。
④ 出自《荀子·强国》。
⑤ 出自《荀子·成相》。
⑥ 出自《汉书·董仲舒传》。
⑦ 出自《周易·系辞上》。

是主生生的①，是阳；而以刑为主的法是主肃杀的，是阴。相对来说，仍然是礼为主，法从辅。自此以后，这样一种德刑并用、礼法合治的制度就演变成了中国传统社会的基本政治框架，一直延绵到清末"新政"改革。

拓展阅读

书名：《先秦政治思想史》
作者：梁启超
出版时间：2017年
出版社：商务印书馆
内容简介：本书源于1922年梁启超先后在北京法政专门学校和东南大学讲课的内容，后经整理出版。作者本欲写作一部自先秦迄当代的通史，但因病未能如愿完成，只得改名为《先秦政治思想史》。本书涉及与先秦时期政治相关的天道、民本、伦理、封建、法律及经济等相关内容，由此帮助读者建立起对先秦政治更为全面的理解。同时，本书对先秦时期的重要四股学术思潮儒家、道家、墨家、法家的思想做了翔实的梳理，对于读者全面理解先秦政治具有重要意义。

课后思考

1. 请论述"孝"在古代政治中的作用。
2. 请论述古代政治中礼与法之间的关系。

---

① "以德为本的礼是主生生的"，这里说的是：德与礼在文化和社会中扮演着至关重要的角色。德是礼的根本，礼是德的外在表现。通过礼的行使，可以维护伦理秩序，激发个体的德性，从而实现社会的和谐与稳定。

第三章
兵国大事：传统军事文化述要

学习目标

1. 掌握中国传统军事核心目的。
2. 理解儒道法家的军事思想。
3. 了解《武经七书》和武庙十哲。

能力目标

能理解中国传统文武观。

人们习惯将"文"和"武"作为对立观念，因此通常在谈及文化时一般不涉及军事方面。但实际上，军事，或者称为军武、兵武，不仅深刻体现国家民族自身文化特性，而且是自身文化的重要保卫者和创造者。传统军事文化是传统文化不可或缺的组成部分，在悠久的中华传统文化中尤应受到重视。

尽管人类战争有几乎相同的起源，但不同地域和人群发展出了不同面貌的军事文化。不同文化以各种力度频度深度进行碰撞、交流与融合，军事是其中的重要方式之一。在这一过程中，军事思想与形态的发展受到自身整体文化深刻影响。在捍卫自身利益和文化的过程中，军事同时也在创造文化。军事文化不仅成为自身整体文化的一部分，也反过来极大影响了自身整体文化的面貌和传承。

中华传统军事文化与中华传统文化紧密相关。中华文明之所以历经严峻考验，九死一生，但至今依然蓬勃日新，具有突出的和平性，是因为独特的中华传统文化，造就了中华传统军事文化的独特性。

第一节 止戈为武——军事的核心目的

尽管人类之间的战争是军事最重要的内容，但严格来说，军事比战争出现得更早。多数史学家认为，军事起源于人类早期的狩猎活动，对野兽的搏斗、围捕和团队协作是后来军事行动的雏形，弓箭、尖矛、棍棒等狩猎生产工具则自然演变成为后来的武器。考古发现，人类间的战争行为出现在旧石器时代晚期，即进入生产力相对提高的部落社会后。人类之间开始战争只是把之前狩猎行动对象从兽群改为敌方部落。战争全面地检验了参与方自身的极至能力，包括人员动员、组织和管理能力，以及掌控使用其他工具与资源的程度，包括武器的先进性与综合实力的应用。全面战争目前既是人类暴力冲突的最高形式，也真实地体现了人类文明发展的水平。

战争实践是军事文化最大的活水来源，战争有自己特有的规律法则，不同国家民族遵照战争的共同法则规律，创造发展适合自身的军事实践、军事思想，在整体文化影响下最终形成自身的军事文化。

古今中外各国各民族的军事文化中，其他文明对战争的看法，普遍倾向是"崇力、崇智"；对比之下，中国传统军事文化对战争的回答不仅显得独特，而且保持了长期一贯的稳定，这就是春秋时代总结的"止戈为武"，即军事力量存在的根本目的是保卫和平，以正义战争遏制非正义战争，直至全人类间不再以战争手段来争夺利益，最终全面消灭人类战争。

"止戈为武"这一思想在提出之后，经历了两千五百多年历史的反复考验。中国历代的伟大政治家、军事家、思想家对它给予了高度认同，不断为它注入时代的新意，可以说，"止戈为武"的思想已融进了中国文化的血脉和基因里。

一、"止戈"是为了"为武"

"止戈为武"充满了辩证思维，是目的和手段高度统一的思想。它首先明确了军事的终极目的是"止戈"，是制止和消灭战争。欲达此目的，就不能一味天真地反对作为手段的战争，而需要通过正义的战争来反对非正义之战。保卫正当利益、制止不义的侵凌需要自身强大的军事实力，这就是"为武"之行。执戈以止戈，以战止战，实现真正和平，乃军事最大的成就，这就是"为武"之功。

上古时期，在未来被称为华夏的地域上，已经出现了这一思想萌芽。正史记载，中国上古第一场大型战争是黄帝（轩辕氏）与炎帝（神农氏）两大部落联盟之间的阪泉之战。《史记·五帝本纪》中载："炎帝欲侵陵诸侯，诸侯咸归轩辕。轩辕乃修德振兵，治五气，蓺五种，抚万民，度四方，教熊罴貔貅䝙虎，以与炎帝战于阪泉之野。三战，然后得其志。"面对神农氏的侵凌，黄帝部落通过政治上修德、武事上整军，使内部得到良好的治理，并得到其他多数部落拥护，加之发展了当时先进的气象和农业技术，以及善于战术组织，以全方位的优势赢得了战争，制止了炎帝部落的侵凌，最终使炎帝认同了黄帝的领导。此后，炎黄部落逐步实现整合，极大增强了炎黄部落的整体实力，并使他们在后来的涿鹿之战中抵御并战胜了拥有当时先进金属冶炼技术、武器精良、横暴强蛮的九黎部落，消灭其首领蚩尤。阪泉之战和涿鹿之战作为中华民族军事开篇之作，具有深远的意义，两战在文化上被视为华夏族的奠基之战。自此斯土斯民千秋一体，黄帝、炎帝也被后世公认为华夏族的始祖，他们的"止戈"义行，成就万代"为武"之功。

二、"止戈为武"体现了大义大勇者的智慧

"止戈为武"体现了大义大勇者的智慧，是至强者的哲学思想。强者是强在能力和精神上，不一定是现实中武力更大的一方。自立自强者，为正义奋不顾身，即使当下力量不济，也会与蛮敌抗争到底，身或可灭，浩气长留。同样地，他们也敢于在关键时刻秉持大义，直

面巨大风险，化解仇恨宿怨。真正能"止戈为武"者是真有德者，必有弥天大勇。真正的"止戈"不是基于现实优势方的傲慢或心软，也不是靠现实弱势方的投跪或示怜。古人还认为，至强者，有武力，更须有武之德，武德核心是仁义，任何集团、任何族群、任何国家都不能单依靠武力征服来实现永恒发展。孟子说过："以力假仁者霸，霸必有大国。以德行仁者王……以力服人者，非心服也，力不赡也；以德服人者，中心悦而诚服也。"①中华民族能历经几千年各种内外碰撞交流，最终团结凝聚成为以汉族（华夏族）为主体的超大型民族共同体，是文化认同下的各族群长期融合的结果。文化认同融合不是单方的强迫恩赐，而是参与各方的互相接受、共同选择，恰如百川汇流，故能无思不服。

三、"止戈为武"提倡"慎战"思想

"止戈为武"还有鲜明的"慎战"思想，军事力量要敢战、善战，却不可好战，坚决反对穷兵黩武，对无法避免的军事行动，则要尽量控制好战争的节奏，将人员伤亡控制在最小范围内。尊重和平，背后也是重视每个人的生命。对"人"的态度显示一个成熟文明根本的底色。周朝翦商开国不久，周公摄政随即正式废除殷商残忍的人祭人牲制度。他制礼作乐，为天下建立了全新的政治文化体系，这标志着中国传统文化走出幼年期，开始走向成熟。在新的天命观中，人的地位和作用受到高度肯定，在此基础上后世逐渐发展出"天地人叁立""天人合一""人得其秀而最灵"等理念，以阐明人的无比宝贵。这些认识远远早于西方直到近代才提出的"人道主义"。一旦战端开启，必然伴随人员流血伤亡和社会巨大损失。而坚决捍卫自身正当利益与尽可能采用和平手段避免生灵涂炭，两者并不矛盾。《韩非子》载："当舜之时，有苗不服，禹将伐之。舜曰：'不可。上德不厚而行武，非道也。'乃修教三年，执干戚舞，有苗乃服。"② 这是用和平方式取胜的典型范例。

那么，我们又该如何理解武功（此处指武力之功，战功），如何看待战争之功？

残酷的战争以取胜为直接目的，最终将胜利累计为赫赫武功。常人眼里的胜利是财富的夺取、土地的兼并、杀敌的人数等，但在睿智之士眼中，真正的武功不是这些。公元前597年，楚国刚在晋楚邲之战中取得辉煌胜利，楚将潘党建议楚庄王，把晋军战死者尸体堆积起来，修建一座高高的京观来显耀武功，震慑敌国。《左传·宣公十二年》载：潘党曰："君盍筑武军，而收晋尸，以为京观？臣闻克敌必示子孙，以无忘武功。"楚子曰："非尔所知也。夫文，止戈为武。……夫武，禁暴、戢兵；保大、定功；安民、和众、丰财者也。"楚庄王不仅拒绝了这一流行的做法，而且以此对武功提出了自己的见解，认为武力之功，在于禁止强暴、消弭战争、保持强大、巩固功业、安定人民、调和大众、丰富财物，而曝露双方将士尸骨是暴行，绝不是什么武功。

这也是"止戈为武"最初的由来。孔子以"贤哉楚庄王"高度评价楚庄王为贤明之君。"止戈为武"的最终目的是减少人类的自相残杀，"苟能制侵陵，岂在多杀伤"，既符合中国传统"仁"与"道"的要求，也在今天提醒着现实和未来的全人类——要为自身命运承担起责任，避免人类在失控中毁灭人类自己。这才是永恒的"为武之功"，也是"止戈为武"思想超越时空的伟大意义。

---

① 出自《孟子·公孙丑上》。
② 出自《韩非子·五蠹》。

第二节 存亡之道——各家的军事思想

中国兵学历史悠久，很多政治家、军事家、思想家为兵学文化作出过重要贡献，他们以不同方式不断丰富中国兵学内容，形成厚重的军事文化积淀。诸子百家中尤以兵、儒、道、法四家对中国传统兵学文化影响最为深刻。本节重点讲儒、道、法三家的相关军事思想，对兵家著作和人物我们将在下一节进行专门介绍。

一、儒家的军事思想

儒家祖述尧舜，宪章文武，大成以孔子，传承乎思孟，重光于程朱。儒家文化作为传统主流文化对中国兵学文化有强大的影响。周公被后世视为儒学奠基者，在周初制定礼乐制度，他将"军礼"定位为最重要的五礼（吉、凶、宾、军、嘉）之一。军礼包括军队的训练和战争中需要遵循的礼节，主要有征战之礼、校阅之礼和田猎之礼等。儒家经典《周礼》对军事制度和军事职官做了相当详细的规定①。其他经典如《尚书》《诗经》《周易》等书籍中，也记载了不少夏商周三代的战争相关内容，以及未系统整理的零散军事思想，如《尚书·汤誓》《尚书·武成》《诗经·小雅·采薇》《周易·师》等篇章。

西周时期产生了两部最早的兵书专著《军政》和《军志》，这两部书尽管今天已经失传，但从《左传》《孙子兵法》等书的多次引用中，我们可以大致了解，两书在总结历代军事实践经验的基础上，比较系统地阐述了作战经验和军事原则，它们是中国古代军事思想形成的标志。

《周礼》中的主要战争观念是"以礼为固"②"征伐以讨其不然"③。这一观念深刻影响了后世包括孔孟在内的儒家对兵学军事的基本看法。儒家更强调兵事要以道德仁义为本，政治组织为先。

（一）孔子的军事思想

而作为儒家集大成者的孔子，生活在礼坏乐崩之世，毕生以"克己复礼、天下归仁"为目标。他本人具有卓越的军事才能，他的军事思想也是围绕此目标进行阐发的。

欲学习更多相关内容，请扫描查看延伸阅读3-1。

延伸阅读3-1

1. 为政以仁

"仁"是孔子的思想核心观念，为政以仁，理想的王道社会不会依靠暴力战争来治理天下。

善人为邦百年，亦可胜残去杀矣④

季康子问政于孔子，"如杀无道，以就有道，何如？"孔子对曰："子为政，焉用杀？

---

① 出自《周礼·夏官司马》。
② 出自《司马法·无子之义》。
③ 出自《春秋左传·庄公二十三年》。
④ 出自《论语·子路》。

子欲善而民善矣。"①

子曰："桓公九合诸侯不以兵车，管仲之力也。如其仁，如其仁！"②

现实世界中战争频仍，孔子面对与理想社会相去甚远的现世，没有怨天尤人或者一味逢战必反，而是从"克己复礼"的角度来对待战争，在不得已而进行的兵事中体现"仁"的原则，从而使兵事成为一种"复礼"的手段，这正是上文所提及的"止戈为武"军事观。

2. 战争必须是合法、正义的

孔子认为，首先要确保战争的合法性、战争目的具有正义性。"天下有道，则礼乐征伐自天子出；天下无道，则礼乐征伐自诸侯出。③"具有合法性的征伐，才能达到以战争来维护"礼"的目的。孔子按照战争目的将兵事分为两类，一是"禁残止暴于天下"的战争，一是"刈百姓，危国家"的战争。前者是"圣人之用兵"，是正义之战，应该支持；后者是"贪者之用兵"④，属于非正义之战，必须坚决反对。"季氏将伐颛臾，冉有季路见于孔子曰：'季氏将有事于颛臾。'孔子曰：'求！无乃尔是过与？夫颛臾，昔者先王以为东蒙主，且在邦域之中矣，社稷之臣也，何以伐为？'"⑤季氏以强凌弱发动对小属国颛臾的侵略战争，对此孔子断然抵制，以期能够阻止。

3. 还须"慎战"

"仁"还体现在孔子的"慎战"思想中，这与"好战"心态形成直接对立。"子之所慎：齐（斋），战，疾。"⑥一旦发生战事，轻则国力耗损，重则社稷危殆，何况还有生灵涂炭、民生艰难。"慎战"这一观点也见之于同时代的兵家、道家的著作，可以认为是华夏军事文化的共识。当然，"慎战"不等于"怯战"和"一味避战"，对于反侵略等正义战争，需要勇敢地直面它。在作战过程中，"慎战"表现为绝不冲动鲁莽，而是以戒慎恐惧之心来承担重任，战前周详计划各种状况的应对，尽全力以期取得完胜。"子路曰：'子行三军，则谁与？'子曰：'暴虎冯河，死而无悔者，吾不与也。必也临事而惧，好谋而成也。'"⑦谋定而动，不单纯依靠血气之勇，而是将"仁战""慎战"的思想和灵活的战术结合起来。正义之战，不战则已，战则必胜，故孔子言："我战则克"⑧。

4. 和平时期也要备战

孔子认为，在国家处于相对和平的时期，当政者也需要有足够的战事准备和对民众进行军事训练。

子贡问政。子曰："足食，足兵，民信之矣。"⑨

子曰："善人教民七年，亦可以即戎矣。"子曰："以不教民战，是谓弃之。"⑩

粮食充足，武备修整以保证国家安全。有强有力的国防力量支撑，才能有底气在和平

---

① 出自《论语·颜渊》。
② 出自《论语·宪问第十四》。
③⑤ 出自《论语·季氏第十六》。
④ 出自《大戴礼记·用兵第七十五》。
⑥⑦ 出自《论语·述而第七》。
⑧ 出自《礼记·礼器第十》。
⑨ 出自《论语·颜渊第十二》。
⑩ 出自《论语·子路第十三》。

外交活动中捍卫自身的合法权益。"文事者必有武备,有武事者必有文备"①,所以孔子在鲁国摄相执政期间,不以兵革却能在"夹谷之会"的外交战场收复失地,取得重大胜利。

孔子的军事思想以"仁本"思想为基础,总结了夏商西周以至春秋时代的军事斗争历史,对后世影响很大,以致被今日之人视为理所当然的平常之论。即使身在乱世,孔子相信"仁"终将取得胜利。

(二) 孟子的军事思想

孟子全面继承发展了孔子的军事思想,提出了著名的"天时不如地利,地利不如人和"②,这一观念被后世政治家和军事家奉为战略战术的圭臬。在孔子"仁"的基础上,孟子将"义"提升到了与"仁"并驾的地位,由此提出了"义战"的观念。"义战"更强调战争的正义性,即战争必须基于仁义的原则。只有为了保护民众免受暴政和不义之害时,进行的战争才是正义的。而春秋时代各国之间的互相争战都属不义之战,应当将那些不义之战中"善战者服上刑"③。孟子进一步强调了"仁者无敌"④,认为施行仁政王道的国家会得到人民的拥护,其在物质和正义两方面均优于对待百姓暴虐的国家,所以将会是最终的胜利者。

在战国群雄逐鹿的大争之世,列国急功于兼并攻伐,孟子的这些主张自然无法得到青睐。但孟子的军事思想坚持战争正义性,相信未来天下将"定于一"而且"不嗜杀人者能一之"⑤。因此他怀疑《尚书》里关于"流血漂杵"记载的真实性,甚至说"尽信书,不如无书"⑥。孟子反对在战争中多杀人的观念,深刻影响了后世,比如受到普遍认同的在战争中"杀降不祥",以及杜甫在《前出塞》中写的"苟能制侵陵,岂在多杀伤"等。对孟子站在政治层面的战略预测,有人以百年之后秦国一统过程中不乏杀伐来说孟子错了。然而秦对天下形式上的短暂"统一"并没有真正安定,很快就被推翻。刘邦废除秦的残民苛政,"约法三章"迅速得到了民心,最终由汉真正实现了政治军事文化等方面全面统一安定。

儒家,特别是孔孟的军事思想是儒家思想的重要组成部分,认为仁政是治国的根本,兵事必须服从于王道的治理。强调战争道义合法性,讲究正义战争、仁义之战。坚持慎战的原则,要求不战则已,战则必克。这些对华夏民族有深远影响,至今仍有重要的现实意义。

二、道家的军事思想

道家的经典《老子》(即《道德经》)在历史上长期被兵家作为兵法谋略之书。尽管《老子》对战争总体上持消极态度,认为"兵者不祥之器,非君子之器,不得已而用之"⑦,对战争的恶劣影响深恶痛绝,所谓"大军之后,必有凶年"⑧,认为执政者应当"不以兵强天下"⑨;但是《老子》一书中有很多独特的判断,给了后世兵家无尽的启发,这使得原本有强烈反战意识的《老子》,反而贡献了很多卓越的军事理论。

---

① 出自《史记·孔子世家第十七》。
② 出自《孟子·公孙丑下》。
③ 出自《孟子·离娄上》。
④⑤ 出自《孟子·梁惠王上》。
⑥ 出自《孟子·尽心下》。
⑦ 出自《老子·三十一章》。
⑧⑨ 出自《老子·三十章》。

第三章 兵国大事：传统军事文化述要

如果说儒家谈兵是从"以正治国"①的角度为本，讲究堂堂正正，在军事上追求全面强大胜过不仁的对手，那么以《老子》为代表的道家，则秉持顺道而行，主张"以奇用兵"②，"守柔用弱""后发制人"，并认为优秀将帅要有"不武、不怒、不与、不争"等品质。这种军事思想是一种积极的防御策略，即通过后发制人、知雄守雌、避实击虚等战术思想来实现以弱胜强的目的。

（一）以奇用兵

"以奇用兵"强调利用出其不意的战术来取得胜利。这种策略不是基于力量的直接对抗，而是通过创造有利条件和利用敌人未能预料到的机会来实现胜利。这种方法体现了老子哲学中的"道法自然"，即顺应自然规律，通过灵活多变的策略来达到目的。

（二）守柔用弱

《老子》认为弱能胜强是因为：表面强大的一方，可能会在自身发展到顶点后走向反面，所谓"兵强则不胜，木强则共"③；而表面弱小的一方，对外则可以造成对手轻敌，"轻敌几丧其宝"，对内可以团结一心，激发斗志，"故抗兵相若，哀者胜矣"④。

（三）后发制人

"后发制人"强调在适当的时机采取行动，而不是急于求成。这种策略要求领导者具备高度的耐心和洞察力，能够在观察到有利时机时迅速作出反应。《老子·六十七章》明确提到，"不敢为天下先，故能成器长"。为了达成后发制人的战略目的，应该根据不同的具体情况，采取不同的斗争策略和方法："将欲歙之，必固张之；将欲弱之，必固强之；将欲废之，必固兴之；将欲取之，必固予之。是谓微明，柔弱胜刚强。鱼不可脱于渊，国之利器，不可以示人。"⑤想要收摄对手，必暂时先扩张它；想要削弱它，必先加强它；想要废除它，必先高捧它；想要夺取它，必先给予它。这就叫作隐藏的智慧，柔弱战胜刚强。鱼的生存不可以离开池渊，国家的锐利武器等实力不可以随便向人炫耀。

（四）将帅的"四不"品质

将帅需要有相应的品质。这就是《老子·六十八章》提到的"善为士者不武，善战者不怒。善胜敌者不与，善用人者为之下。是谓不争之德，是谓用人之力，是谓配天，古之极也"。这就是说，善于带兵的将帅，绝不夸大自己武力去逞强武勇；善于用兵的将帅，不容易被敌人激怒；善于胜敌的将帅，不跟敌人硬拼；善于用人的将帅，总是对人谦下。以上都是不与人相争的美德，也就是善于使用别人的力量，契合"天地"之性，顺应古道所表现的最高准则。这是老子对优秀将帅德才提出的四条要求，即"不武、不怒、不与、不争"四不品质。

不武，即不逞强斗猛。战争是"凶器"，只能"不得已而为之"，轻易采用武力大动干戈逞强，或征战不休逞武勇，就会造成天下无道。

不怒，即不暴躁发怒。急躁的性格是为将者之大忌，是一个明显的缺陷，它容易被敌人利用，应该时时保持太和之气冷静应对。

---

① ② 出自《老子·五十七章》。
③ 出自《老子·七十六章》。
④ 出自《老子·六十九章》。
⑤ 出自《老子·三十六章》。

不与，即不与敌人硬拼，要会利用各种有利条件来制服对手。

不争，即胸襟宽广而谦下。优秀将帅应常常关怀部下，为部下着想。心怀大度的将帅，就能听取到部下的各种不同意见；心胸狭窄的将帅，必然刚愎自用，听不进不同意见，且易怒，好逞强，疑心甚重，他所带的部队就会离心离德，战斗力将受到严重影响。

以《老子》为代表的道家军事思想具有深远的影响，它不仅是道家哲学的重要组成部分，也为后世的军事理论和实践提供了重要的启示和指导。

三、法家的军事思想

先秦诸子中，法家最重视政治实践，法家思想也专注于研究政治组织和领导的理论方法。因此对与政治紧密相关的军事，法家给予了高度重视，其重要代表商鞅在《商君书》里做了详细的阐述。

商鞅本人有丰富的政治军事实践经验。他长期执掌秦国军政大权，力行变法，奖励耕战。秦国自此"兵革大强，诸侯畏惧"[1]，此后六世君主接续力行，最终一统天下。《商君书》中的军事思想是商鞅对政治军事实践的高度总结。

（一）"以战去战"的思想

商鞅在《商君书》中提出了"以战去战"[2]的思想，即通过战争来消除战争，这是基于国家安全和秩序的需要，认为只有通过统一战争进行秩序重建，才能保障国家的安全和稳定。商鞅对之前的"义战"观念进行了梳理，认为从上古到今世，随着人口财富的增多，必然会经历由"亲亲"到"上贤"（尚贤），再从"上贤"到"立君"（贵贵）的过程。如果没有明确的调节人们利益关系的制度，仅仅靠"推让"的道德自觉是不可能避免混乱的。因此，法律、禁令等暴力手段势必要产生，从"义"到"暴"的转换是必然的。"以义教则民纵，民纵则乱，乱则民伤其所恶。吾所谓刑者，义之本也；而世所谓义者，暴之道也。"[3]"今世强国事兼并，弱国务力守……故万乘莫不战，千乘莫不守。"[4]强国忙于兼并，弱国忙于自守。在战国当下无须考虑"慎战"，而应当坚持主动积极战争。"天下行之，至德复立。此吾以杀刑之反于德，而义合于暴也。"[5]只有法治让国家强大，天下都行法治，则战争将逐渐停止，理想的"至德"才能重新建立，所以刑杀和暴力反而是合于"至德"的"义"。"汤、武致强而征诸侯，服其力也……武王逆取而贵顺，争天下而上让。其取之以力，持之以义。"在法治和暴力手段的基础上重建德治，例如汤武革命。等到强力夺取天下之后，再来崇尚礼让也不迟。《商君书》这些观点可被看作改变了"义战"的定义，它从另一个角度论证了通过军事手段实现制止战争的政治目的，这也为积极动用暴力乃至军事行动的正当性和必要性提供了理论依据。

（二）农战并重的思想

"国之所以兴者，农战也。"[6]商鞅认为农业是国家的基础，对内鼓励发展农业生产，对外提倡勇敢作战，强调发展农业生产是实现富国强兵的根本途径。这一思想不仅体现了对经济基础的重视，也反映了军事力量与经济发展之间的密切联系。商鞅所在的战国中

---

[1] 出自《战国策·秦策一》。
[2] 出自《商君书·画策》。
[3][4][5] 出自《商君书·开塞》。
[6] 出自《商君书·农战》。

期，正值铁制农具开始推广，这是农业生产力的一次巨大的突破，使得一家一户的小农经济模式成为可能。商鞅变法"开阡陌封疆，而税赋平"①，一系列鼓励耕战的政策，不仅获得了更多的可耕作土地，而且极大激发了秦国人的生产潜力，这些潜力最终又成为打赢长期统一战争的实力。《商君书》中重点论述了劝耕劝战之道——爵制思想，通过设立爵位和物质奖励来有效激励农人生产、士兵参战，不把官爵给予经商多货的人和只会巧言辩说的人。"善为国者，仓廪虽满，不偷于农；国大民众，不淫于言，则民朴壹。民朴壹，则官爵不可巧而取也，不可巧取则奸不生，奸不生则主不惑。"②商鞅认为鼓励耕战还可以移风易俗，使得民风淳朴，易于管理。这一政策体现了浓厚的功利主义特点，但是能迅速提高国力和军队的战斗力，使国家人尽其力，在军事、政治、经济等方面形成良好的运行秩序。

（三）以法治军的思想

作为法家里"法"派的代表，商鞅将军事活动纳入法治的规范之下，构建了以刑赏为保障手段的军事法治规则体系。实际上，军事法内容已经不再局限于规范军队及参战人员的军事行为，而是扩大到与军事有关的社会生产和生活领域，通过制定包括地税、商品税、徭役制度、户口登记、物资登记、粮谷内外贸易控制、军功爵制等一系列法规，将秦国变为一台全民参与、军国一体的庞大战争机器。同时依靠刑赏"利出一孔"，以"农战"为目标的"法"来维护这一机器各个环节运行。

以法治军做到了统一军事意志。通过刑赏并且是重刑轻赏来引导人们勇于作战的价值取向："重刑，连其罪，则民不敢试。民不敢试，则故无刑也。"③ "利出于地，则民尽力。名出于战，则民致死。"④ 强调信赏必罚的公开与公平，"故立法明分，不以私害法，则治……民信其赏，则事功成；信其刑，则奸无端"⑤。这些极大地调动了秦国民众参与军事统一战争的热情。同时法所具有的效率契合了军事的高效性诉求，对于长期战争取得最终胜利具有重大的意义。

《商君书》说明了军事在国家安全和天下秩序重新建构中的重要作用，同时也指出了只有进行制度化法治建设才是军事战斗力的最好保证。对于中国军事思想的后续发展具有明显的启迪作用。

第三节　将星璀璨——历代兵家及兵书经典

春秋时代开始后，日益衰弱的周王室丧失了统治中心地位。随之而来的争霸和兼并战争日益频繁，规模则由小到大，愈演愈烈。

《周礼》对双方会战做了详细的规定，使得原来西周时诸侯各国之间的战争更像是贵族间"结日定地，各居一面，鸣鼓而战，不相诈"⑥ 的"正规比赛"。故在《左传·僖公二十二年》中有"不鼓不成列""君子不重伤，不禽二毛"等规则约束的记载。但是，这

---

① 出自《史记·商君列传》。
② 出自《商君书·农战》。
③ 出自《商君书·赏刑》。
④ 出自《商君书·算地》。
⑤ 出自《商君书·修权》。
⑥ 出自《春秋公羊传解诂·桓公十年》。

些旧范式的禁锢不断被春秋时代开始的各场战争打破。公元前638年，因为死守《周礼》的礼仪规定，宋襄公在宋楚泓水之战遭到惨败。此后，完全按照《周礼》进行战争的模式被各国放弃。六年之后的公元前632年，以晋楚城濮之战中晋军"退避三舍"为发端，诡诈战法也在中原诸国被普遍运用。韩非子提出的"上古竞于道德，中世逐于智谋"① 实际就是对这个变化的描述。中国古代军事思想随之在实践中出现理论的突破和飞跃，并在春秋末年逐渐进入成熟期。随着天下逐渐进入战国大争之世，军事成为各国最重要的国家事务。在这一历史背景下，兵家从先秦学术百家中脱颖而出，兵学也从诸子之学中独立为专门之学。从春秋后期到战国时代，涌现出了一批杰出的兵家，并诞生了一大批著名兵书。兵家为中国传统军事思想作出了最大的贡献。

中国几千年各种战争中成就了大量杰出的军事将帅，但能被称为"兵家"的并不多。因为按照较严格的标准，兵家需要同时具有高妙的军事理论和自身实战的赫赫战功。进一步地，能从一般军事理论上升为兵学思想，代表所在时代的军事发展变革，并不断启迪后世。

通过经历千年离乱损毁散佚而幸存至今的兵学经典专著，以及散见于其他各家书籍的记载，今天的我们还能从这些经典和它们的作者身上，得窥中华兵学思想发展的脉络。

一、孙武和《孙子兵法》

《孙子兵法》（图3-1）的作者孙武生活在春秋末期，出身于齐国军事世家。据考证，孙武本姓田，是春秋时代齐国名将司马穰苴（田穰苴）的同族后人。司马穰苴被称为"东方兵学鼻祖"，战国后期齐国名将孙膑则是孙武的后代。孙武因避难移居南方，后曾亲自参与了吴国的军事建设，并在柏举之战中亲自指挥三万吴军，因敌用兵，灵活机动，以迂回奔袭、后退疲敌、寻机决战、深远追击的战法击败二十万楚军主力，继而占领楚国郢都，使楚国几近灭国。此战是中国古代军事史上以少胜多、快速奔袭、出奇制胜的经典战例。

孙武所著《孙子兵法》是中国历史上现存最早的军事学术经典。在《孙子兵法》前曾有流传于世的古兵书，如署名太公望的《六韬》和署名司马穰苴的《司马法》，但这两本书的完整原书已经失传，目前流传的版本被认为是后人托名辑补的。而《孙子兵法》自春秋末期诞生后，即被公认为是中国传统兵学真正奠基之

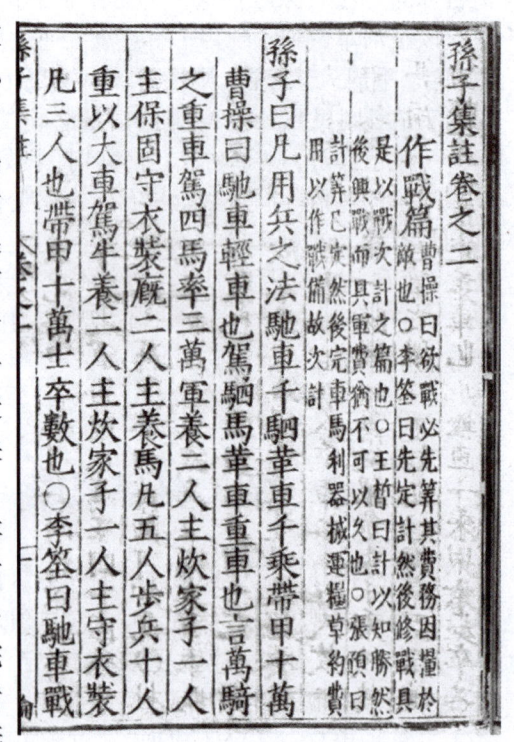

图3-1 《孙子兵法》

作。它集先秦华夏兵学理论之大成，开启了之后中国军事思想发展的门径。随着历史的不断检验，后世更认为它开创了人类历史上第一个完备的军事理论体系。孙武也因《孙子兵法》而被后世誉为"兵圣"。

---

① 出自《韩非子·五蠹》。

《孙子兵法》共存十三篇，以"道、天、地、将、法"作为战略管理五个方面。"道"为基础，以"兵者，诡道也"为核心；"计"为中心，以"不战而屈人之兵"为最高原则。

《孙子兵法》论兵以"道"为先，强调了要在政治上和战争目的上考虑问题，战争要得到民众的支持，"道者，令民与上同意，可与之死，可与之生，而不危也"①"上下同欲者胜"。②一切军事举措要从政治，而不能从纯军事出发，保持慎战原则，"兵者，国之大事，死生之地，存亡之道，不可不察也""主不可以怒而兴师，将不可以愠而致战"。③作战的根本在于政治上的胜利，因此尽量利用政治上的手段去获得军事上的胜利，"百战百胜，非善之善也；不战而屈人之兵，善之善者也。"④

孙武肯定在战争中要善于运用各种诡诈的手段，"兵者，诡道也"。⑤所谓"诡道"，就是通过种种计策达到以弱胜强、以少胜多、以弱克强、以逸待劳、以缓击急的目的。"故能而示之不能，用而示之不用，近而示之远，远而示之近。利而诱之，乱而取之，实而备之，强而避之，怒而挠之，卑而骄之，佚而劳之，亲而离之。攻其无备，出其不意。此兵家之胜也。"⑥加以"计"为中心的战略战术思想："计"是指战争的谋略、规划和筹算，"上兵伐谋。"⑦计的核心是"知"，"知之者胜，不知者不胜。"⑧"知彼知己，百战不殆。"⑨"计"与"道"相互依赖，又相互配合，相互转化。用战争主体的主观能动性去适控战争本身的不确定性，"兵无常势，水无常形。"⑩"故善用兵者，譬如率然；率然者，常山之蛇也。"⑪"善守者，藏于九地之下，善攻者，动于九天之上"。⑫

《孙子兵法》还指出：在战争中，军事硬实力与指挥能力应当相辅相成；战场上的利害需要权衡、关联；要把握战争全面总体与局部战役的得失；正面作战与迂回作战要有机结合；战争的最终胜利是依靠战争综合实力从量变积累为质变的。此外，军队要严格纪律，保持上下一心、团结一致，并特别重视情报工作。

《孙子兵法》为中国和世界开军事谋略之先河，影响遍及全世界，受到古今中外军事家和学者的推崇，被称为"兵学圣典"，获得了"世界古代第一兵书"的美誉。

二、吴起与《吴子兵法》

吴起是战国初期著名的军事家、政治家和改革家。他出生于卫国左氏（今山东省定陶区西），后因家道中落而出走至鲁国，投奔儒家曾申（曾参之子）求学。其间吴母去世，吴起却未回家奔丧，违反了儒家的孝道，为此曾申与他断绝了师生关系。吴起遂改学军事，熟读《孙子兵法》等军事著作。此后吴起在鲁、魏、楚三国均担任过官职，历任鲁国将军、魏国大将及西河郡守、楚国苑守及令尹等军政要职。

吴起担任魏国将领期间，训练出了名震天下的"魏武卒"，率领他们与其他诸侯国之间大战七十六次，获得全胜六十四次、战平十二次的傲人战果。⑬后世将吴起和兵圣孙武并称"孙吴"。吴起以其流传至今的《吴子兵法》连同其终生不败的战绩，被公认为"兵学亚圣"。

---

① ⑤ ⑥ ⑧ 出自《孙子兵法·计篇》。
② ④ ⑦ ⑨ 出自《孙子兵法·谋攻篇》。
③ ⑫ 出自《孙子兵法·军形篇》。
⑩ 出自《孙子兵法·虚实篇》。
⑪ 出自《孙子兵法·九地篇》。
⑬ 出自《吴子兵法·图国》。

吴起长年研究兵学，还拥有丰富的作战经验，在此基础上形成一系列高超精湛的见解。《吴子兵法》继承并发展了《孙子兵法》的军事思想，形成自己独特的军事理论体系。另外，吴起不仅是军事大家，而且是战国时期大政治家和变法图强的改革家，因此《吴子》一书经常从政治视野来论述军事。

《吴子兵法》十分强调"内修文德，外治武备"[1]，认为固国强兵要从平时修行"道、义、礼、仁"四德入手，以图获得万民拥护，才是根本之策。"夫道者，所以反本复始；义者，所以行事立功；谋者，所以违害就利；要者，所以保业守成。若行不合道，举不合义，而处大居贵，患必及之。是以圣人绥之以道，理之以义，动之以礼，抚之以仁。此四德者，修之则兴，废之则衰。"[2]同时，不能片面只修文德而废武备，或一味仰仗武力而失文治。"昔承桑氏之君，修德废武，以灭其国；有扈氏之君，恃众好勇，以丧其社稷。"[3]要在文治和武备之间寻求平衡，以德治国的同时，也要注重武备的建设和训练。

文武兼修不仅是"固国"之道，也是"治军"之道。应当贯彻"四德"，赢得军心民心，为之死战为荣。吴起在军事上提出"四和"原则，即"和于国""和于军""和于阵""和于战"。"四不和"不可以出战。"不和于国，不可以出军；不和于军，不可以出陈（阵）；不和于陈（阵），不可以进战；不和于战，不可以决胜……民知君之爱其命，惜其死，若此之至，而与之临难，则士以进死为荣，退生为辱矣。"

如何做到"和"？吴起认为取决于战争是否合乎道义，要起"义兵"才算合于道义。这里吴起提出区分战争起因和性质，这在中国兵学史上是第一次。他将战争起因分为五种："凡兵者之所以起者有五：一曰争名，二曰争利，三曰积恶，四曰内乱，五曰因饥。"[4]对于采用战争手段解决最后两类问题，吴起予以肯定，认为这是禁暴救乱的义兵。其余的则被认为不过是恃众以伐的强兵、因怒兴师的刚兵、弃礼贪利的暴兵、国乱人疲的逆兵，均为吴起所反对。

《吴子》强调军事行动的效益和实际效果。在"战场认知"和"战争行动"两方面，强调"用兵必须审敌虚实而趋其危"[5]"因形用权"[6]，并列举了遇到敌军时"击之勿疑"的八种情况、"避之勿疑"的六种情况，以及"急击勿疑"的十三种情况。

在治军方面，吴起以"以治为胜"为核心，《论将篇》中提到："凡人论将，常观于勇。勇之于将，乃数分之一尔。"在将领需要具备的基本素质中，勇敢只是其中一部分。然后，他又提出："夫总文武者，军之将也；兼刚柔者，兵之事也。"为将为帅需要"总文武""兼刚柔"，强调将帅应具备文武双全、刚柔并济的特质。

吴起尤其重视士卒训练，其练兵强调"教戒为先"和"选募精兵"。教戒是对军队进行严格训练教育，"故用兵之法：教戒为先。一人学战，教成十人；十人学战，教成百人；百人学战，教成千人；千人学战，教成万人；万人学战，教成三军。"[7]再根据士兵的禀赋特点，分别依据优势训练专能。"简募良材，以备不虞……民有胆勇气力者，聚为一卒。乐以进战效力，以显其忠勇者，聚为一卒。能蹿高超远、轻足善走者，聚为一卒。王臣失

---

[1][2][3][4] 出自《吴子兵法·图国》。
[5] 出自《吴子兵法·料敌》。
[6] 出自《吴子兵法·论将》。
[7] 出自《吴子兵法·治兵》。

位而欲见功于上者，聚为一卒。弃城去守、欲除其丑者，聚为一卒。"[①] 最终成为"内出可以决围，外入可以屠城"的锐练精兵。

在锐练精兵的基础上，再进一步精选训练出特种兵兵王水平的"敢死队"，即"死士"。"今使一死贼伏于旷野，千人追之，莫不枭视狼顾。何者？忌其暴起而害己。是以一人投命，足惧千夫。今臣以五万之众，而为一死贼，率以讨之，固难敌矣。"[②] 这种精兵在激烈对垒的战场关键时刻，能以一当千，突破对方严密防线，攻陷对方的枢纽与核心，起到扭转战场局势的关键作用。在两千四百多年前，吴起就能以这种先进的作战意识和训练手段，一手打造出赫赫威名的精锐重装步兵"魏武卒"，他们能够"衣三属之甲，操十二石之弩，负矢五十，置戈其上，冠胄带剑，赢三日之粮，日中而趋百里"。[③] 在吴起率领下百战不殆，其彪悍战力冠绝当时的战国诸雄。

据《汉书·艺文志》记载，《吴子兵法》原有四十八篇，但在流传中不断散佚，到宋代编入《武经七书》时，仅存六篇，也就是今天所见的文字。尽管此六篇大概率是西汉中叶的人根据断简残编加工整理后的版本，依然弥足珍贵。如今，《吴子兵法》已被译为日语、英语、法语、俄语、德语等版本，受到全世界军事家的青睐。它不仅在中国兵学史上占有重要地位，而且在世界军事史上也有很大影响。

三、《武经七书》

北宋神宗朝期间，为适应武举、武学的考试和教学需要。由宋神宗下令国子监从众多兵书中选出一批精粹之作作为教材。官方将《孙子兵法》《吴子兵法》《六韬》《司马法》《三略》《尉缭子》《李卫公问对》七部兵书汇编成中国古代第一部军事教科书集，这就是著名的《武经七书》，它也是世界上首部兵法丛书。这套丛书集中了宋以前中国古代军事著作的精华。编纂《武经七书》反映了宋代对军事教育正规化的需求，也促进了古代军事学术的发展。

《武经七书》中，《孙子兵法》和《吴子兵法》上文已做过介绍。这里简要介绍其他几部书和它们的兵家作者。

（一）《六韬》

托名为周初太公望姜子牙所著的《六韬》，又称《太公兵法》，是中国古代一部著名的兵书，内容主要包括"文韬""武韬""龙韬""虎韬""豹韬"和"犬韬"，共六十篇。它不仅讨论了政治和军事战略，还涉及军队的组织建设、装备建设以及具体的战术思想等。《六韬》提出的兵端启自道德、文治先于武事的观点，以及修德爱民为国务之首要的观点，显示了其独特的军事思想和哲学思想。

从其他出土资料可确认此书在历史上确实存在过，但在汉代以前就已经遗失。一般认为，今天流传的《六韬》版本成书于战国中后期，并非姜子牙所著，但不排除后人在书中反映了姜子牙的某些军事思想。

---

① 出自《吴子兵法·图国》。
② 出自《吴子兵法·励士》。
③ 出自《荀子·议兵篇》。

(二)《司马法》

《司马法》最早是周代的兵法著作，它本不是专门的军事理论著作，而包括军法、军礼、军事条例、条令等典章制度，具有军事教典的性质。因为它由"司马之法"而来，故称《司马法》。《司马法》到战国初已经失传，所以齐威王"使大夫追论古者《司马兵法》"，而把春秋时代齐国著名将领、大司马田穰苴的著作也附在其中，编成《司马穰苴兵法》。因此，《司马穰苴兵法》既包括古代《司马法》的内容，又有司马穰苴对《司马法》的诠释和自己的著作。《司马穰苴兵法》至汉代已简称为《司马兵法》或《司马法》，内容有一百五十五篇之多。但在唐代，《司马法》的篇章已亡佚很多，由一百五十五篇减至数十篇。入宋以后，更减至五篇，即今传本《司马法》。

《司马法》一向为历代制定军队法令、条例的重要依据。它包含大量的军礼内容，强调"礼战"理念，战争应遵循一定的伦理道德。在《司马法》中，将《仁本》作为第一篇，体现了"仁本"思想的重要性，其核心思想是战争要贯彻以仁为本原则，"国虽大，好战必亡；天下虽安，忘战必危"。《司马法》的治军思想，包括如何治理军队、注重武器装备等。强调严明赏罚，"治国尚礼，治军尚法"，它提出了著名的"国容不入军，军容不入国"。申军法、立约束、明赏罚是治军的关键所在。这些思想对于后世的军事理论和实践产生了深远的影响。

(三)《三略》

相传《三略》作者为秦汉时隐士黄石公。《史记·留侯世家》中提到，留侯张良即是凭黄石公亲授此书而助刘邦夺得天下的。

《三略》，又称《黄石公三略》，是一部专门论述韬略即战略的著作，该书被认为是秦汉时期唯一一部流传至今的兵学著作，不仅在军事思想上具有鲜明的特点，同时也是一部关于治国经邦的大战略著作。《三略》的军事思想主要包括"大一统"的战争观和"六合同""天下宁"的战略思想。全书分为上中下三略，思想兼采众长，其内容涵盖了统军御将、治国安邦的大战略，形成了独具特色的军政韬略和较为系统的战争观及精要作战原则。

(四)《尉缭子》

《尉缭子》是战国晚期论述军事、政治的一部著作，共五卷二十四篇。《尉缭子》反对用天命观指导战争，提出了以经济为基础的战争观。在战略、战术上，它主张不打无把握之仗，反对消极防御，主张使用权谋，争取主动，明察敌情，集中兵力，出敌不意，出奇制胜。《尉缭子》的另一重要贡献是提出了一套极富时代特色的军中赏罚条令，不但在军事理论上有所发展，而且保存了战国时期许多重要军事条令，这些重要军事条令是研究先秦军事制度的宝贵材料。

《尉缭子》作者是谁，至今未有定论。战国时期有两位尉缭，其中一人为魏惠王时期的尉缭，另外一人是秦王嬴政时期的国尉"缭"。尽管同在战国，但两人出现的时间上相差近百年，故二者不可能为同一人。

(五)《李卫公问对》

《李卫公问对》辑录唐太宗和李靖晚年论兵言辞，内容广泛，涵盖用兵、治军、心战思想以及对先秦古典军事学的分类与总结。对谈中详细分析了奇正的辩证关系，详解孔明八阵法和李靖自己所创的六花阵，还对古今军事人物进行了评论。

李靖，世称李卫公。他曾南平萧铣，北灭东突厥，西破吐谷浑，有唐朝一代"战神"之称。现在普遍认为，本书是唐代中晚期有识之士根据唐太宗与李靖论兵言论的真实记录整理而成，反映了李靖的用兵思想。

《武经七书》被后世誉为"兵法中的兵法"，它的编纂对于中国古代兵学体系的形成具有重大意义，至今在现代商业、经济、外交、军事等领域中仍具有积极的参考价值和应用价值。

四、武庙十哲

武庙十哲，是指唐朝开元十九年唐玄宗为表彰并祭祀历代名将所设置的庙宇，它以周朝开国太师、军师姜尚（即姜子牙）为主祭，以汉朝留侯张良为配享，并以历代名将十人从之。同时诏令天下各州设立太公庙。

唐肃宗上元元年（760年），尊姜子牙为武成王，祭典与祭孔子相同。太公尚父庙更名为武成王庙，简称武庙。太公望姜子牙作为武庙的主神，也是第一代"武圣"，包含张良在内的历代名将十人坐像分坐左右，这就是"武庙十哲"最早的由来。十哲具体名单如下：

左列：秦武安君白起、汉淮阴侯韩信、蜀汉武乡侯诸葛亮（忠武）、唐卫国公李靖（景武）、唐英国公李勣（贞武）。

右列：汉留侯张良（文成）、齐大司马田穰苴、吴将军孙武、楚令尹吴起、赵望诸君乐毅。

可以看出《武经七书》署名的著作者或相关者中，除尉缭外，都进入了这个武庙十哲的名单。

唐宋之后，又在以上十位的基础上，将历史上的名将多次增添进入武庙，形成六十四乃至七十二位名将的祭祀名单，以致不得不将他们又分成几个等级分别安置。

此后武庙之配享及从祀等级和名单时有微调，比如在宋代，张良升格为单独一级，而白起和吴起就曾被从配享降格为从祀，原配享位置由管仲、范蠡和郭子仪取代。而到元代之后，对武庙从祀进行大减员，只有孙武、张良、管仲、乐毅、诸葛亮等十人被从祀，其他人的名字则不再被提及，又恢复到武庙十哲的规模。以上前后进入武庙祭祀名单的人员，基本代表了截至宋代，官方认定在功、德、言综合方面的最值得称道的将帅。

明清武庙的祭祀再次发生变化。明朝时期，朱元璋废除了武成王庙系统，此后三百多年，没有官方的武庙祭祀。直到清朝追封关羽为"武圣人"，并将关羽作为武庙的主神，在全国设立关帝庙。关帝庙和文庙并立，合称文武庙。但关帝庙中没有设立十哲和其他名将排位，只有关兴和周仓从祀。

民国北洋政府时期，开始把关羽和岳飞同尊为"武圣"，各地也建造了关岳庙进行"关岳同祀"，选了从蜀汉到明代的二十四位将领作为关岳庙从祀。国家对关岳的祀典一直持续到1928年，由民国南京政府通令正式取消。

拓展阅读

书名：《中华国学文库：十一家注孙子》

作者：孙武、曹操

出版时间：2012年

出版社：中华书局

内容简介：本书汇集曹操、杜牧、李筌、王皙、梅尧臣、贾林、张预等十一家注释，使《孙子兵法》一书的内容更为丰满。各家注释不仅解释文字、疏通文义，而且加入了大量饶有趣味的历史故事，这样使对作战谋略的阐释不流于单纯的说理，也使读者能更深刻地理解兵家策略。

课后思考

1. 思考"止戈为武"的现代意义。
2. 如何理解曹操所说"善战者无赫赫之功"？

第四章
睿哲连绵：思想巨匠们的舞台

学习目标

1. 了解百家争鸣背景和主要流派及其代表人物。
2. 理解儒、道、法家的根本分歧。
3. 掌握不同时代儒家思想的异同。

能力目标

能理解百家争鸣的核心关切点和儒家思想的坚持与时变。

第一节　群星闪耀

文化核心不在器物层面而在思想和精神层面，文化史的核心是思想史。民族的思想可以表现出应时而变，但在发展变化的背后，是民族文化心理的稳定性，这种稳定是民族文化能长存的内因。

中华文化多次浴火重生，经历无数劫难，古今器物和生活方式相差巨大，但华夏民族整体文化心理保持着顽强的稳定。探寻文化脉络源出，就一定会追溯到春秋战国时代的诸子百家。短短几百年中，巨匠云集、群星璀璨，这一盛况在思想史上是首次出现，也是当时社会发展和文化进步的必然。

西周开国后治礼作乐，其建立的分封制政治体系，在勉力维持到东周后，已经不能适应时代的发展，所谓"人心不古，礼坏乐崩"。天下进入纷乱之世，灭国兼并愈演愈烈。

礼乐制度崩坏带来的另一个后果是，过去作为贵族教育的"王官之学"，逐渐也能下及部分平民寒士，间接导致普通民众的文化见识有了提升。乱世则多数人思安思定，渴望能确定未来出路，重建天下秩序。因此列国君主世贵，竞相招贤纳士，以求富国强兵，这给百家争鸣创造了一个宽松的学术氛围。大批英贤俊才，包括原本出身低微的平民寒士也有了显能扬名、货于王侯、开宗立说的机会。

从不同视野看待这些立场迥异的学说，自然有不同的评价。其中一个视角，是把它们都看成面对同一问题时给出的不同答案。这个问题用今天的话来讲就是:"人的本质究竟是什么?最理想的社会是什么样的?人怎样才能建成这样的社会?"这三个问题既是那个混乱时代为寻找新路的迫切发问,也体现了人类永恒的求索。后面我们将着重介绍儒、道、法三家的学说对上述"三问"的回答。这三家不仅是先秦哲学最重要的代表,而且至今仍在深刻影响中国人的思想与生活。

"诸子百家"中的"百家"是一个约数,《汉书·艺文志》说"凡诸子,百八十九家",有的记载甚至认为有上千家,但流传较广、影响较大,最终发展成学派的有十二家。从汉代司马谈、刘歆等开始,后世学者则对诸子百家的分类和各自的起源提出过不同的提法。司马谈在《论六家之要指》划分了六个学术流派,分别为阴阳家、儒家、墨家、名家、法家和道德家。后面的刘歆则在《七略》中增加了四家,分别是纵横家、杂家、农家、小说家。刘歆同时提出了他对各家的实际起源的看法,如"儒家者流,盖出于司徒之官""道家者流,盖出于史官""法家者流,盖出于理官"等。尽管不一定十分准确,但很有启发性。今人冯友兰教授则在《中国哲学简史》里提出了对刘歆观点的修正,他认为:"儒家者流盖出于文士。墨家者流盖出于武士。道家者流盖出于隐者。名家者流盖出于辩者。阴阳家者流盖出于方士。法家者流盖出于法术之士。"[①] 这一观点目前被普遍接受。

为建立自家的学术权威性,诸子各家内部对自己的思想源头也各有追溯。儒家建立了孔子之前从尧、舜到周文王、周武王、周公的道统脉络。农家尊的是神农氏,墨家则追溯到大禹,道家更追溯到伏羲、黄帝……类似后来行业以某名人作为祖师爷,作为某种精神象征。但与其他各家"法先王往圣"不同,法家主张"法后王今圣"(这也是荀子被很多人认为更应该作为法家人物的原因之一)。而"祖述尧舜"对孔子而言,则有远比精神象征更重要的现实意义,关于这些我们将在后面进行阐述。

历史上百家曾交相辉映又相反相成,共同影响塑造了中华文化形态,是探究中华民族核心理念的管钥。他们的开创性思想为中华文化保留了永远的"原生种子",藏聚了中华文化的永恒基因,是国人思维和情感的精神家园。可以说,"百家争鸣"之后的中华思想史,都是在他们所奠定的思想基础上的整合创新。后世传人每当在思想上力图再开新途、艰难求索之际,就会自觉回寻本原。"本"往往"返"到"百家争鸣"的诸子,回到春秋战国时代的华夏先贤那里。在文明的时间轴上,他们是"明前启后"的坐标基点。

第二节 川汇江河

一、儒家思想——从孔子到孟子

孔子,名丘。春秋末期鲁国陬邑人(今山东曲阜),祖籍为宋国。他被公认是儒家学说的实际创始人和代表人物。在孔子之前没有人提出过系统而完整的学说,孔门首先做了这个开创性工作。孔子认为自己只是一个忠实的文化传承者,这就是"祖述尧舜、宪章文

[①] 冯友兰:《中国哲学简史》,北京大学出版社,2010年,第30—31页。

武"对于儒家有如此重要意义的原因。他以"述而不作,信而好古"①的方式整理了《六经》(《诗》《书》《礼》《易》《乐》《春秋》),使珍贵的华夏上古文化经典得以最大限度的保存,仅此一点就可称千秋之功。孔子的弟子将老师的言行编纂为《论语》,它具体而朴素地记录了孔子本人深刻的思想,是我们今天研究儒家思想最重要的依据,从中也能得到儒家对"三问"的答案。

(一) 第一问

对于第一问"人的本质究竟是什么",孔子(图4-1)认为,"仁"是人的根本德行。这是孔子思想最核心的概念,也是儒家思想最基本的原则。"仁"的含义非常丰富,不仅是单指一种道德品质,而且可以指所有最基本的德行。"仁"体现为"己欲立而立人,己欲达而达人""己所不欲,勿施于人",以忠恕一以贯之,这是在实践中不偏离"仁"的金律,是"为仁之方"。"仁"不是部分人的特有天赋,而是每个人都具备的,"我欲仁,斯仁至矣"。②因此,人与人"性相近"。后来孟子则将这一点升华明确为"人性本善",成为儒家"人之为人"的最基本观念。

儒家认为,"为仁由己""仁者爱人",爱人可以从关系最紧密的"孝悌"做起,这是"为仁之本"。爱人,则"入则孝,出则弟,谨而信,泛爱众而亲仁"③"老吾老,以及人之老;幼吾幼,以及人之幼"④,由父母、兄弟、朋友、他人向外逐次推扩,"亲亲而仁民,仁民而爱物。"⑤故爱有差等。

图4-1 孔子

(二) 第二问

人与人相处的社会也一定有秩序差等,好的社会,是人的仁德、社会秩序与"大道之行"自然相符,过去曾有过这样的理想社会,就是"三代之治"的时候。这就回答了第二问"最理想的社会是什么样的"。在那个美好的时代里,"天下为公,选贤与能,讲信修睦……老有所终,壮有所用,幼有所长,矜、寡、孤、独、废疾者皆有所养"⑥圣王则如北辰居所,垂拱而治,"为政以德,譬如北辰,居其所而众星共之"。⑦周公当年将这套最好的秩序用政治文化制度确定下来,这就是"礼制",以礼乐治国。而天下出现的各种问题,就是因为后人破坏了这套最好的制度。各种僭越层出,违背了"礼分差等"的原则,也就是违背了天之道。

(三) 第三问

故孔子提出回归天下正常秩序的方法,就是通过"克己复礼"来真正恢复"礼制"。

---

① ② 出自《论语·述而》。
③ 出自《论语·学而》。
④ 出自《孟子·梁惠王上》。
⑤ 出自《孟子·尽心上》。
⑥ 出自《礼记·礼运》。
⑦ 出自《论语·为政》。

这也是孔子对第三问"人怎样才能建成这样的社会"给出的答案。在孔子看来，做到这点是"仁"最大的体现。"颜渊问仁。子曰：'克己复礼为仁。一日克己复礼，天下归仁焉。为仁由己，而由人乎哉。'颜渊曰：'请问其目。'子曰：'非礼勿视，非礼勿听，非礼勿言，非礼勿动。'"①"克己"，是人人唤起自身的仁德，战胜自己的私欲，去顺乎天道。"复礼"，则视、听、言、动的所有行为应按照礼制的规定来进行，礼分差等，各安其分，行乎中庸。人人都成为真正君子，人人克己复礼，这样一切合乎秩序规范，使得"君君，臣臣，父父，子子"②，如此，天下名实相符，秩序井然。万事名正言顺，自然由乱而治，重新成为理想的社会。

这样儒家就给出了自己对"三问"的全部答案。而且以这些观点为基础，构建了一个理想而宏伟的思想体系，涵盖了从个人修养到社会政治的各个层面。此后儒家亚圣孟子，继续发展了孔子的思想。首先他明确了"人性本善"这一基本立场，并从心性出发，提出了"心之官则思""尽心知性""知言""养浩然之气"等一系列深入的哲学命题和个人修养方法。在孔子"仁"的基础上，孟子发展出了仁、义、礼、智"四端"理论，即"恻隐之心，仁之端也；羞恶之心，义之端也；辞让之心，礼之端也；是非之心，智之端也。人之有是四端也，犹其有四体也"③。而君主只要将此四端通过"善推其所为"，即可实现"王道仁政"。并认为政治上实行仁政的国家，"民之归仁也，犹水之就下、兽之走圹也"④ 能够实现最终的"定于一"。

无论孔子的"一匡天下"，还是孟子的"定于一"，均彰显了儒家对"天下一统"的高度认同，是儒家学说能治理未来统一王朝的伏笔。但在春秋战国时代的纷乱时局里，孔子和孟子始终未能得到政治上施展儒家学说的机会。但学说的价值并不只有一个评判标准。孔子以克己复礼为终身事业，知其不可为而为之。他集此前华夏文化之大成，整理《六经》，保留了上古华夏文化的火种，如果没有这一伟大工作，这些珍贵文献必然散佚，则不仅孔子之前的圣贤功业无以得明，孔子身后的文化亦将如无本之萍。故有"天不生仲尼，万古长如夜"之言。

孔子还开创了私学教育的先河，最早将贵族王官之学向平民普及，是中国第一位公众教师，被后人誉为"万世师表"。他知识渊博，学而不厌、诲人不倦。他的教育理念强调"行道""立命"，因此儒家的"教与学"不仅仅是知识的传授，更是内省上达天道、外化施及万方的工夫，这极大启发了孟子及后来宋明理学的展开。

二、道家思想——从老子到庄子

（一）老子的道家思想

《史记》所载历史上的老子，姓李名耳，字聃，是周王室的藏室之史，比孔子年长，孔子曾向他问"礼"。后来老子西出函谷关时，应关令尹喜的请求，留下了五千言的著作，就是《老子》一书，即《道德经》。但同篇传记后面又记载了楚国老莱子和周太史儋，三人相差几百年，混为一谈，令人莫衷一是。当然这不影响我们从《老子》一书研究道家思

---

①② 出自《论语·颜渊》。
③ 出自《孟子·公孙丑上》。
④ 出自《孟子·离娄上》。

想。现在多数学者认为我们今天看到的《老子》，其成书时间甚至是晚于《论语》的，因此，前文提到"孔子之前没有人提出过系统而完整的学说"的讲述仍然是成立的。下文为了叙述方便，用不带书名号的"老子"作为叙述主体。另外，《老子》有多个版本，如王弼注的传世本、河上公章句本、道藏古本和帛书本，本书以王弼注本作为研究底本。

1. 第一问

从老子的角度来看待"三问"，首先需要把第一问换成"世界的本原究竟是什么"，搞清楚了世界的本原，人的本原也就明白了。老子的答案是，世界万物的根源在于"道"，而这个"道"字只是为了能够言说而勉强为之取的代号。"道可道，非常道。名可名，非常名。无名天地之始，有名万物之母。"[1] "有物混成，先天地生。寂兮寥兮，独立而不改，周行而不殆，可以为天下母。吾不知其名，字之曰道，强为之名曰大。"[2]

老子认为"道"是万物之母，所有事物都是由"道"而生，但是"道"又不是一物。它既超越了万物，又在万物之中。"道"既是超越性的绝对，也是物质性存在的基础。宇宙万物都是按照"道"的规律运行的，"道"无处不在，无所不能，既是生养万物的源泉，也是万事万物运行的特定方式。

作为万物的本原和本性，"道"在万物之中具体显现出来就是"德"。万物，包括人，都从"道"那里获得生命，并通过蓄积"德"来维持生存。"道生之，德畜之，物形之，势成之。是以万物莫不尊道而贵德。道之尊，德之贵，夫莫之命而常自然。故道生之，德畜之：长之、育之、亭之、毒之、养之、覆之。生而不有，为而不恃，长而不宰，是谓玄德。"[3] 道本身具有"无为"的特性，即"道法自然"[4]，不强加于物，不干预自然发展，是一种顺应自然规律的行为模式。而"生而不有，为而不恃，长而不宰"是体现"无为"特性的最大之"德"。

所以可推知，"道"体现在人的身上就是"人之德"，即人的本质，这样就回答了"三问"中的第一问。既然"人之德"是"道"的体现，人当然就应该合于道，保持安命自足、柔弱居下，让生活回归"自然无为"的状态。

在老子看来，人们之所以生活不幸，根本原因是丧失了"人之德"。无论个人还是国家，各种诱惑带来太多欲望，"五色令人目盲，五音令人耳聋，五味令人口爽，驰骋畋猎令人心发狂，难得之货令人行妨"[5]。欲多而不知足，则必引来咎祸，"祸莫大于不知足，咎莫大于欲得，故知足之足，常足矣"[6]。要回归美好的生活，人就必须懂得知足，"知足者富"[7]。故每个人最好永远像纯真的孩童那样，没有什么过分的欲望。"常德不离，复归于婴儿"[8] "含德之厚，比于赤子。"[9] 这样就不会有为了利益纷争带来的各种困苦。

---

[1] 出自《老子·上篇·第一章》。
[2][4] 出自《老子·上篇·第二十五章》。
[3] 出自《老子·下篇·第五十一章》。
[5] 出自《老子·上篇·第十二章》。
[6] 出自《老子·下篇·第四十六章》。
[7] 出自《老子·上篇·第三十三章》。
[8] 出自《老子·上篇·第二十八章》。
[9] 出自《老子·下篇·第五十五章》。

2. 第二问、第三问

关于何为"理想社会"以及如何实现的第二、第三问，老子也认为，最好的社会应该是"圣人之治"，[①] 因为圣人是"道"的人格化体现。圣人"去甚，去奢，去泰"[②]"行不言之教"[③]。圣人若成为王侯来治理国家，会采用"无为"而治，而这种无为是"无为而无不为"[④]，即在不直接干预的情况下，自然而然地引导和管理社会和人民，这种治理方式强调的是清净寡欲、慈爱、俭朴和谦下不争等品质。所以圣王要把一切不必要的废除，让社会自行调节和发展。"绝圣弃智，民利百倍；绝仁弃义，民复孝慈；绝巧弃利，盗贼无有。"圣王以身为范，不以机心之智对待民众，民众就不用靠狡诈生存自保，反而淳朴如愚。故"非以明民，将以愚之"[⑤]。这种"愚"民的社会将更让人感到幸福美好。为此，还要做到"不尚贤，使民不争；不贵难得之货，使民不为盗；不见可欲，使民心不乱。是以圣人之治，虚其心，实其腹，弱其志，强其骨。常使民无知无欲，使夫智者不敢为也。为无为，则无不治。"[⑥]不尚贤，不贵难得之货，让民众也见不到起心动念的声色货利，天下怎么会治理不好？总之，圣王为政，讲求"我无为而民自化，我好静而民自正，我无事而民自富，我无欲而民自朴"。[⑦]

显然，老子的理想和他眼中现实的天下，相差何止万里。于是他只能用文字描绘了一幅心中的美好社会画卷："小国寡民。使有什伯之器而不用，使民重死而不远徙。虽有舟舆，无所乘之；虽有甲兵，无所陈之。使人复结绳而用之。甘其食，美其服，安其居，乐其俗。邻国相望，鸡犬之声相闻，民至老死不相往来。"[⑧]这样，老子也对"三问"给出了自己的答案。

（二）庄子的道家思想

老子之后，道家的主要代表人物是庄子。庄子名周，与战国时期梁惠王、齐宣王同时。楚威王延请其为相被他拒绝。庄子宁可只做一个小小蒙国的漆园吏，如大龟一般自由自在"曳尾于涂中"[⑨]。

庄子坚持老子对"道"和"德"的看法，并极大地发展了相对主义认识论。前面提到过，老子说"道"是不可言说的，所以在不得已的言说中，举出大量矛盾、相反的事物和变化、转换的现象进行比喻，如："天下皆知美之为美，斯恶已。皆知善之为善，斯不善已。故有无相生，难易相成，长短相较，高下相倾，音声相和，前后相随。"[⑩]"反者，道之动；弱者，道之用。天下万物生于有，有生于无。"[⑪]通过以上这些比喻，让人感悟"道"到底是什么，这体现了老子高明的辨证观。庄子则在此基础上，深入探讨了"知"的不同层次，以及什么是"真知"和"不知"。在《齐物论》中，庄子强调了事物之间没有绝对的界限和标准，一切都是相对的，包括"彼"与"是"、"物"与"我"、"生"与

---

① ⑥ 出自《老子·上篇·第三章》。
② 出自《老子·上篇·第二十九章》。
③ ⑩ 出自《老子·上篇·第二章》。
④ 出自《老子·上篇·第三十七章》。
⑤ 出自《老子·下篇·第六十五章》。
⑦ 出自《老子·下篇·第五十七章》。
⑧ 出自《老子·下篇·第八十章》。
⑨ 出自《庄子·秋水》。
⑪ 出自《老子·下篇·第四十章》。

"死"以及"是"与"非"。"夫天下莫大于秋毫之末,而泰山为小;莫寿乎殇子,而彭祖为夭。天地与我并生,而万物与我为一。"通过把这些"相对"推至极端,实际是为了表明:事物之间的差别是随人的主观意识而转移的,而"以道观之,物无贵贱"[1],所以人的认识应该跳出"以物观物""以我观物"的局限,才能达到"逍遥游世"之境。

三、法家思想——法、术、势合一的利器

法家并不是法律专家,前文已经指出过,法家应该出于各国法术之士,相当于职业政治家和政治学者。他们多数和君主没有亲缘血统的关系,甚至不少就是平民出身。他们对时势政治力量消长有更为切身的感受,治理民众的经验也相对更加丰富。他们的政治实践是法家各派理论的坚实基础。法家并没有一个类似儒家的孔子或道家的老子那样公认的学派创始人。后世对法家人物的分类也有一些分歧,比如慎到究竟是道家还是法家,荀子究竟属于法家还是儒家。

(一) 法家两大学派

按照目前多数学者的意见,法家首先可以分为齐法家和秦晋法家两大学派。这两派在治国理念、法治观念以及对礼乐道德的态度上存在较大的差异。

1. 齐法家

齐法家的代表人物是春秋时代的管仲和战国时代的荀子,他们主张以法治国,强调法教兼重,既重视法律的制定与执行,也注重教育和道德的引导,因此思想中有类似儒家道家的元素。比如《管子·牧民篇》曰:"国有四维……一曰礼、二曰义、三曰廉、四曰耻""四维不张,国乃灭亡"。这些看上去和儒家的主张几乎没有区别。而荀子则一直推崇孔子的思想与学说,终身自认是儒家传人。但是荀子最著名的弟子韩非和李斯对儒家没有这种尊重,两人实际属于秦晋法家学派。

2. 秦晋法家

秦晋法家学派在战国前期代表人物有李悝、慎到、商鞅、申不害等。这一派后来成为法家的主流,以致"法家"一词默认代指的就是他们。慎到重"势",就是权力权威;申不害重"术",就是政治手腕;商鞅重"法",就是法律法制。

(二) 法家集大成者——韩非

到战国后期,韩非集"法""术""势"三家学说之大成,建立了完整的法家思想体系,这一体系为秦始皇所采纳,帮助秦国最终完成了天下一统。

欲学习更多相关内容,请扫描查看延伸阅读4-1。

《韩非子》里也给出了法家对"三问"的回答。对于"人的本质究竟是什么"这一问题的回答,韩非子完全赞同老师荀子关于"人性本恶"的观点。然而两者不同之处在于,虽然荀子提出了"人性本恶"的命题,但是他还是强调可以用人为的手段来化恶为善,提倡采用"隆礼、重法"[2]来治国。韩非则不

延伸阅读4-1

---

[1] 出自《庄子·秋水》。
[2] 出自《荀子·大略》。

然，他认为治国用不着去改变人的本性，治国之道就建立在人性天然恶的前提下，既然人有趋利避害的本能，那君主就应当利用这种本性来治理国家。不需要教育民众，让他们有道德、有智慧。"明主之国，无书简之文，以法为教；无先王之语，以吏为师"①，这句话的意思是：在一个由英明君主治理的国家里，不依赖于书写在竹简上的文献典籍，而是以法令作为教育和治理的主要内容；不盲从先王的遗言和经验，而是以官吏作为教育的主体，选拔忠于法治路线的官吏来担任教师，确保法令的执行和国家的治理。这成为后来秦始皇"焚书坑儒"的依据。秦始皇焚书坑儒和禁绝私学，只允许学习法令，从而将法家的思想贯彻到整个国家的治理中。

韩非认为只要君主采纳他的治国之法，必定君贤国强。他在《韩非子·奸劫弑臣》中描绘了心中的理想国家："故其治国也，正明法，陈严刑，将以救群生之乱，去天下之祸，使强不陵弱，众不暴寡，耆老得遂，幼孤得长，边境不侵，群臣相亲，父子相保，而无死亡系虏之患，此亦功之至厚者也。"

那么，要实现这样的理想，关键在于"集权"，必须把权力高度集中于君主一人。然后君主牢牢抓好"二柄"，即刑、赏大权，结合运用好"法、术、势"就可"抱法处势则治"②。韩非认为法、术、势三者对于君主"不可一无，皆帝王之具也"③。

"法"是根本，"治民无常，唯治为法"④"法者，宪令著于官府，刑罚必于民心，赏存乎慎法而罚加乎奸令者也"⑤。先以法确定赏与罚的标准，让守法者得赏，违法者受罚。

"术"为举措，分"刑名之术"和"权谋之术"。"形名之术"，即"术者，因任而授官，循名而责实，操生杀之柄，课群臣之能者也"⑥。君主依据臣子的表现与才能授予相应的官职。"权谋之术"，则是君主隐秘不宜公之于众的驭下之法，"术者，藏之于胸中，以偶众端，而潜御群臣者也"⑦。君主通过他人不可知的权谋之术和因任授官的形名之术交合运用，采取"参验"的办法来"循名实而定是非，因参验而审言辞"⑧，对官员考核赏罚，这样就可以实现禁奸于未萌的无为而治。

"势"则是君主的权力权威，是他能用"法"和"术"的前提。"凡明主治国，任其势"⑨，讲法用术都要靠势，否则"背法去势则乱"⑩。势分为"自然之势"与"人设之势"，"势必于自然，则无为言于势矣。吾所为言势者，言人之所设也。"⑪"自然之势"可以理解为不可改变的因素造成天然态势，比如因"长幼嫡庶"产生的地位差别。但更重要的却是"人设之势"，是君主所处真实势位以及所掌握的权势。"君执柄以处势，故令行禁止。柄者杀生之制也，势者胜众之资也。"⑫君主处于掌握权势的地位，发布命令，有禁则止。权柄，就是进行生杀予夺的统治，权位则是战胜众人的依靠。以"势"治国，就能"善任势者国安"⑬。

---

① 出自《韩非子·五蠹》。
②⑩⑪ 出自《韩非子·难势》。
③⑤⑥ 出自《韩非子·定法》。
④ 出自《韩非子·心度》。
⑦⑨ 出自《韩非子·难三》。
⑧⑬ 出自《韩非子·奸劫弑臣》。
⑫ 出自《韩非子·八经》。

第四章 睿哲连绵：思想巨匠们的舞台

第三节 时思俱进

百家争鸣的盛况最终随着战国时代的终结而烟消云散，法家得势后采取了"焚书坑儒"等严酷的统治策略。但百家的思想并没有因而完全消失，在秦朝灭亡之后，道家、儒家劫后余生，相继成为汉朝代秦朝后的国家指导思想。儒家更是在汉武帝时赢得独尊的地位，从此成为中华文化的主流思想。儒家自身也在随着时代的发展而不断变革，从孔孟先秦儒学发端，相继经历了汉唐经学、魏晋玄学和宋明理学等阶段，长期主导并滋养了中国及东亚地区的思想文化。

一、汉唐经学——儒家的经学转变

公元前 221 年秦国完成统一，这个成就似乎证明了法家思想和政治理论的有效性。然而，仅仅十五年后，秦国便面临着土崩瓦解，即将走向灭亡。这说明法家打造的军国一体的国家战时体系，无法适应"大一统"之后新的国家常态。

汉初总结秦朝速亡的教训，认为法家在统一后没能及时改变战时国策，不懂得"攻守之势异也"和"逆取而以顺守之"。而治国必须因时、因势而变，不能始终严刑峻法、滥用民力。汉朝刚建立时，国家久经战乱残破不堪，亟须恢复元气。汉朝废除秦朝苛法，采取了"休养生息"的国策，选择黄老之学作为施政方针。所谓"黄老之学"，是道家一个流派，将黄帝和老子并尊，托黄帝之名，行老子之实。它发端于战国稷下学宫，真正兴起于汉初。清静无为、适度尚简的黄老之学思想不仅与汉初社会之需相合，而且与汉反思秦亡所总结的教训一致，因此得到统治者的认可和推崇，成为汉初六十年的国家指导思想。

汉朝通过文景之治，国力得以全面恢复。在新的形势下，倡导"小国寡民"和因循守成的黄老之学思想治国已显力不从心，"无为而治"的副作用越发明显。"七国之乱"标志着宽松的中央政府对已经富裕强大的地方王国出现失控。面对北方匈奴，长期采用屈辱的"和亲"政策也不能换来真正的和平安宁。因此，恢复强盛的汉帝国迫切需要变更国家指导思想，以新的思想来支持中央集权的管理以应对内外，支持对广大疆域进行有效而稳定的统治。公开政治层面上，残暴的法家已经被官方摒弃，因此只有儒家能满足政治上的新需求，具备取代道家的实力。儒家不仅始终支持"大一统"，坚决反对法家的不仁，而且还曾为西汉开国制定过全套礼仪规范。儒家尊崇仁义道德，对稳定的政治秩序有近乎执着的保守。在大争之世，这些是明显的缺点，所以不被君主们接受；而到了稳定的和平年代，这些却成为维护国家的集权统治的优点。董仲舒则适时完成了对先秦儒家学说的改进，使先秦儒学发展为"两汉经学"，并通过汉武帝"罢黜百家，独尊儒术"的政策，将儒学定于一尊，成为官方意识形态和统治理论基础，从此儒家成为此后两千多年中华文化的主流思想。

汉代一方面要在秦火的浩劫后，通过不同途径尽量抢救、挽回失传的经籍，另一方面，儒家认为，在孟子之后就再没有人有资格能为儒家增加"经书"。后来的儒者只能以现存儒家经典为本，通过赋予新的解释来发展儒学。在经学的发展中，汉代出现了今文学派与古文学派两大不同学派的争论，两派从文字分歧开始，继而通过不同的解释导致相左的学说构建。董仲舒大致属于今文学派，他最为推崇儒家经典《春秋》，并以此为基础建立了新的理论体系，这一体系保存在他的著作《春秋繁露》里。

董仲舒对儒学理论的改造，目的是给汉帝国奠定新的政治秩序基础，他的政治学说也回答了"三问"。

关于"人的本质"问题，董仲舒提出了"人副天数""天人感应"等观点，认为人的本质是天的副本，是源于天所创造。这里的"天"是带有神学色彩的，是宇宙万物和人类的最终本原，"天者，万物之祖，万物非天不生。"① 人是天道具体而微的显现，"人有三百六十节，偶天之数也；形体骨肉，偶地之厚也。上有耳目聪明，日月之象也；体有空窍理脉，川谷之象也；心有哀乐喜怒，神气之类也。"② 天和人之间有"气"来感应，"天地之间，有阴阳之气，常渐人者，若水常渐鱼也……是天地之间，若虚而实，人常渐是澹澹之中，而以治乱之气，与之流通相殽也。"③

关于人性，董仲舒没有坚持孟子"人性本善"的观点，而认为"善如米，性如禾。禾虽出米，而禾未可谓米也。性虽出善，而性未可谓善也"，④ "天生民性有善质，而未能善。"他认为性分为三个等级，即"圣人之性""斗筲之性""中民之性"，"圣人之性，不可以名性，斗筲之性，又不可以名性，名性者，中民之性。"⑤ 这就是"性三品"。中民之性为大多数，需要教育，"性待教而为善"⑥，因此君主承接天命，负有教育民众为善的责任。

对于第二问"最理想的社会是什么样的"，董仲舒认为，人间政治制度应该模仿"天之大经"设置，"故天选四时，十二而人变尽矣，尽人之变合之天，唯圣人者能之。所以立王事也"。⑦ 王者配天，"德侔天地者称皇帝，天佑而子之，号称天子"⑧，"君权神授"因此具有绝对权威，这就为君主集权制提供了理论支撑。同时也为君权留了一丝制衡的余地，如果帝王失道，则天将有灾变来警告，如地震、日食、月食、水灾、旱灾等，如果帝王不改过，国家就会衰败甚至灭亡。

关于如何维护好这样符合"天道"的社会，董仲舒认为，应当以"三纲""五常"来规范人们。"纲"是主导的意思，"三纲"指的是君为臣纲、父为子纲、夫为妻纲，体现了等级秩序和伦理关系。"凡物必有合；合必有上，必有下……此皆其合也。阴者，阳之合，妻者，夫之合，子者，父之合，臣者，君之合，物莫无合，而合各相阴阳……君臣、父子、夫妇之义，皆取诸阴阳之道。君为阳，臣为阴，父为阳，子为阴，夫为阳，妻为

---

① 出自《春秋繁露·顺命》。
② 出自《春秋繁露·人副天数》。
③ 出自《春秋繁露·天地阴阳》。
④⑤ 出自《春秋繁露·实性》。
⑥ 出自《春秋繁露·深察名号》。
⑦ 出自《春秋繁露·官制象天》。
⑧ 出自《春秋繁露·三代改制质文》。

阴……是故仁义制度之数，尽取之天，天为君而覆露之，地为臣而持载之，阳为夫而生之，阴为妇而助之，春为父而生之，夏为子而养之……王道之三纲，可求于天。"① "五常"指的是仁、义、礼、智、信，这是儒家认为不变的德性。儒家认为：一个国家，只要坚持奉行"三纲""五常"，就能维护社会的良好秩序。

后世普遍认为，董仲舒的理论中，杂糅了很多阴阳家的神秘主义思想，另外也能找到法家的影子。他崇天的思想也影响到后来汉代谶纬流行，使儒家一度接近成为宗教，所以在后世儒家"道统"的脉络中，并没有董仲舒的位置。但不能否认，是他结合时代背景，把握住社会需求，为儒家争取到了文化主流的地位。他以儒家思想传统为基础，改造出一套全面深刻的理论体系，其思想不仅对汉代，而且对后世的政治理论和实践影响深远。

儒家今古文经学在汉代末年逐渐趋于统一。到唐代时，经学在文献整理方面取得很大成就，其标志就是孔颖达等人完成了《五经正义》（对《诗》《书》《礼》《易》《春秋》所作的注疏）的编纂，在编纂过程中，他们精心挑选了当时能找到的最好的各经注疏版本：《周易》用魏王弼、晋韩康伯注；《尚书》用孔安国传；《诗经》为毛亨传、郑玄笺；《礼记》用郑玄注；《左传》用晋杜预注。此书因此成为唐代国家科举考试的标准教材。

二、魏晋玄学——多家思想的融合

汉末三国至两晋南北朝，由于之前蓄积的阶级矛盾和民族矛盾叠加爆发，中国陷入了近四百年的战争和分裂中，其中西晋虽有过一段实际不到三十年的统一，但那不过是乱世长剧中的一出幕间过渡。而之前作为官方意识形态但已日趋僵化的经学，在此政治黑暗和社会动荡的时代备受打击。同时由于佛教的传入和道教的创立，乱世的人们有了新的思想资源来慰藉心灵。时代的碰撞促成了玄学的产生，它在一定程度上体现了道家和儒家乃至稍晚与佛家思想的融合。所谓"玄"，出自《老子》"玄之又玄，众妙之门"一语。魏晋一批名士，重新注释阐发了三部先秦经典，即《周易》《老子》和《庄子》，将它们并称"三玄"。王弼等人以道解《易》，用义理思辨打破了经学烦琐考据和象数比附，为中国哲学发展带来新风。魏晋玄学风行数百年，促进儒、释、道三家互相启发，极大推动了这三家思想的演进与融会贯通。

魏晋玄学关注"玄""有无""本末""名教"与"自然"的关系等问题，主张超越世俗纷扰，追求精神自由和个性解放。

"有无之辩"是魏晋玄学讨论的核心命题，主要探究"有"与"无"的关系，以及它们在宇宙和人生中的地位和作用。围绕这一命题的观点分为两大阵营：贵无派和崇有派。贵无派的代表人物是何晏和王弼，他们认为"无"是世界的根本，是创造和维持万物的本源，"有之为有，恃无以生；事而为事，由无以成"② "凡有皆始于无，故未行无名之时，

---

① 出自《春秋繁露·基义》。
② 出自何晏《道论》。

则为万物之始"①。王弼提出"以无为本"②，认为"无"是保持万物存在的根本，而"有"则是"无"的具体表现形式。这也把"本末"和"有无"联系在了一起。

与之相对的是崇有派的观点，代表人物有裴頠和郭象。他们认为"有"才是世界的根本，是构成和推动世界运行的基础。裴頠在《崇有论》中提出"自生论"："夫至无者无以能生，故始生者自生也。自生而必体有，则有遗而生亏矣。""无"不能生"有"，所以"万有"自生，这是抓住了贵无论的根本缺陷。后来朱熹在注解《太极图说》时，坚持"无极而太极"的"而"字后没有一个"生"字，也是因为赞同"无不能生有"。

崇有派另一个代表人物郭象在《庄子注》中也明确指出，"无"不能成为造物的主体，因为没有属性的"无"不能创造出有属性的"有"，并因之而提倡万物自生独化的"独化论"："若责其所待而寻其所由，则寻责无极，卒至于无待，而独化之理明矣……请问夫造物者有耶？无耶？无也，则胡能造物哉？有也，则不足以物众形。故明众形之自物，而后始可与言造物耳。是以涉有物之域，虽复罔两，未有不独化于玄冥者也。故造物者无主，而物各自造。物各自造而无所待焉，此天地之正也。"③

玄学中另一个被热衷讨论的命题是"名教"与"自然"的关系问题。名教，一般指以正名分、定尊卑为主要内容的封建礼教和道德规范。自然，主要指天道自然，认为天是自然之天，天地的运转、万物的生化，都是自然而然、自己如此的。名教和自然观念产生于先秦。孔子主张正名，强调礼治；老子主张天道自然，提倡无为。孔子、老子被后世分别看作"贵名教"与"明自然"的宗师。对名教、自然以及这二者关系的认识，有一个发展过程。魏晋时期，由于思想家的哲学倾向和政治见解不同，"名教"与"自然"的关系成为一个争辩的问题。

魏晋玄学的"名教与自然之辨"，主要倾向是齐一儒道，调和名教与自然的矛盾。魏晋时期夏侯玄首先提出调和名教与自然的论题，他认为，天地以自然运，圣人以自然用，天地是自然而然的，圣人的作用也是合乎自然的。王弼把名教与自然的关系纳入他的"以无为本"的哲学体系，认为"自然"和"无"具有同等的意义，因而自然是本，是体；名教是末，是用。自然与名教是本末体用关系，二者是统一的。他主张"举本统末"，用自然统御名教；认为只要"圣人"按照自然的原则办事，"因俗立制，以达其礼"，使众人各安其位，返璞归真，名教便可复归于自然。这是正始时期玄学家对名教与自然的看法。

正始十年（249年）以后，嵇康、阮籍对司马氏标榜名教而实际篡权的行为不满，强调名教与自然的对立，主张"越名教而任自然"。嵇康、阮籍主张"心不存于矜尚""情不系于所欲"，他们向往没有"仁义之端，礼律之文"的自然境界。他们认为名教是束缚人性的枷锁，是"天下残、贼、乱、危、死亡之术"，并非出于自然。嵇康说："六经以抑引为主，人性以从欲为欢，抑引则违其愿，从欲则得自然；然则自然之得，不由抑引之六经，全性之本，不须犯情之礼律。"④

---

① 出自王弼注《老子·上篇·第一章》。
② 出自王弼注《老子·下篇·第四十章》。
③ 出自郭象《庄子注·卷一》。
④ 出自《难自然好学论》。

第四章　睿哲连绵：思想巨匠们的舞台

西晋武帝太康以后，门阀贵族子弟"放达"之风盛行，蔑弃名教，使名教发生危机。乐广批评当时的"放达"之风说："名教中自有乐地，何必乃尔。"郭象对名教与自然的统一进行了论证，他认为名教即是自然、自然即是名教，二者不可分离。他指出，事物现存的状态，即君臣上下，尊卑贵贱，仁义礼法，都是"天理自然"，"任名教"就是"任自然"。他认为"圣王"最能领会名教就是自然的道理，"虽在庙堂之上，然其心无异于山林之中"，做帝王的虽然过着世俗生活，而精神却十分清高，"外王"（名教）和"内圣"（自然）是一回事。

"名教与自然之辩"发展到郭象使名教与自然的对立在理论上得到统一，这个统一虽然是虚构的，却适应了门阀地主阶级的需要，为他们保持现存的统治秩序找到了理论根据。

魏晋玄学对一系列哲学概念范畴命题的深入讨论，表现了玄学家们高深的抽象思辨水平。他们摆脱了经学陈旧的束缚，通过追问事物内在本性，将中国的哲学思维升华到对玄学"本体论"的探讨，并使此前中国哲学对"天人关系"的思考更加丰富和深入。

玄学和相应的"魏晋风流"故事至今仍具有巨大的文化魅力，而且对中国文化的其他方面，如文学、艺术、宗教等也有着重要影响。

三、宋明理学——儒家的理学转变

两汉经学之后，从汉末到唐末，儒学思想发展实际上停滞不前。其中原因之一，就是在汉代察举及魏晋南北朝九品中正制的选官制度下，原本很多儒家学者被提拔为官员，但其中不少人后来却成为垄断经学解释权的学阀，并由学阀演变为世家贵族门阀，甚至乱世中的军阀，他们牢牢控制政界、学界，在学术上固守门户陈见，广大平民出身的中下层士人，则在学术研究上受到严重打压。至魏晋南北朝，上层贵族名士玄学盛行，传统儒家发展更是步履维艰。

唐末五代的战乱对世家进行了彻底清洗，北宋开始全面采用科举制度来选拔人才。大批中小地主和自耕农的子弟得以进入国家政权队伍，成为士大夫的主体，也同时成为新时代儒学学者的主体，他们在伦理观念、文化态度和思想倾向方面，跟之前贵族出身的名士们相比可谓大异其趣，更能正视儒家面临的困境。彼时，玄学、佛教、道教的巨大冲击使正统儒家的文化地位被日益边缘化，而寻章摘句、训诂考释的经学对此却无力抵挡。此外，五代以来的社会风气尤其士风可谓严重败坏，不仅有士人以"魏晋风度"为名的日常生活放荡不羁，还有号称"十朝元老"毫无政治节气的冯道这类身居高位却为人诟病的行为，儒家因此需要担负起重建价值体系的责任。此时，重振儒学，为其赋予新的活力，成为复兴本土主流价值的迫切需求，新的儒家学说理学在这一时代背景下得以兴起。

建立完整的理学系统是一个巨大的工程，从时间上看，几乎横跨了整个宋朝，两宋几代儒者充分发掘儒家自身的资源，相继为儒学提供了宇宙本体论、心性论、工夫论的论证，其中"北宋五子"——周敦颐、邵雍、张载、程颢和程颐（图4-2）贡献尤巨。朱熹集理学前辈之大成，使宏伟而严密的理学体系得以最终建立。

图 4-2 北宋五子

曾经经学初起时，董仲舒他们优先考虑的，是对政治的维护功能。而理学优先考虑的命题，则是围绕着"人与世界的本质关系"展开。下面我们仍然通过"三问"来了解理学，但对三个问题的顺序和问法略微做些调整。

原来第二问"最理想的社会是什么样的"升级为"世界的本质是什么"，顺序也换到第一。理学认为，世界的本原是"理"或者叫"天理"。"理"也经常被理学家们称为"天"，程颢说："天者，理也；神者，妙万物而为言者也。"① "理"又常称为"道"或"天道"，"其理则谓之道"② "言天之自然者谓之天道"③。因此"理学"也可以被称为"道学"。从表面上看，道学的"道"似乎与道家的"道"类似，但程颢又说："吾学虽有所受，'天理'二字乃是自家体贴出来。"④ 其实就是指出，"天理天道"本是儒家原有的概念，"体贴"意味着，理学家只是将其从典籍中"发而明之"。《论语·公冶长》就说过："夫子之言性与天道，不可得而闻也。"朱熹则强调周敦颐的《太极图说》说明了"太极"也"只是一个'理'字"⑤，而"太极"一词则出自儒家经典《周易·系辞传》。"太极""天""道""理"在理学上是对同一概念的不同表达。理学的"道"是宇宙万物的最高范畴，是天地万物存在和运行的根本原理，它是完全形而上的，不会生成任何形而下的事物。所有具体事物是由形而下的"气"所组成，"道"或者"理"则存在于所有

---

① 出自《二程遗书·卷十一》。
②③ 出自《二程遗书·卷一》。
④ 出自《二程遗书·卷十二》。
⑤ 出自《朱子语类·卷一》。

"气"中。理气彼此不离，充斥于宇宙，"有是理便有是气，但理是本"。① 这样就把道家和道学两家的"道"清晰地分开了。

"人的本质究竟是什么"则调整为第二问"人的本质与世界本质是什么关系"。那么作为形下具体的"人"，当然也是理气一体。"天理"体现在人的身上就是"人性"，"性即理也。"② 朱熹认为："性者，人之所得于天之理也。"③ 天道"继之者善，成之者性也"④，故而"人性本善"，人性和天理实乃为一，理学从性理关系的角度肯定了孟子的立场。

第三问"人怎样才能建成这样的社会"相应地变为"人怎样实现与世界最理想的关系"。这三问实际是分别对应"理学"的本体论、心性论和工夫论。理学家对《礼记》中的《大学》和《中庸》两篇特别重视，《大学》经过朱熹调整次序并作了格物补传之后，成为孔门垂教立德的门阶之书。《大学》用"三纲领"（明明德、亲民、止于至善）和"八条目"（格物、致知、诚意、正心、修身、齐家、治国、平天下），提供了一套步骤明确、操作性强的工夫理论。它强调个人道德修养的重要性，"内修"工夫是"外推"实践的前提。朱熹尤其重视"格物"，认为"格物"的目的不能仅仅停留在求知识之真的层面，而要通过"格物"来穷理尽性，明德之善，"下学上达""至于用力之久，而一旦豁然贯通焉，则众物之表里精粗无不到，而吾心之全体大用无不明矣。"⑤《中庸》哲学内涵深邃，其内容涉及心、性、情关系，以及"未发""不偏不倚""已发""无过不及""时中""庸常"等重要观念，被程朱认为是儒家秘传的"心法"，为理学建立抗衡佛、道的理论体系提供了坚实的基础。

儒家一直以来的观点认为，作为人的最高成就是"成圣成贤"。理学言明了人性与天理的关系，指出由于圣人气禀清轻，故圣人之心性与天理浑然一体，可以自然"行仁道"。而常人需要以圣人为榜样，通过做工夫来习得如何行道行仁。理学家发展了完整的工夫论，将"尊德性"和"道问学"并举，敬义夹持，明诚两进。格物致知，诚意正心，修身齐家，进而能治国，明明德于天下，亲民而止于至善。

朱熹将《大学》《中庸》《论语》与《孟子》合编为《四书》，并以毕生的精力，呕心沥血，为《四书》进行了注释和诠释，著成《四书章句集注》，将四书上下连贯传承为一体。朱熹认为"学问须以《大学》为先，次《论语》，次《孟子》，次《中庸》。某要人先读《大学》，以定其规模；次读《论语》，以立其根本；次读《孟子》，以观其发越；次读《中庸》，以求古人之微妙处"。⑥ 之后《四书》的儒家经典地位提高到与《五经》并论。明清的科举，均以《四书章句集注》作为题库和标准答案，对后世产生了深远而巨大的影响。

与朱熹同时的陆九渊则在理学体系里另开一脉，他和明代的王守仁（又名王阳明、王云），力主"心即理"，而非朱熹主张的"性即理"。陆九渊认为"宇宙便是吾心，吾心便

---

① 出自《朱子语类·卷一》。
② 出自《二程遗书·卷二十二》。
③ 朱熹：《四书章句集注》，中华书局，1983年，第332页。
④ 出自《周易·系辞上》。
⑤ 出自《大学章句》。
⑥ 出自《朱子语类·卷十四》。

是宇宙"[1]，主张"发明本心"，通过内心的自我反省和自我净化来实现对"理"的理解和道德的提升。在工夫修养方法上，认为朱熹"格物穷理"是"支离"的外求进路，应该"先立乎其大者"。王守仁更是将这一思想推向极致，提出"心外无理""心外无物"，应该"知行合一"，强调道德意识和实践的统一。他认为，人人都有成为圣人的潜能，只要遵从其本心而行，扩充自己本有的良知到最大限度，"自圣人以至于愚人，自一人之心以达于四海之远，自千古之前以至于万代之后，无有不同。是良知也者，是所谓'天下之大本'也"[2]，这就是"致良知"。宋明理学体系里，陆九渊、王守仁这一脉被后世称为"陆王心学"，以与"程朱理学"相区别。

宋明理学家通过创新，构建了严谨而极具思辨性的理论体系，把先前儒家所提出的伦理纲常上升到儒家本体论的高度，在哲学史上承前启后，具有举足轻重的地位。通过宋明理学的努力，儒家得到了全面复兴，并重新占据了中华文化的主导地位，至今仍在泽润滋养中国乃至东亚地区的思想文化。

课后赏析

作品名称：《大儒朱熹》电视纪录片
出品单位：福建省广电集团、福建省广播电视局
策划单位：中央广播电视总台、福建省委宣传部
导演：陈加伟
上映时间：2020 年
剧情介绍：朱熹一生忧国忧民，在战乱中出生成长，在逆境中任职施政，是孔孟之后的另一个儒家代表性人物。朱熹理学体系集前人之大成，并创新发展，从宋末至清代近八百年间一直处于主流思想地位，被官方认定为正统的哲学思想。同时，朱子学还传播到东亚，成为古代东亚文明的重要组成部分，并向东南亚、欧美国家辐射，产生世界性影响力。

课后思考

1. 如何看待朱熹对《四书》的重视？
2. 简述儒家和道家对"道"理解的异同。

---

[1] 出自《陆九渊集·卷三十六》。
[2] 出自《阳明全书·卷八·书朱守乾卷》。

第五章
经邦济世：富而有道

学习目标

1. 了解传统文化的经济学思想。
2. 理解道德和财富的关系。

能力目标

能运用传统文化思考现代经济问题。

经济学作为一门现代学科，主要受到西方思想文化的影响。虽然中国传统文化中没有单独的经济学学科，但是以修身、齐家、治国、平天下为核心的儒家思想文化蕴含着丰富而深刻的经济学思想。如何处理财富、人民与国家的关系，属于修齐治平之中的一件大事。经济学在汉语中的得名就是"经邦济世"的学问，这很大程度上受到了儒家思想文化的影响。儒家的经济学思想就不单单是在谈论财富，而是以儒家哲学为基础，涉及对人性和万物之性的理解，是努力构建良善的人间秩序的经邦济世之学。本章从德本财末、取之有道和富而后教三个角度阐述儒家经济学的基本思想，兼及法家等诸家的经济思想，并和西方经济学作出一些比较，回应现代经济生活中的一些问题。

第一节 德本财末

人是有形体的，所以，人要活着就必然有衣食住行之类的物质需求，人群的延续必然要有物质资料的生产、分配、交换、消费之类的活动，这是古往今来的一个常识。儒家思想承认人类需要物质财富才能生存下去，承认人的正当性的物质欲望。《尚书·洪范》八政中第一是"食"，第二是"货"，由此也可看出，粮食和各种生活用品都是人民生活所不可缺少的，也是政治治理的重要事务。

但是，理想的人和理想的社会除了需要物质财富的支撑，更需要精神财富的支撑，有对公平、正义、至善等道德价值的追求。在修身、齐家、治国、平天下的理想中，在理解物质财富和道德价值的关系中，儒家思想认为具有根本性地位的是德，物质财富只能处于从属地位。这就是儒家经济学的"德本财末"的基本思想,这一思想在中国传统文化中占据重要地位。

四书中的《大学》明确地提出了"德本财末"的说法。朱子在《四书章句集注》中把《大学》分为经一章和传十章,认为经的部分是孔子之言,传的部分是曾子的学生对曾子意思的记录。"德本财末"的思想出自《大学》传的第十章,也即解释治国平天下的部分:

是故君子先慎乎德。有德此有人,有人此有土,有土此有财,有财此有用。德者本也,财者末也。外本内末,争民施夺。是故财聚则民散,财散则民聚。是故言悖而出者,亦悖而入;货悖而入者,亦悖而出。

"君子先慎乎德"是说在治国平天下的纷繁芜杂的事务之中,道德的根本性和优先性。担负着治国平天下抱负和责任的君子,必须先修养自己的德行,而不是与人民争夺财富。《大学》此处说的"德"就是《大学》首章所说的"明德"。儒家哲学认为明德是上天赋予的,是每一个人都具有的。《大学》所说的"明德"就是孔子所说的"仁",就是孟子所说的至善的"本性"。人为了生存下去,必须追求生存所需的物质财富,这是正当的,但是对于物质欲望的过分追求,则有可能遮蔽人的至善的明德,所以就要修身、慎德。谈论治国、平天下,谈论处理财富和道德的关系,都离不开对人性的理解。"明德"是人同此心、心同此理的人的本性,所以君子慎德便能吸引天下的人到自己的国家生活。君子治下的人民越来越多,土地也就越来越多,国家的财富必须越来越多,各种政治措施便都能有财富支撑落实。对于良善的政治而言,德为先为本,财为后为末。如果上位者颠倒了德和财的先后本末的关系,把追求财富当成第一位的事情,那么必然与民争利,也会激发人民心中对财富的过度欲望。正所谓上行下效,上位者的喜好、行事方式等价值观对人民会产生潜移默化的重大作用。财富是人都想要的,但是人君以财为本,就不可能体贴和照顾到人民的正当生活对于物质财富的需要,导致人民生活的困难和社会秩序的混乱。人君如果把天下的大量财富聚敛到自己手里,那么人民手中的财富必然大量减少,生活困难,政府的威望和信誉都将无从谈起,此所谓"财聚则民散"。这就是儒家经济学的德本财末的基本逻辑。

德本财末的经济思想在《论语》《孟子》等儒家经典中也经常可以见到。《论语·季氏》中记录了孔子关于财富分配和政治安定之间关系的一段话:

丘也闻有国有家者,不患寡而患不均,不患贫而患不安。盖均无贫,和无寡,安无倾。夫如是,故远人不服,则修文德以来之。

此段话是孔子在批评弟子冉有不对季氏欲征伐颛臾的事情加以劝谏。"不患寡而患不均,不患贫而患不安",孔子的这句话非常有名,蕴含着德本财末的道理。如果按照朱子在《论语集注》中的注解,把这句话翻译成白话文,大意就是:不忧患自己境内人口数量少,而忧患上下不能各得其分;不忧患国家财富贫乏,而忧患上下不能相安。朱子在《论语集注》中还说道:"均则不患于贫而和,和则不患于寡而安,安则不相疑忌,而无倾覆之患。"孔子的意思,朱子对孔子的理解,都是在阐述理想的政治秩序不能放纵对于财富的欲望,而要在财富等方面的分配中做到各安其分。此处的"均"不是分配财富的平均主义大锅饭,历来注解《论语》的著名版本都不会如此理解孔子的意思。把"均"理解为平均主义,这种浅薄的思想,一般人尚且不会采用,何况古代聪明的圣人呢!朱子认为"均"是"各得其分"的意思,这个理解比较准确。当时的鲁国,季氏把持国政,鲁国国君反而没有可以管辖的百姓,这就是大夫和国君不能各得其分。鲁国君臣之间不能相安,互有疑忌，都担心将来有倾倒覆灭的祸患。季氏正是因为如此，才忧患财用贫乏和人民数量少，所以打算讨伐颛臾。按照孔子的理解，这种讨伐必定是不义之战。季氏执政的思想便是颠倒了德财之间的本末关系，而孔子向冉有指出：一种伟大的政治，必然是德本财末。只有施行德本财末的理念，才能实现财富分配的公正合理，实现上下相安。

在《孟子·尽心下》中，孟子说："诸侯之宝三：土地，人民，政事。宝珠玉者，殃必及身。"孟子指出诸侯如果想治理好国家，宝物不应该是珠玉这样的财富，而是土地、人民、政事。土地可以养活人民，处理各种政事也是为了安定人民。诸侯有三宝：土地、人民、政事，其中的人民是三宝中最重要的。"有德此有人"[1]，因而诸侯的修身慎德也是以民为本。

在四书五经这些儒家经典中，还有众多章节都能体现德本财末的经济思想，本部分仅举以上例子，不再一一赘述。从以上分析可见，儒家德本财末的思想不是专门的经济学思想，而是体现在修身、齐家、治国、平天下的儒家整体思想体系中，是建立在对人性深刻洞察基础上的伟大思想。

第二节　生财有道

儒家思想除了确立德本财末的基本经济原则，还对如何获取财富、使用财富、安定人民生活有大量具体的论述。儒家认为财富的获取要取之有道，批评不择手段获取财富的所有行为。

《大学》传的第十章如此说："生财有大道，生之者众，食之者寡，为之者疾，用之者舒，则财恒足矣。"这句话解释了生财大道的四个条件：生产财富的人众多，坐实俸禄的人较少，生产财富时高效、迅速，使用财富时能节制、舒缓，如此，则国家的财富不匮乏。《大学》的这段话体现了对生产财富和使用财富的深刻洞察。国家没有游手好闲的人，能参加生产劳动的人都在生产财富，自然可以创造很多财富。拿国家俸禄的人没有只占着官位而不尽职的人，也就是没有吃空饷的人。国家需要人民服徭役的时候，应该尽量避开农忙的时候，不能干扰人民的生产劳动，财富的生产就会高效迅速。国家在使用财富的时候要量入为出，不能铺张浪费。《大学》对生财大道的论述要求实现生产和消费的平衡，实现国家财富充足和人民生活安定的平衡，充分体现了儒家治国理财的智慧。

儒家的经济思想特别强调上位者要有对人民的仁爱之心，国家政权的各种政策不能给人民的生产和生活带来大的负担，要保证人民生产顺利和生活无忧，这些也都是生财大道的要求。孔子说："道千乘之国：敬事而信，节用而爱人，使民以时。"[2] 孔子认为国君要有对人民的爱，在财富的使用方面要节俭。国君如果奢侈浪费，必然劳民伤财，给人民的生活带来很多压力。"使民以时"就是使用民力要避开农忙季节，在农闲的时候才可以。

---

[1] 出自《礼记·大学》："有德此有人，有人此有土，有土此有财，有财此有用。德者本也，财者末也。外本内末，争民施夺。"这句话的意思是：有德行才能有人拥护，有人拥护才会有国土，有国土才会有财富，有财富才能供使用。德行是根本，财富是末事。如果轻根本而重末事，就会与民争利。

[2] 出自《论语·学而》。

"使民以时"既体现了对人民的仁爱，也是对农业生产规律的尊重。"节用""使民以时"都是要有"爱人"之心才能做到。孔子反对上位者通过横征暴敛的方式聚集财富。

鲁国的季氏通过聚敛的方式获得了大量财富，增加了鲁国百姓的赋税负担。孔子的弟子冉有当时是季氏的家臣，也协助了季氏聚敛财富。孔子严厉批评冉有，说道："非吾徒也。小子鸣鼓而攻之，可也。"① 季氏缺少对百姓的仁爱之心，通过加重人民负担聚敛财富。孔子对此非常厌恶，通过严厉批评弟子的方式表达了对季氏聚敛财富的不满。

古往今来的生产方式和生活方式有很多不同，但是在治理国家方面如何达成收取赋税和安定人民生活之间的平衡，没有什么不同。税收要合理，这是儒家一以贯之的经济学思想。孟子对此说道："有布缕之征，粟米之征，力役之征。君子用其一，缓其二。用其二而民有殍，用其三而父子离。"② 这句话的大意是："有征收布帛的赋税，有征收粮食的赋税，有征发人力的赋税。君子征收了其中一种，就缓征其他两种。同时征收两种，百姓就会有饿死；同时征收三种，父子就会骨肉离散。"孟子此章在讨论儒家经济学的仁政，政治的目标是让人民过上富足的生活，那就不可横征暴敛。基于当时的生产力，如果同时向人民征收两种，甚至三种赋税，必然让人民的生活陷入困顿，那就是苛政。仁君制定的古法征收赋税，取之有度，用之有节，一般在夏天征收布帛，秋天征收粟米，冬天征力役。国家只有向人民征收各种赋税，才能保证政权的各种用度，但是赋税的征收也要各以其时，考虑人民的承受限度。

古代的生产力水平远远不如现代，依据古代的生产力，政府收取赋税和安定人民生活之间的平衡往往就是什一税制。《孟子·滕文公上》中说："夏后氏五十而贡，殷人七十而助，周人百亩而彻，其实皆什一也。"就是说夏代每户耕种五十亩土地而实行贡法，商代每户耕种七十亩土地而实行助法，周代每户耕种一百亩土地而实行彻法，孟子认为三代的税率实质都是什一。什一的税率是当时生产力条件下，政府用度和人民生活的平衡点。在古代社会，国家主要的物质财富都是农业生产，而要确保什一税率下政府用度和人民生活的平衡，正经界③就是非常重要的事情。《孟子·滕文公上》中说："夫仁政，必自经界始。经界不正，井地不钧，谷禄不平。是故暴君污吏必慢其经界。经界既正，分田制禄可坐而定也。"周代实行井田制，"经界"就是治地分田，确定公田界限和每户私田的界限。田地界限清晰，那么豪强就不能兼并土地，国家向人民收取的赋税就有成法，可以抑制聚敛。所以，孟子给滕国的建议就是要先正经界，就能比较容易实现国家用度和人民生活的平衡。因为历史上最常出现的往往是国家用度过多，导致人民生活所需不足，但这并不意味着国家用度的不重要。《孟子·告子下》有这样的一段记载：

白圭曰："吾欲二十而取一，何如？"其为此论，盖欲以其术施之国家也。孟子曰："子之道，貉道也。万室之国，一人陶，则可乎？"曰："不可，器不足用也。"曰："夫貉，五谷不生，惟黍生之。无城郭、宫室、宗庙、祭祀之礼，无诸侯币帛饔飧，无百官有司，故二十取一而足也。今居中国，去人伦，无君子，如之何其可也？无君臣、祭祀、交

---

① 出自《论语·先进》。
② 出自《孟子·尽心下》。
③ "正经界"：指国家通过强制手段，整理确定不同土地所有者之间的土地疆界区限，以维护土地所有权的思想主张。经，界划丈量。界，田沟之类的界线。经界即土地所有权的地理标志。

际之礼，是去人伦；无百官有司，是无君子。陶以寡，且不可以为国，况无君子乎？欲轻之于尧舜之道者，大貉小貉也；欲重之于尧舜之道者，大桀小桀也。"

据《史记·货殖列传》记载，白圭这个人饮食简单，能够克制嗜好和欲望，与童仆一起同甘共苦。白圭"乐观时变"，坚持"人弃我取、人取我与"的经商名言，进而成为一个大商人。他想把自己的这一套经验用于治国，把通行的税收从什取一变为二十取一。孟子则认为白圭的观点是貉道，不适用于中国。貉就是北方夷狄之族，和中国（古时常以"中国"代指华夏族，因当时华夏族主要聚居地是中原地区）是两个不同的族群、不同的政权。孟子假设一个有一万户人口的国家，如果只有一个人制陶，那么显然陶器的供应会严重不足，以此来诘问白圭。然后，孟子进一步解释了为什么貉的税率可以这么低：貉族为北方寒冷的地区，五谷不生，只有黍能够生长，也没有城郭、宫室、宗庙和祭祀之礼，没有诸侯之间的礼物往来，没有饮食馈客的礼仪，更没有管理社会的官吏。因此，他们的生活成本相对较低，税率自然可以较低。但是，中国的情况与貉族完全不同。在中国，如果不要社会间的人伦关系，不要管理社会各方面的官吏，那么社会就无法正常运行。假如一个国家制陶的人太少，尚且不能维持一个国家日常对陶器的需要，更何况没有官吏来领导和管理国家呢？北方夷狄和中国的生产方式和生活方式不同，中国在物质生产方面比夷狄更为富足，在国家治理、人伦生活方面也有比夷狄更高的目标，那么税率自然不同。税收过高，将增加人民的经济负担；税收过低，社会将无法正常运行。对于夷狄和中国而言，如何在国家用度和人民生活之间达成平衡，这是不同的。所以，孟子认为对于中国而言，"欲轻之于尧舜之道者，大貉小貉也；欲重之于尧舜之道者，大桀小桀也"。[①] 尧舜之道就是圣人之道，就是儒家所说的仁政，孟子所说的王道政治。儒家对于国家用度和人民生活之间的平衡的思想，不仅仅是经济的角度，更注重人伦道德和君子的作用，指向更为高远的理想政治。

后世不少君主和官员在生产力水平没有大幅提升的情况下，巧立名目，向人民收取更高的税率。这一方面固然使公家财富更多，但是却使人民财富更少，这样的事情往往是儒家所不认同的。《论语·颜渊》中有这样一段话：

哀公问于有若曰："年饥，用不足，如之何？"有若对曰："盍彻乎？"曰："二，吾犹不足，如之何其彻也？"对曰："百姓足，君孰与不足？百姓不足，君孰与足？"

鲁哀公以年成不好、国家用度不足为理由，要向人民征收更多的税收，就想问问有若的看法，有若是孔子的弟子，当时的贤者。有若的回答看起来违背一般的认识，建议哀公实行周代圣王制定的"彻"制，即把税收降为什一。朱子《论语集注》解释道："彻，通也，均也。周制：一夫受田百亩，而与同沟共井之人通力合作，计亩均收。大率民得其九，公取其一，故谓之彻。鲁自宣公税亩，又逐亩什取其一，则为什而取二矣。故有若请但专行彻法，欲公节用以厚民也。"周代的什一税之所以叫作"彻"，是因为要从百亩田的总收成中平均计算，农民得九，公家取一。但是，鲁国从宣公开始实行了"初税亩"制

[①] 这句话的意思是：想使税率比尧舜之道还轻的，无非是大貉小貉。想使税率比尧舜之道还重的，则是大桀小桀了。大貉小貉：貉，我国古代北方民族名。相传貉族实行二十税一的税制。儒家认为尧舜之道为十税一，少于十税一的为行貉之道，进而称十四五税一为"大貉"，称十二三税一为"小貉"。大桀小桀：桀，即夏桀，夏朝末代君主，是个暴君。后用"大桀"和"小桀"比喻程度不同，本质一样的对百姓征收重税的暴君。

度，这实际是什二（从什取二）税制，这使得农民如今的税收比之前多一倍。这实际上就打破了国家用度和人民生活的平衡点，说明鲁国政府有不少不必要的开支用度。哀公想在什二税之上，进一步增加人民的税收，有若不仅不支持，反而希望哀公从什二税降低为什一税，重新达到国家安定和人民生活幸福的税收平衡点。这就必然要求哀公审视各项国家用度，削减不必要的支出。"节用以厚民"，既减轻了人民的负担，安定了人民的生活，也增加了人民生产的积极性，国家必然更加富足和安稳。有若的回答揭示了一个重要的政治和经济原理：国家的繁荣和君主的富足是建立在百姓富足的基础之上的。如果百姓的生活困顿，国家的经济就会衰退，君主的财富也会受到影响。因此，政策制定者应该优先考虑百姓的利益，通过减轻他们的负担，提高他们的生活水平，从而促进整个国家的繁荣。

国家用度与人民生活之间的关系，实际就是"君足"与"百姓足"的关系，是富国与富民之间的关系。两者之间的平衡点到底如何把握、如何权衡，从古至今都有不少争议。汉代有一次关于讨论二者平衡点的重要会议——盐铁会议。了解盐铁会议有助于我们更好地理解中国传统文化中的经济学思想，理解儒家的生财大道。

汉武帝时期，由于四处征战，人民的赋税负担比文景时期沉重很多。为了增加政府财政收入，汉武帝采用桑弘羊的盐铁专卖等经济政策，进一步加重了社会各阶层的经济负担。盐铁专卖政策引发了很多争议，由于国家牢牢控制了盐、铁、酒的生产和流通过程，使这些产业彻头彻尾地成了官衙生意，于是，便有了铁制生产工具质次价高、强买强卖等现象，加重了社会乱象。汉武帝晚年所写的《轮台诏》表达了对自己征伐匈奴、加重人民生活负担的悔恨，其中说道："当今务在禁苛暴，止擅赋，力本农，修马复令，以补缺，毋乏武备而已。"① 在这样的背景下，公元前81年，汉昭帝时期，由霍光组织召开了盐铁会议，参会人员包括御史大夫桑弘羊、丞相田千秋等政府官员，以及由各郡国选派的六十余名贤良文学②。

西汉桓宽根据盐铁会议的记录，整理为《盐铁论》（图5-1）一书。《盐铁论》卷一开篇说道："惟始元六年，有诏书使丞相、御史与所举贤良文学语。问民间所疾苦。"辩论的双方便是桑弘羊大夫和贤良文学，双方就汉武帝时期的各项政策，特别是盐铁专卖政策，进行了全面的辩论和总结。贤良文学们提出，盐铁官府垄断专营和"平准均输"等经济政策是造成百姓疾苦的主要

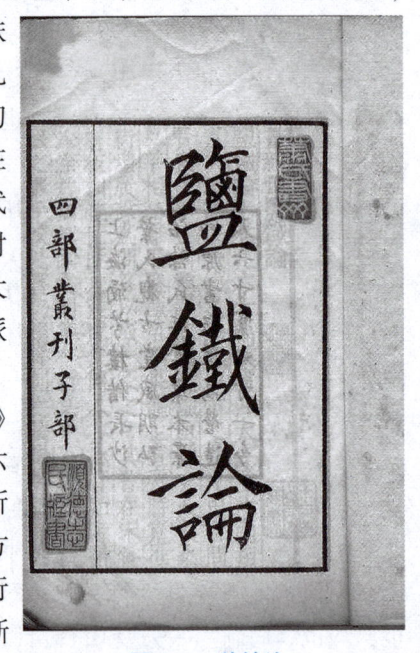

图5-1 盐铁论

---

① 出自《资治通鉴·汉纪》。
② 贤良文学：汉代选官取士的重要科目之一。贤良文学制度始于汉武帝时期，主要用于选拔那些通经达变之士，即品行端正且通晓儒经的人。例如：汉文帝十五年（公元前165年），晁错被选为贤良文学士，汉文帝下诏勉励、提问，晁错专门应对的奏疏被收录在《汉书·卷四十九·爰盎晁错传第十九》中，即《贤良文学对策》。
贤良文学的选拔过程主要通过察举制进行。察举制是依照皇帝诏令的规定，由公卿诸侯王、郡守等高级官吏举荐人才，送至朝廷，皇帝亲自过问并分别授以官职。贤良文学的选拔通常在特殊情况下进行，如灾异降临、冰雹虫害、瘟疫流行等，皇帝会下诏书求贤，征求意见，匡正过失。

原因，所以请求废除盐、铁和酒的官府专营，并取消均输官。此次会议的最主要目标就是"问民间所疾苦"。会议结束后，酒类专卖和部分地区的铁器专卖被取消。

贤良文学代表的是当时较为纯正的儒家思想，反对苛政和聚敛。桑弘羊被认为是"兴利之臣"，后世学者对他的整体评价都不高。司马光对桑弘羊的经济政策有如此评价："此乃桑弘羊欺武帝之言，司马迁书之以讥武帝之不明耳。天地所生货财百物，止有此数，不在民间，则在公家，桑弘羊能致国用之饶，不取于民将焉取之？"[①] 在经济发展水平短期之内没有大进步的前提下，国家四处征战，耗费巨大，仍然能够"致国用之饶"，必然是极大加重各阶层人民负担的结果。苏轼也曾严厉抨击过桑弘羊："自汉以来，学者耻言商鞅、桑弘羊，而世主独甘心焉，皆阳讳其名，而阴用其实。"[②] 苏轼把桑弘羊与商鞅并提，把两人皆归为法家的代表，两人的各种政策都是对百姓的苛待，所以汉朝以来的学者多以商鞅、桑弘羊为耻。苏轼也批评了后世没有仁爱之心的君主，他们嘴上不好意思赞扬二人，但是实行的政策却符合其思想，都是与民争利、苛待百姓。盐铁会议的精神反映了儒家经济学思想对汉朝政策的影响力，也在相当程度上匡正了汉武帝中后期造成的社会弊端。

从以上分析可以看出，儒家的生财大道不是聚敛财富式的经济学，不是以增加物质财富为第一位的经济学，而是要在国富和民富之间达成合乎道义的平衡，强调上位者的各种政策都应以德为本、以民为本，这才是真正的经济学大道。

第三节　富而后教

儒家经济学承认物质财富的重要性，但是也深刻认识到道德主宰财富对于构建良善的政治秩序的重要性，因而生财大道充盈着道德精神。儒家经济学的终点也不局限于西方经济学所理解的财富，而是要富而后教。《论语·子路》篇中的对话记载了孔子的富而后教的思想：

子适卫，冉有仆。子曰："庶矣哉！"冉有曰："既庶矣。又何加焉？"曰："富之。"曰："既富矣，又何加焉？"曰："教之。"

这段话记录了孔子到卫国去，冉有驾车随行。孔子看到卫国人口众多，于是感叹道："人口真是众多！"冉有请教："既然人口已经很多了，接下来应该做些什么呢？"孔子回答："使百姓富裕起来。"冉有继续请教："如果百姓都已经富裕起来了，那接下来还需要做些什么吗？"孔子进一步回答："对他们进行教化。"

孔子在此处表达了理想的政治所面临的任务——富而后教，孔子的经济学思想也蕴含在其中。儒家认为的理想政治不仅不反对富有，而要明确地追求富有。如果百姓人口众多，但是生活贫困，那么民生就必然不如意。"不患寡而患不均，不患贫而患不安"，这只是孔子退一步的表达；让百姓富起来，这是孔子在常态情势下的追求。四书五经这些儒家经典中记载的大量正经界、管理田地、反对聚敛的具体论述，就是为了让百姓富起来，为

---

① 出自《司马文正公集·迩英奏对》。
② 苏轼：《东坡志林》卷五，中华书局，1981年，第107-108页。

了顺遂民生。

但是，富起来之后，儒家的理想还远没有结束，还有更为重要的事情：教化。教化不是一个居高临下的傲慢的词汇，而是以人的本性为依据，想方设法激发百姓心中的至善的本性。《论语·里仁》中孔子说："见贤思齐，见不贤而内自省也。"[①] 这里哪有什么傲慢呢？不过是希望人们能向有德行的人学习，面对无德之人要自省，希望人们成为更好的自己。如果富而不教，人们对于很多道理不见得明白，那么人的生活就类似于禽兽了。所以，中国人非常重视学校，重视教育。学校教育不只是教给人知识、技能，更能教授为人处世的道理。

《孟子·滕文公上》中如此记录尧舜的时代："后稷教民稼穑，树艺五谷。五谷熟而民人育。人之有道也，饱食、暖衣、逸居而无教，则近于禽兽。圣人有忧之，使契为司徒，教以人伦：父子有亲，君臣有义，夫妇有别，长幼有序，朋友有信。"此句的大意是：尧舜时期，后稷教给百姓如何耕种庄稼，如何种植五谷。五谷成熟，人民的生活就有了保障，能够安定地生活和繁衍。但是，如果人仅仅满足于物质需要，吃得饱、穿得暖、住得舒服，但是缺乏道德教育和人文修养，那就近于禽兽。已经达到圣人境界的舜对此深为忧虑，就任命契担任司徒一职，负责教化百姓。教化的目标是让人能做到：父子之间亲爱关怀（父慈子孝），君臣之间有道义，夫妇之间应有分别（能承担各自的责任），长幼之间有秩序（兄友弟恭），朋友之间有诚信。这些人伦的目标都是依据人的本性而应当呈现的本真的情感表现。发源于西方的经济学缺少对人伦道德的追求，儒家的经济学却一定要表达出这种追求，这是儒家修齐治平的内在要求。

富而后教的理念为后来的儒家学者继承和弘扬。《孟子·梁惠王上》中载：

孟子曰："无恒产而有恒心者，惟士为能。若民，则无恒产，因无恒心。苟无恒心，放辟邪侈，无不为已。及陷于罪，然后从而刑之，是罔民也。"[②]

孟子此处认为没有固定的可以用来生存的资产却能保持坚定不移的向善之心，只有士人才能做到。因为受过教育的士人能够更好地明白道理，即使生活困难，也往往能更好地遵循内心的道理。对于没有读过书的普通民众来说，如果没有固定的产业带来的稳定的收入，就难以守护人所常有的向善之心。一旦他们失去了人所常有的向善之心，就可能走向放纵不法，什么不好的事都可能做得出来。待到他们犯下罪行，然后受到刑法惩罚，这实际上是对民众的一种陷害。孟子强调了"恒产"对于普通民众的重要性，认为稳定的经济基础是培养良好道德和社会秩序的前提条件。

然后，孟子强调了经济学意义上"制民之产"对于理想政治秩序的重要，他说："是故明君制民之产，必使仰足以事父母，俯足以畜妻子，乐岁终身饱，凶年免于死亡。然后驱而之善，故民之从之也轻。"[③] 明君管理国家应该要让百姓都有赖以生存的恒产，确保他们有基本的收入来赡养父母，也能养活妻子和子女。在丰收的好年景，百姓能够吃饱穿暖；在灾荒歉收的年份，也能免于饥饿死亡。当民众的基本生存得到有效保障后，君主再引导他们向善，教化百姓认识自己内心本然的良善，百姓就会更容易接受和遵循，因为良

[①] 这句话的意思是：看到有德行有才能的人，就要努力学习，向他看齐；见到没有德行的人，就要在内心反省自己是否也存在这种人同样的缺点，并及时修正自己的德行。

[②][③] 出自《孟子·梁惠王上》。

第五章 经邦济世：富而有道

善是人的内心本有的。

最后，孟子对如何制民之产以及教化方法做了简要的阐述：

五亩之宅，树之以桑，五十者可以衣帛矣；鸡豚狗彘之畜，无失其时，七十者可以食肉矣；百亩之田，勿夺其时，八口之家可以无饥矣；谨庠序之教，申之以孝悌之义，颁白者不负戴于道路矣。老者衣帛食肉，黎民不饥不寒，然而不王者，未之有也。①

每个家庭拥有五亩宅地，种植桑树，这样五十岁以上的老人就能穿上丝织品的衣服。因为五十岁左右的人身体渐渐衰老，穿丝织的衣服能够更好地保暖。家中饲养鸡、猪、狗等禽畜，按照时节进行饲养，就能保证七十岁以上的人经常吃上肉。因为古人认为七十岁以上的人，如果没有肉食，就不太容易吃得饱。每家拥有百亩的田地（依据孟子所说的井田制，每家可以获得百亩私田），只要政府保证使民以时，八口之家就能免于饥饿。孟子认为以上这些基本措施，就能确保百姓的基本生存需求。在此基础上，国家要注重学校的教育，向人民讲明白孝顺父母、敬爱兄长的道理，这样头发斑白的老人就不会再背负着重物在路上行走了。这就是在富民前提下的教化的基本措施，教化能兴发人民内心的良善，极大提升社会文明程度。当老人都能穿丝织的衣服、经常吃肉，普通民众不再饥饿挨冻，也就意味着国家政治既富裕了人民，又教育好了人民。这样的国君必然受到天下人民的拥护和爱戴，成为真正的王者。

"老者衣帛食肉，黎民不饥不寒"，这样的发展目标也许在现代的中国人看来太低了。但是，中国人真正彻底实现这样目标的时间也不过是改革开放以来的数十年而已。当然，古代中国主要是农耕社会，生产力无法和现代社会化大生产的工业社会相比，在制民之产的具体经济措施方面也没有现代社会复杂。现代社会工业门类繁杂繁多，经济体系运行机制的复杂程度和操作程度远超古代，所以现代人看来，孟子此处对制民之产的经济措施的阐述似乎有些简略。但是，无论古今，在儒家经济学看来，经济体系的正常运行都应当是为了让人民有恒产恒心，国家才能富强和文明，这是没有差别的。

以上是以孟子思想为例分析儒家富而后教的理念。荀子亦有类似的说法："不富无以养民情，不教无以理民性。故家五亩宅，百亩田，务其业而勿夺其时，所以富之也。"②思想学派较杂乱的《管子》一书有这样的说法："仓廪实则知礼节，衣食足则知荣辱"。《管子》中这句流传广泛的话也指出了"仓廪实""衣食足"这样的富民政策百姓是"知礼节""知荣辱"的前提。但是，要认识到"仓廪实"不是"知礼节"的充分条件，不是必然的，为富不仁的个人和群体也并不少见。"仓廪实"之后还有大量教化的事情要做，儒家富而后教的理念更为稳妥和周全。

孟子从"谨庠序之教，申之以孝悌之义"的角度，简要论及儒家的教化。孝悌是仁爱，也是义，是学校教育的一个重要目标。除了孝悌这一重要美德，儒家的学校教育，仁义教化，包含丰富而深邃的内容，其中和经济学紧密相关的一个命题便是义利之辨。个人及群体的义利观当然会极大程度影响社会的经济行为。以下对儒家的义利观做简要阐述，以便更好地比较孔门经济学和西方经济学。

---

① 出自《孟子·梁惠王上》。
② 出自《荀子·大略》。

孔子对待财富和道德的态度是不同的。《论语·述而》中孔子说:"富而可求也,虽执鞭之士,吾亦为之。如不可求,从吾所好。"如果富贵是可以追求的,即便是做执鞭的卑微工作,我也会去做。但如果富贵不是可以争当追求的,我宁愿遵从我所真正喜好的道德法则。一个人想要通过努力学习,获得一份养活自己的工作,这个不难,这也是正当的。但是,想要大富大贵,这就是不可追求的,因为有命。儒家不反对富贵,孔子还说过"富而好礼,贫而乐"①,张载说过"富贵福泽以厚吾生"。但是,儒家认为"死生有命,富贵在天",长寿还是短命,能否富贵,不是人努力追求就能得到的,不是取决于个人努力的事情。富贵是人之所欲,但非君子之所好。俗语"君子爱财,取之有道",只说对了一半,"取之有道"是对的,但是君子所爱是德行,而非财货。

孔子的弟子子贡才识高明,能够预料货物价格贵贱变化,是通过经商发了财的。《史记·货殖列传》如此记载子贡经商发财的事情:

子赣既学于仲尼,退而仕于卫,废著鬻财于曹、鲁之间,七十子之徒,赐最为饶益。原宪不厌糟糠,匿于穷巷。子贡结驷连骑,束帛之币以聘享诸侯,所至,国君无不分庭与之抗礼。夫使孔子名布扬于天下者,子贡先后之也。此所谓得势而益彰者乎?

"废著"就是低买高卖,子贡通过这样的方式发了财,是孔子的弟子中最富有的人。但是,对于子贡这样学于孔子的人,发财当然不是子贡的人生志向。

儒家承认经商对于社会的必要和正当,但并不会认为发财应当成为人的最高追求。当然,司马迁的《史记·货殖列传》有独特价值,因为记叙了从事货殖活动的杰出人物,以及他们的经商理念和经济活动,有利于今人了解古代的工商业发展,为现代发展经济提供借鉴。

道德和财富谁是第一位的,这是儒家义利之辨的一个重要意味。《论语·里仁》中孔子曾说:"君子喻于义,小人喻于利。"喻,就是知道;义,就是道义、天理;利,包括物质财富等,是人之所欲。"人之所欲"不能等同于"人之所好"。君子对于道理能够深知笃好,所以有杀身成仁、舍生取义的事情。如果以利益为第一位,人就只能贪生怕死、见利忘义了,那就不太像人了。《孟子》开篇第一章就是论义利之辨:

孟子见梁惠王。王曰:"叟不远千里而来,亦将有以利吾国乎",孟子对曰:"王何必曰利?亦有仁义而已矣。王曰:'何以利吾国?'大夫曰:'何以利吾家?'士庶人曰:'何以利吾身?'上下交征利而国危矣。万乘之国弑其君者,必千乘之家;千乘之国弑其君者,必百乘之家。万取千焉,千取百焉,不为不多矣。苟为后义而先利,不夺不餍。未有仁而遗其亲者也,未有义而后其君者也。王亦曰仁义而已矣,何必曰利?"

孟子周游到魏国,梁惠王劈头盖脸问他的第一个问题就是"以利吾国乎",估计孟子听后内心是失望的,但孟子对这个问题做了耐心而细致的回答。他说作为一国之君,不应只把利益放当成第一位的目的,而应该重视仁义之道。如果君主把逐利放在国家政事的第一位,那么各级官员也会竞相逐利,平民百姓也只知道求利,这样整个国家风气都会陷入逐利之争。"上下交征利而国危矣",征就是取的意思,上位者面对下位者只问利益,下位者面对上位者时也只有利益。眼中只有利益,对凡是没有好处的事情都不

---

① 出自《论语·学而》。

第五章 经邦济世：富而有道

做，对凡是有利益的事情都执行得很快。人对利益的欲望一旦放纵，那就是无穷无尽，不知道满足的。这就会发生大臣弑君、夺取利益的事情，必然国危。"未有仁而遗其亲者也，未有义而后其君者也"，孟子坚守孔子的思想，认为要以仁义为先。君主如果能躬行仁义而无求利之心，那么各级官员和百姓都会效仿他，也使得自己内心的仁义之心明亮起来。仁人不会丢下父母不管不问，以义为先的各级官员对君主尽忠职守，所以孟子认为仁义未尝不是利益。

教化不是把人身上没有的东西塞进人的内心，而是让人认识到人性中本有的善良，守护好人之所以为人的那份珍贵的心性。儒家经济学是建立在儒家哲学人性论基础上的学问，这不同于西方经济学。现代西方经济学体系是建立在"经济人"假说基础之上。"经济人"假设也称"自利人"假设或"理性人"假设，这种假设将人性中的利己性当成人的本性，当作经济学研究的前提假设，把经济活动仅仅视为人类利己行为的表现。"经济人"假设这一命题是亚当·斯密在《国富论》中提出来的。这本书中被广为引用的一段话是：

他通常确实无意于增进公共利益，也不知道自己增进了多少公共利益。他……只是想尽可能增加他自己的利益；结果，在这种场合，和其他许多场合一样，他宛如被一只看不见的手引导，增进了一个在其意图之外的目的。而且，社会也不会因为这个目的不在他意图之内而一定更糟。经由追求他自己的利益，他往往会比他真想增进社会利益时更有效地增进社会利益。

儒家承认人的生存需要物质财富，承认人的物质欲望有其正当性。泛泛而谈人性，人性可以包括利己的成分，这是人的欲望，但是不会被孔孟当成人的本性。人性中除了利己，也有利他，除了利益，更有仁义，这些方面往往是西方经济学所忽视或者看不到的。一个人"只是想尽可能增加他自己的利益"，基本不考虑他人的利益，这是怎么可能的呢？亚当·斯密在《国富论》中提出："经由追求他自己的利益，他往往会比他真想增进社会利益时更有效地增进社会利益。"笔者认为这个观点有点儿武断，如果一个人为了自己的私利而一再做出各种不择手段的损人利己行为，那么他在其间所产生的社会财富就是不正当、不可取的。西方经济学也要认识人性，但是要想达成对人性的准确认识，这超出了西方经济学的能力。

欲学习更多相关内容，请扫描查看延伸阅读5-1。

人类的历史中有变化，也有不变的常道。古往今来变化最大的就是外在的生产方式和生活方式，但是人性、人心、人的情感何尝没有变化呢？古人和今人都是人，人性无古今。生产方式和生活方式的变化会带来经济思想和制度的变化，但是无论如何变化，一种真正的经济学的最终目的都应当是经邦济世，在变动变化的历史和社会中，重

延伸阅读 5-1

新安定财富、人民和国家之间的关系，重新奠定良善的经济秩序，为造就良善的人和良善的社会助力。儒家经济学正是这样的经济学，其思想深度和广度不是西方经济学所能涵盖的：德本财末的大原则贯通于经济学的始终；生财大道也不为创造财富所局限，而是蕴含着一种伟大政治的可能；这种伟大的政治即是富而后教，儒家经济学的最终目的是要辅助每一个人成就其本然的人性，达成"治国、平天下"的理想秩序。

· 79 ·

拓展阅读

书名：《孔门理财学：孔子及其学派的经济思想》

作者：陈焕章

出版时间：2009 年

出版社：中央编译出版社

内容简介：本书是中国学者在西方刊行的第一部中国经济思想名著，也是迄今为止影响最大的一部。此书出版的第二年（1912 年），梅纳德·凯恩斯就在《经济学杂志》上专门为此书撰写书评；马克斯·韦伯在《儒教与道教》中把此书列为重要参考文献；熊彼特在其名著《经济分析史》中特意指出了此书对于经济学发展的重要性。

课后思考

1. 如何理解道德在经济活动中的作用和价值？
2. 如何理解致富和教化之间的关系？

第六章
表意万载：汉字汉语

学习目标

1. 掌握汉字的基本知识。
2. 认识表意汉字的特点和优势。

能力目标

能正确理解汉字汉语不仅是中华文化的载体，也是中华文化的一部分。

在其他古老的象形文字或消失或转向拼音文字之后，汉字却依旧保留了字形的表意功能。而且，自从汉字诞生之后，这种表意性从未中断，汉语的表意历数千年而经久不息。汉字也许并非最古老的文字，汉语也并非传播最广的语言，但汉字汉语表意万载，为这唯一不曾中断的中华文化提供可靠的载体。近代以来，中华文化面临着严重的威胁，作为载体的汉字汉语也多灾多难。要全面了解中华文化，不能不学习有关汉字汉语的基本知识，因为汉字汉语不仅是中华文化的载体，也构成中华文化的一部分。

第一节　仓颉六书与汉字流变

我们可能非常熟悉希腊神话中的普罗米修斯，他从众神那里偷取火种带给人类。这种神话是在传达对于使用火的巨大意义，人类对此有非常充分的认识。类似的传说在中国有作为三皇之一的燧人氏，教化百姓如何使用火。虽说火在今天的生活中变得稀松平常，却并不妨碍通过这种神话传说，唤起人类遥远的记忆。与此相比，我们对于文字的出现，可能就没那么容易重新进入这种意义的境域了。

一、仓颉作书

仔细琢磨火的使用与文字的发明，虽说火自带一种光明，很难再有一种东西比这种光明更为直观了，但文字对于人类而言，那种穿透黑暗的巨大力量，比起火的光明而言，可谓有过之而无不及。文字的光明更为深刻，对于人类文明也有着更为巨大的塑造作用；而且，不同于人类对于火的使用，文字的产生必定有一个从无到有的过程，这也意味着更具有震撼性。《淮南子·本经训》中就有记录："昔者仓颉作书，而天雨粟，鬼夜哭。"该句话非常生动地刻画出仓颉作书时出现的一种惊天地、泣鬼神的现象，以此表征仓颉作书对人类文明无与伦比的影响。

"天雨粟"（即天降粟米）和"鬼夜哭"（即鬼在黑夜中哭泣）并非虚说，据说前者象征物质文明的丰富，而后者则意味着神秘事物的隐退。必须要有文字的产生，才有可能带来物质文明的世代积累。三星堆文明最令人费解的地方不在于该文明本身有多发达，而在于缺乏文字的证据，这种文明如何可能形成累积？无法通过一代又一代的人积累，却又有着发达的文明，这是最不可思议的，由此可见文字对于推动物质文明那种根本不可或缺的地位。至于后者，火的光明驱散黑暗，让人不再心生恐惧，但这还只是针对有形的事物，只有文字才能驱散无形的黑暗。"鬼夜哭"非常形象地道出了文字给人类的精神带来了光明，使得鬼神在黑暗中没有了安身之处而哭泣。

仓颉作书并非停留在这种神话般的叙事上，而更为具体地落实为仓颉六书。可惜的是，以创造文字著称的仓颉，自己却没能留下任何文字。我们更为熟悉的是东汉许慎编撰了最早的汉语字典《说文解字》，仓颉六书也是通过许慎在序言中的记载而广为流传。六书是汉字的造字、用字之法，在介绍之前还需要先了解文字产生的基本脉络。在文字之前先有口头语的出现，《诗大序》所谓"情动于中而形于言"[1]，人心感物而动情，用口头语表达即言。但口头语言具有当下性，即说即逝，无法保存。文字则能将口头语言凝定下来得以流传，这种巨大的意义毋庸赘言。人的寿命不过百年，目之所视、足之所至都很有限，而凭借文字却可以穿越千年之遥、万里之远。尤其见字如面，知意会心，文字的作用远不只是作为符号传达信息那么简单。

二、文字与六书

文与字最早还有区分，根据许慎的看法："仓颉之初作书，盖依类象形，故谓之文。其后形声相益，即谓之字。字者，言孳乳而浸多也。著于竹帛谓之书，书者，如也。"[2]故"文"是最早的象形文字，几乎都是独体字。后来表达字形与读音的"文"相互组合，生出了越来越多的"字"，最后写在了竹帛等载体上即是"书"。但有如《周易·系辞下》所言，"书不尽言，言不尽意"，原本言与意之间就有距离，文字产生之后，又进一步产生了书与言之间的距离。作者的口头语言难以充分表达心中的意思，著于竹帛的文字又难以充分传达语言的意思，这就加剧了对作者原意的偏离。可见文字的产生虽然有巨大的意义，但传达含意的作用并非无限。正是基于这一点，像老子、庄子所代表的道家就特别突显语言文字的局限性，如《老子》开篇一句"道可道，非常道"，就把矛头直指对道的言说。

然而，即使难以尽意，却根本不可能无视语言文字的存在。领会作者之意必定不能悬空揣测，而终究要以文字为基础。在这个义务教育普及的时代，识文断字基本不成问题，只不过由于古今之间的巨大差异，阅读古书的时候还需要掌握专门的古代汉语知识。与此同时，学习汉字与汉语相关的基本知识，也是中华文化通识课必不可少的内容。

---

[1] 毛亨：《毛诗传笺》，郑玄笺，中华书局，2018年，第1页。
[2] 许慎：《说文解字（点校本）》，中华书局，2020年，第492页。

第六章　表意万载：汉字汉语

了解汉字无疑要从仓颉六书开始，许慎在《说文解字》序（图6-1）中说：

周礼：八岁入小学，保氏教国子，先以六书：一曰指事。指事者，视而可识，察而可见，"上""下"是也。二曰象形。象形者，画成其物，随体诘诎，"日""月"是也。三曰形声。形声者，以事为名，取譬相成，"江""河"是也。四曰会意。会意者，比类合谊，以见指㧑，"武""信"是也。五曰转注。转注者，建类一首，同意相受，"考""老"是也。六曰假借。假借者，本无其字，依声托事，"令""长"是也。①

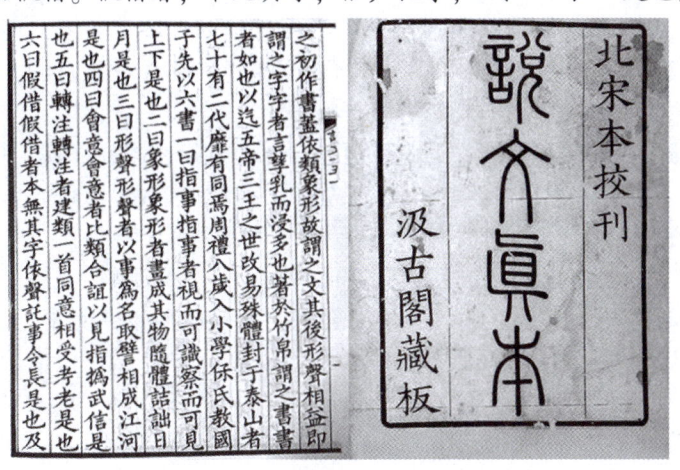

图6-1　说文解字

其后东汉班固根据造字法出现的先后，调整了六书顺序，定为象形、指事、会意、形声、转注和假借。前四者属于造字法，后两者属于用字法。"象形"属于最早的造字法，画出某物，笔画随其形体曲折，许慎以"日""月"为例。这种造字法主要适用于描画有形体之物，而难以刻画无形体的东西。从喜怒哀乐到虑知思省，从礼乐政刑到天道性命，都需要通过文字表达，造字方法必须随之演进。

指事是象形字加上相应的符号，特别指出其某一部分，看上去就能认识，仔细考察能知晓其含意，许慎以"上""下"为例。与此类似，"本""末"在"木"的根部与冠部分别添加一条线以表示树根与树梢，"刃"在刀口处添加一点表示刀刃，都属于指事字。但"指事"终究在"象形"的基础上稍作演进，不足以表达更复杂的意思。两个及以上有独立意义的字组合，共同使人领会更为复杂的含义，即"会意"。其与"指事"的本质区别在于：会意字都是合体字，其每一部分都独立成字，新字含义不沿袭某一部分字义，而由所有部分共同引申；但指事字几乎全部是独体字，在象形字上添加的符号只作指引，并无独立意义。许慎以"武""信"为例：由下部的"止"和上部的"戈"组成，能御止兵戈即为"武"；由左边的"人"和右边的"言"组成，人言之由衷，即为"信"。

从"象形"到"会意"，汉字能表达的字义愈见丰富。但仅由字形造字，能精确表达意义的事物终究有限，由此最后一种造字法"形声"逐渐被广泛使用。依据事物的大致义类取一个文字作为其"义符"，再取一个口语读音接近的字作为"声符"，组合起来构成新字即为"形声"。许慎举"江""河"为例："江"造字之初特指长江，"河"造字之初特指黄河，两者的义符是"水"，声符分别为"工"与"可"，标示口语大致读音。以义

---

① 许慎：《说文解字（点校本）》，中华书局，2020年，第492页。标点略有改动。

符与声符组成形声字，可以让人一见而知此字所指事物的大致义类与读音，再经由进一步学习知晓准确字义。"形声"可以在已有字符的基础上进行重组，这样就可以在不增加新字符的前提下，轻松造出新字，以指称层出不穷的新鲜事物，而不必担心汉字字形愈趋繁杂。故此，绝大多数后起汉字都是形声字，"形声"成为最常用而历久弥新的造字法，至今都还在运用。最为典型的例子就是清末全才徐寿用"石""气""金"等义符，再加上合适的声符，为新发现的化学元素确定译名。我们今天非常熟悉的"钠""钾""钙""锂""镍"等，便是徐寿新创造的形声字，用义符表示金属等类别，用声符音译西文的读法。徐寿的这种创字灵感，还与明朝皇室子孙的起名产生了一段趣闻。

欲学习更多相关内容，请扫描查看延伸阅读6-1。

仓颉六书中还有"转注"和"假借"两种，前者是指在同一部首下，两个字能够互训，许慎以"考""老"为例；后者则指在某事物尚未造字时，先借用读音相近的已有字，许慎以"令""长"为例。关于转注的界定，争议比较大。一般认为，不拘泥于是否同部首，只要义类相同，音近可转，字义互训者，均属转注。假借的例子，除了本为"发号"的"令"假借为时令之义，本为"久远"的"长"假借为年长之义，还有如"辟"本义为"法"，而偏邪、譬喻、回避等义先借"辟"字，后来又各自加上义符独立为"僻""譬""避"等字，与"辟"成为古今字。或如"背"因音近而借"倍"字，字根其实不同，即为"通假"。假借之后，若始终未造新字，假借义便会成为所假借字的引申义，汉字的一词多义现象即源于此。严格来说，这两种并未造出新字，不属于造字法，而更像用字之法。

延伸阅读6-1

有了以上仓颉六书的基本知识，对于古汉语中的许多汉字现象就容易理解多了。比如《论语》首章中的"学而时习之，不亦说乎"，我们一般都知道"说"通"悦"，但并不清楚为何存在这种现象。这其实就是仓颉六书中的"假借"，以"言"为义符的"说"字先造出来，一度被假借为愉悦之义。以"心"为义符的"悦"字，在假借"说"字一段时间后才又被造出来，由此形成这种通假现象。由于这种通假现象的存在，导致常常有人怀疑有的汉字是不是搞错了。比如成为一时谈资的"矮"和"射"，被认为字义搞反了，类似的还有"出"与"重"、"鱼"与"牛"等，这其实是由于不懂汉字字形的变化历程所导致。只掌握基本的造字法还远远不够，更主要还得尽可能多了解汉字的历史，其中就包括汉字的音变与形变。

三、汉字的音变与形变

掌握了形声的造字法，特别有利于识别汉字和理解字义，却不能简单地以形符训义，而以声符训音。不然认字认一边就是合理的，而不会是一种笑话。这是由于汉字的音与形都有着漫长的演变历史，其复杂程度使得汉字的音变过程形成了专门的音韵学，而形变历程构成了专门的文字学。就理解汉字的含义而言，象形、指事、会意适合以形训义，形声字虽然以形符训义为主，也需要有音训的辅助，因声符往往兼有表意之用。如"休"由形符"人"和声符"木"组成，前者提供了字义的线索，需要结合后者才能表达"休息"的意思。这种字义的训解又形成了专门的训诂学，其与文字学、音韵学分别针对汉字的形、音、义三要素，构成古代汉语的基础学科。

对于语音，我们熟悉的是现代拼音方案，对古今语音进行阶段性的划分，拼音方案解决的是现代音的注音问题。在此之前，汉语语音系统还大致经历了上古音、中古音和近古音几个阶段。其中上古音主要保存先秦典籍的韵语和谐声字，以《诗经》音系为代表。中古音以隋末唐初的《切韵》及其系统韵书所反映的语音系统为代表，而近古音则以元曲《中原音韵》为代表。在朗读古代诗歌时，可以十分明显地觉察到古今语音不同。如经常用来举例的《诗经·魏风·伐檀》："坎坎伐辐兮，寘之河之侧兮。河水清且直猗。不稼不穑，胡取禾三百亿兮？不狩不猎，胡瞻尔庭有悬特兮？彼君子兮，不素食兮。"今天已经读不出"辐、侧、直、亿、特、食"等字的押韵，但在上古音中这些字属于同一韵部。

现代的国语音系以北京方言为基础，采用罗马字母注音，也就是我们平时讲的普通话。在这种拼音通行前，汉字注音主要使用直音法与反切法。早期古注或字书以直音法注音，如某字读若某字、某字音某字。反切法出现于东汉，至唐、宋大盛，结合反切上字声母与反切下字韵母及音调共同注音，如某字某某反、某字某某切。看起来这种注音法并不复杂，也不难掌握，甚至比拼音方案简单多了。问题在于，注音字本身有着复杂的变化，至少需要知道该读上古音、中古音还是近古音，否则直接用普通话拼读就会出问题。如"费，芳未切，音沸"，碰巧还可以按普通话并读，而"六，音陆"就不行了。还有如"足，即玉切"，按普通话拼读就不对，更有如"磋，七多反"，则完全没法用普通话拼读。

汉字除了有语音上的复杂变化，字形上也经历了漫长的演变过程。一般认为，甲骨文是我们目前能见到的最早的成熟汉字，具体指殷商王朝用于占卜记事而在龟甲或兽骨上契刻的文字。较早的还有一种金文，是指铸刻在殷周青铜器上的文字，也叫钟鼎文，应用的年代上自商代的早期，下至秦灭六国，跨越一千多年的历史。大篆则是西周晚期普遍采用的文字，也指籀文、遗存石刻石鼓文，因其著录于字书《史籀篇》而得名。小篆则是秦始皇统一六国后，在秦国原来使用大篆籀文的基础上进行简化而成，一直使用到西汉末年，而作为刻制印章上的篆体则流传至今。此后就是汉代隶书的兴盛，其在篆书的基础上又进一步简化，以便于书写，这一过程通常被称作"隶变"。

"隶变"标志着古汉字向现代汉字的转变，与现代楷书已经差别不大，所以在今天的电脑系统中也是常见的字体。也正因为如此，我们在使用形训时，就不能简单地依据现在的字形，正如不能直接用普通话直接拼读反切一样，很多时候可能需要将字形上溯至小篆及以前。小篆字形细长，笔画圆转而多对称，粗细几乎没有变化，适应于雕刻书写。隶书则随着用毛笔书写于简牍之上，变得字体扁平，笔画方整，粗细变化明显。在由篆而隶的过程中，不少字根发生了形变。比如楷书中常见的"王字旁"，其实本应是"玉字旁"。最早的"王"与"玉"，小篆字体只有三横在笔画间隔上的区别。经历"隶变"之后，由于字体扁平而难以区分，才给"玉"加上一点以示区分。但作为部首的"玉"则并未加点，而让人误以为"王字旁"。如珍、珠、瑾、瑜、瑶、瑰等，都与"玉"有关，若以"王"为义符推求字义，就会茫然无措。另有"四点底"的字，其实都是"火字底"经"隶变"而成，如煮、熟、烹、热等，都需要以"火"为义符来理解。

隶书之后，汉字字形的演变过程还经历了楷书、草书、行书、宋体等，其中的楷书便是今天所用的手写标准字体，而宋体则是官方的印刷体，都为我们所熟知。草书主要成为书法字体，行书则介于楷书与草书之间，为了弥补楷书的书写速度太慢和草书的难于辨认而产生。相比而言，楷书实用性最强，行书兼具实用性和艺术性，草书则艺术性最高。

第二节　表意的方块字及汉字文化圈

对于汉字有了一些基本的认识之后，再将汉字置于全世界最古老的文明之中比较来看，有助于进一步加深对汉字文化的认识。人类古老的文字系统均脱胎于图画，而后形成表意文字。世界上最古老的几种文字系统除中国的汉字外，还包括苏美尔人的楔形文字、古埃及的圣书字和中美洲的玛雅文字。但只有汉字得以保留这种表意的象形文字，其他文字系统早已消失，或转向拼音文字。

一、表意汉字的优势

文字是语言的符号，而语言有语音和语义两个方面。在所有成熟的语言体系中，作为语言符号的文字都有音和义，而汉字则集形、音和义三者于一体。汉字有"形"，以形表意，是为表意的方块字，其他文字基本上属于表音的线性字母。拼音文字的特点和优势相当明显，通过字母组合直接表示语音，意味着根据发音就知道书写，反过来根据书写也知道读音。汉字就不行，写出来的汉字不一定记得读法，读出来的汉字又不一定记得写法。拼音文字字符相对直观，结构相对简单，显然更易于学习、使用和传播。尤其在计算机时代，一个小小的键盘装下二十六个字母，就足以输入任何语言文字而不增加学习成本了。如果把汉字拆分，分布在二十六个字母键上，就会形成一套复杂的汉字五笔输入法，需要经过好几个月的训练才能熟练输入。这直接导致五笔输入法的衰微，进而使得拼音输入法成为主流。

大概在一个世纪之前，中国人一度对汉字充满厌憎，而向往西方的拼音文字。在民国初年，汉字差点被废除掉，提出废除汉字的不乏各类国学大家。

欲学习更多相关内容，请扫描查看延伸阅读6-2。

延伸阅读6-2

西方的拼音文字成了文明的象征，而作为象形文字的汉字，则仿佛还带着数千年前的落后基因。于是将汉字拼音化的呼声甚嚣尘上，激进派要的不是汉字的注音方案，而是完全取消方块字，直接采用拼音文字。我们今天已经对这种激进的主张有过很多反思，但问题在于，明知拼音文字有着巨大的优势，仅仅隔靴搔痒地比较一下象形文字和拼音文字之间各有优劣，并不能真正解决问题。拼音文字自以为从象形文字的阶段进化而来，始终停留在象形文字阶段的汉字，就永远没有翻身的机会。

到底要获得怎样的认识才能成为汉字系统的加分项，让汉字有足够的底气面对拼音文字？想解决这个问题，并不是一件简单的事情。相对于表音的文字，表意的汉字有着更高的学习门槛，学习成本也会成倍增加。这种高成本却造就了汉字文化独特的巨大优势，即在时间上有着更为强大的传承力，在空间上有着更为强大的凝聚力。这正是由于汉字的传播可以不受发音的影响，无论各地的方言差异有多大，却可以识别共同的汉字。这种文化的塑造效果非常惊人，在时间长河之中通过典籍一代又一代地流传，确保子孙得以共享祖先的精神资源。当拼音文字摆脱字形的束缚而完全语音化时，我们很容易看到其易于传播的一面，却并未意识到当字符与语音捆绑在一起时，后者会构成另一种更大的束缚。

文字虽然有着音与义的统一，却无法与语音一起流传。语音其实特别容易受时空的束缚，在中国南方，"十里不同音"的现象十分普遍，虽然不至于出现十年不同音，却不难料想历史上的语音差别。相对于字形，语音缺乏一种跨越时空的稳定性，而有着难以克服的脆弱性。表音的文字系统意味着语音的这种脆弱性渗透到文字中，必然导致字符容易随着语音发生变化。西方的表音文字在使用和传播过程中，具有对语音变化的高度敏感性，由此导致语言的不同分化。欧盟地区有很多个语种，而中国的广大地区却能有统一的语言，这固然有着多方面的复杂原因，仅从文字本身的角度看，表音文字和表意文字的区别起着某种决定性的作用。汉字作为象形文字，相对于发音具有相对的独立性，这也意味着可以摆脱语音的束缚，在保持字形不变的前提下获得更为广阔的传播空间，以及更为久远的流传时间，此即通常所说汉字具有的超方言功能。

说起汉字的统一性，我们往往会习惯性追溯到秦始皇统一六国之后的"书同文"政策。古往今来，没有哪个帝王不想通过统一文字来加强统治，秦始皇做过的事许多其他帝王也做过。然而任何一个帝王都不可能统一天下的语音，这也就意味着表音的文字系统在统一的力度上非常受限制，而表意的文字系统可以突破这种限制而一统天下。而汉字本身的表意特性使得其在传播过程中不易发生变异，从而保障了语言的统一性。我们常说只有中国人才能直接读懂两千多年前的汉字，这固然非常直观地显示了中国文化的独特魅力，但实际上却是汉字在其中起到了决定性的作用。中国文化有着很强的延续性，也有着强大的凝聚力，而中国历史本身是一个多民族融合的过程，这都与统一的汉字密不可分。设想一下，来自不同民族的两支军队相遇，彼此之间语言不通，各种风俗习惯也非常不一样，很可能一言不合就干仗。但当发现对方读着与自己一样的书时，基本上就可以通过文字进行沟通与交流，直到达成一致意见，此时也就不存在纠纷与战争了。与此相反，其他文明历史上的各种宗教、种族冲突，很大程度上都可以归结为神圣经书的对立。而至少要有文字的统一，才有可能获得经书的一致性。

可以说，汉字作为世界上最古老的文字，还是世界上最科学、最灵动、最能启迪智慧、最有魅力的文字。它，值得我们永世传承，并发扬光大。

二、汉字文化圈的概况

有了这种基本认识，再看不到汉字保持着表意的特征而拥有无可比拟的优势，甚至依然自作聪明地视拼音文字为先进而自甘落后，那就未免太可笑了。我们往往很熟悉那些民国学人如何激烈地反传统，却未必了解这些人往往都有着深厚的国学功底。废除汉字只是一时之风气，有时代的裹挟，也有个人的意气。据说钱玄同后来在给胡适的一封信中表示，"回思数年前所发谬论，十之八九都成忏悔之资料。"很多民国学人回过神来，都有类似的感受。钱玄同有听过章太炎讲《说文解字注》《尔雅义疏》的成长经历，而吴稚晖更是精通许慎的《说文解字》，苦心研究中国古代文字的起源这种问题，他们都为汉字文化作出过重要贡献。以我们今天的基本常识来看，民国学人的这种极端主张未免令人感到困惑。汉字经受的这种冲击可谓空前绝后，要深入了解这一历程，必须同时了解以汉字为基础的整个学问体系的遭遇。

汉字从来不会以一种单纯的文字发生作用，当一种最基础的载体受到冲击时，也就意味着整个学问和文化体系都岌岌可危了，而这正是废除汉字呼声四起时的大背景。中国历史上延续了一千多年的经、史、子、集四部之学，到那个时候便彻底终结，代之以我们今天更为熟悉的"七科之学"，即文、理、法、农、工、商、医七科。假如有人对于经、史、子、集的分类名称并不感到陌生，大概由于这也是传统图书的分类法，可以囊括中国古代所有的汉字典籍。随着新的学科体系逐步建立，这些汉字典籍的分类方式也不得不完全重置。这种全新的学科门类是受西方文化影响的结果，为了感受汉字在当时的艰难处境，以下特简述一下由"四部之学"到"七科之学"的转变过程。

光绪二十七年（1901年），张之洞奏请朝廷降旨改革科举，讲求实学。清政府随后谕令全国，自第二年起，废除八股程式，乡试和会试等都考策论，并停止武科。同时，令天下所有书院改称为"学堂"，各省在省城设立大学堂，各府及直隶州设立中学堂，各州县设立小学堂。学习内容以四书五经和纲常大义为主，以历代史鉴及中外政治艺学为辅。光绪三十一年（1905年），清政府又依准袁世凯和张之洞等人的奏请，宣布自第二年起，乡试、会试和科举一律停止。与这种科举和教育制度上的改革相应，在知识体系上也有巨大的变革。从京师大学堂开始引进学科制度，改中国古代的"四部之学"为"七科之学"，此举的施行，奠定了中国现代学术分类的基础。在晚清学术分科和知识体系确立中，张之洞的"七科之学"为经学、史学、格致学、政治学、兵学、农学、工学，张百熙的"七科之学"为政治、文学科、格致科、农业科、工艺科、商务科、医术科。最后以蔡元培为总长的教育部明令取消经学科，分文、理、法、商、医、农、工七科，终结了经学时代，宣告近代西方学术体系在中国的确立，中国本有的学术体系从此退出历史舞台。

身处这样一种剧烈变动的时代，便不难理解以上变革举措给民国学人带来的某种文化幻灭感，他们于是干脆釜底抽薪，将反叛的矛头直指汉字本身。而当许多民国学人不再年轻气盛，一旦进入文化的深处，以一个文化人自处时，便自然而然地感受到延续数千年而不绝的汉字的强大生命力。他们因此在中华文化最低谷的时候，反而能持一种保守主义的立场加以捍卫。

了解传统学问体系的变迁，不仅有助于理解民国学人的态度，更在于说明汉字文化圈的情境。我们今天所谓的汉字文化圈，除了包括中国大陆和港澳台地区，还包括新加坡、日本、韩国和越南等东南亚国家。汉字早在西汉时期，就开始由中国本土向外传播，显示了作为象形文字的强大传播能力。不过文字从来都不会单独传播，而是作为文化传播的载体。从西汉开始的文化传播曾经在历史上形成了强大的中华文化圈，如今却蜕变成汉字文化圈。这一历史过程与民国学人经历传统学科体系的崩溃大体同步，整体上都是西方文化向东南亚国家进行殖民扩张、挤压中华文化生存空间的结果。

在历史上，日本、越南和朝鲜半岛都属于中华文化圈的范围，中华文化也不同程度地影响着其他东南亚国家和地区。在西方国家的殖民扩张过程中，受西方文化的强烈影响，日本在明治维新后废除了汉字，转而采用假名文字；韩国在整个20世纪都在努力废除汉字的使用，鼓励采用韩文；越南在20世纪初开始使用拉丁字母书写系统，汉字逐渐退出官方书写体系。这些国家废除汉字绝不仅仅针对文字本身，而是为了摆脱中华文化而迎向西方文化采取的釜底抽薪的做法。在废除汉字之后纷纷使用本国语言，最终的结果是成功阻断了中华文化圈，但汉字却并未彻底消除，在如今的日语和韩语中仍然保留了许多汉字，只不过不再使用汉语，更与中华文化相隔绝。这也是很难再称作中华文化圈的原因，连汉语文化圈都算不上，却不妨继续称为汉字文化圈。这一现象充分说明，汉字作为中华文化的载体，自身具有相当的独立性。虽然发音已经完全不同，乃至变成其他语言的文字，汉字却依旧可以顽强地延续下来。这对于拼音文字来说不可想象，而这再一次充分说明了汉字作为象形文字的巨大优势。

如今各个民族国家都在积极推广本国语言，以加强本民族的凝聚力，这自然无可厚非。正是在这种大背景下，可以通过汉字形成一种文化圈，成为联结各民族国家和地区之间的纽带。虽然越南、日本和朝鲜半岛等国家和地区已经废除了汉字，但汉字的影响力依然存在，未来完全有可能发挥更大的作用，最近这些年开始出现恢复使用汉字的呼声就是明证。除此之外，还有包括像马来西亚、印度尼西亚、菲律宾、缅甸、泰国等国家的华人社区，一直在使用汉字，而新加坡在推广汉字上还表现得相当积极。随着中国大陆地区的经济实力越来越强，如同传统文化随着古代的丝绸之路传播到远方一样，现代中国倡议的"一带一路"也必然伴随着中华文化的传播而被传之久远。越来越多国家的人民愿意识汉字、学汉语，汉字作为联结各国人民的纽带，其力量也会不断增强，能带动中华文化在国际上发挥更为重大的作用。

第三节　汉字化繁为简与汉语由简入繁的双重变奏

在那个剧烈变动的年代，民国学人的各种折腾，既让汉字不可避免地受到巨大冲击，其实也有很积极的应对。这种应对主要包括两个方面，一是制作注音方案，二是简化汉字字形。这两者都经历了一个很长的过程，而并非一蹴而就。汉字本身不可能被拉丁字母化，但注音方式可以采用字母。最早的罗马字母注音方案有很多种，由北洋政府教育部于1918年发布的"国语注音符号第一式"则采用专门的注音符号，基于汉字偏旁的简化形式，最早由章太炎一手创造，后来历经多次修订。1958年由全国人大公布的"汉语拼音方案"延续的是罗马字母方案，1982年被国际标准化组织（ISO）采纳为国际标准，成为国际上拼写汉语的统一规范。除了中国大陆，目前大部分海外华人地区也在汉语教学中采用。现代汉语拼音方案为推广普通话无疑起到了巨大的推动作用，这一方面固然有西方文化的直接影响，而另一方面汉字自身也同样包含了表音的部分。因为，在一定程度上来讲，当年由"切音字运动"开始的整个拼音化思潮，也有清代小学重视"因声求义"理论的某种渊源。

一、汉字简化

伴随着注音方案的推动，同时开展的还有汉字字形的简化运动。与各种各样的注音方案相类似，最早提出的汉字简化方案亦可谓五花八门。我们现代熟悉的简体字系统主要由国务院在1956年通过的《汉字简化方案》所奠定，在此之前还有1955年由文化部和中国文字改革委员会联合发布的《第一批异体字整理表》，以及在此之后1964年中国文字改革委员会出版的《简化字总表》。与此相关的还有1986年发布的《印刷通用汉字字形表》，2013年公布的《通用规范汉字表》等。现在通行的简化字，有着不同的简化方法，其中包括：采用形体相对简单的古字，如古字有"云"和"雲"、"电"和"電"并用；使用原有笔画简单的古字代替一个或几个音同或音近的正体字，如以"几"代"幾"、以"后"代"後"；草书楷化，如正楷字"專"和"東"，在草书中往往写成"专"和

"东";更多的是用相对简单的声旁替代形声字的声符,如"远"取代"遠"、"辽"取代"遼"、"迁"取代"遷";用相对简单的符号代替复杂的偏旁,如"观"取代"觀"、"戏"取代"戲"、"岁"取代"歲";保留原字形的一部分,如"习"之于"習"、"声"之于"聲"、"医"之于"醫"等;保留原字轮廓,如"龟"之于"龜"、"虑"之于"慮"、"爱"之于"愛"等。了解具体的简化方法,也有助于我们更好地认识简化字与正体字之间的渊源。

汉字简化当然不只是受西方文化影响之后才有的现象,而是自古以来就一直存在。中国历史上的字体变化,同时也包含着字形的简化。直到"隶变"之后的字体才与现代正楷字比较接近,此前的字形要繁复得多。此后民间也在不断地自发使用各种的简化字,以至于历代朝廷需要通过编写"字书"颁定规范汉字。自南北朝以来,就出现了笔画较少的俗体字,如现存的元代刻本《水浒传》中,就已经出现俗体字"刘",而不是正体字"劉";到了宋元时期,俗体字就已经大量出现。可见,现代的简化字也有其自身的历史渊源,不全是时代的情势使然。虽然我们今天学的是简体字,也要尽可能掌握正(繁)体字,至少要能认得全。在电脑技术的帮助之下,简体与正(繁)体的转换非常方便,绝大多数汉字的转换可以一键完成,不过也有少量汉字容易混用,要特别注意区分。

由于在简化过程中对诸多汉字做了合并处理,这就使得再转换为正(繁)体字时,需要根据字的具体含义才能确定相应的字形。比较常见而又容易出错的诸如:

"云"(说话之意)与"雲"(云朵),"后"(皇后)与"後"(前后),"几"(茶几)与"幾"(几个),"里"(地方单位)与"裏"(里面),"干"(若干、干支、干涉)与"幹"(幹活),"丑"(干支名称)与"醜"(丑陋),"才"(人才)与"纔"(刚才),"斗"(星斗)与"鬥"(斗争),"谷"(山谷)与"穀"(稻谷),"面"(面貌)与"麵"(面粉),"咸"(咸池、咸丰)与"鹹"(咸味),"余"(第一人称)与"餘"(剩余),"舍"(宿舍)与"捨"(舍弃),"御"(御用)与"禦"(防御),"制"(王制)与"製"(制作),"曲"(歌曲、弯曲)与"麯"(曲酒),"征"(征途)与"徵"(征集),"卜"(卜卦)与"蔔"(萝卜),"仆"(前仆后继)与"僕"(公仆),"松"(松树)与"鬆"(放松),"卷"(书卷)与"捲"(卷帘),"郁"(文采郁郁)与"鬱"(郁郁葱葱),"台"(天台)与"臺"(舞台),"价"(价jiè人)与"價"(价格),"漓"(淋漓)与"灕"(漓江),等等。还有一些是作为专有名词时的情形,如:"范"(姓氏)与"範"(典范),"种"(姓氏)与"種"(种子),"万"(姓氏万俟 mò qí)与"萬"(千万),"并"(古地名并州)与"並"(并且),"朴"(书名《抱朴子》)与"樸"(朴素),"于"(匈奴单于)与"於"(等于),"叶"(叶 xié 韵)与"葉"(树叶),等等。

除此之外,简体字与正体字之间还有其他一些更为复杂的情形。有的简体字对应不同的正体字,一些正体字有含义上的区分,如"尽"有"儘"(尽管)与"盡"(尽头),"复"有"復"(反复其道)与"複"(复杂、重复),"历"有"歷"(经历)与"曆"(黄历);而一些正体字无特别的区分,如"为"有"為"与"爲","么"有"麼"与"麽","里"有"裡"与"裏","汇"有"匯"与"彙"。另有如"系"有"繫"与"係","只"有"衹"与"隻",而"系"与"只"本身又是古字,其间的应用情形就更复杂。以上只是部分列举,而不可能穷尽。我们也许很难完全记住各种不同的情形,但有了一定的了解之后,就能认识到在简体字与正(繁)体字进行转换的时候,并非简单的一

第六章 表意万载：汉字汉语

一对应关系，而需要多留一个心眼，对其中的有些汉字务必通过查询予以确认，以免闹出笑话。

虽说汉字的简化有着某种历史的必然性，但同时也要意识到，在追求汉字书写方便而简化，与尽可能充分保持汉字的表意性之间，存在着一种极大的张力。在某种意义上，甚至可以说，汉字的每一次简化都以不同程度地损害汉字的表意性为代价。文字的书写、学习和传播要求字形尽可能简化，正是因为秉持着这条硬道理，使得其他象形文字最终转向了拼音文字。汉字既然以自身的方式保留了表意的字形，就得首要地考虑表意的完整性，而不能被西方的拼音文字带偏了方向。我们需要充分意识到，现行的简体字使得汉字的表意性整体上减弱了许多。比如，会意字"掃"简化为"扫"，从"帚"这一表意的象形作用就消失了。而"養"简化为"养"，从"食"这一表意作用也无从体现。"買""賣"简化为"买""卖"，从"貝"这一古老货币的表意作用也找不着了。有的简体字同时破坏了原有形声结构中的表意和表音作用，如"蘭"简化为"兰"，从"艸"的表意和从"闌"的表音都没有了着落，类似的有"嘗"简化为"尝"，"頭"简化为"头"，等等。好在这种趋势还不算极端，汉字的简化在其推广和普及上无疑发挥了巨大的作用。

汉字的表意功能趋向于相对复杂的字形，而汉字的表音系统也有着自身的渊源，两者之间的平衡有着自身的演变规律。在西方表音文字的影响下，尤其自带一种拼音系统的先进性意识，就难免打破汉字自身的发展节奏，向表音的方向突飞猛进，出现过度追求汉字简化的现象。化繁为简的激进方案，严重损害了汉字作为象形文字的定位，而屈就于拼音文字，这也是1977年发布的《第二次汉字简化方案（草案）》最终被叫停的根本原因。一味追求汉字的简化意味着一种简单而粗暴的逻辑，即越简单就越有利于应用，或者时代的发展要求化繁为简，才能更好地适应快速的变化。事实证明这种逻辑很有问题，当我们在追求汉字的简化以便于书写时，却猛然发现电脑的输入对于汉字的繁简根本就不敏感了。还有一种现象更加诡异：我们在追求汉字化繁为简的同时，却又使得汉语由简入繁。如今我们的汉字从未如此简化，而我们的汉语也从未如此繁杂、冗长。

二、由简入繁的汉语

我们但凡有过学习文言文的经历，就不难认识到古代汉语句式简洁、句法紧凑而意蕴丰厚。而我们今天熟悉的现代汉语写作，就源于当年的那场白话文运动。1919年五四运动前后，一场旨在革新书面语，以白话文代替文言文的运动从北京推向全国。运动的重要阵地是陈独秀主编的《新青年》，首先倡导这场革命的是胡适和陈独秀。1917年，《新青年》发表了当时还在美国留学的胡适写给陈独秀的信，信中提出了作为文学革命写作要点的"八事"。陈独秀支持胡适的主张，并且在《新青年》上发表《文学革命论》，打起"文学革命"的大旗。继胡适、陈独秀之后，钱玄同、刘半农等人起来响应文学革命并积极主张推行"言文一致"的白话文。《新青年》发表了钱玄同致陈独秀的信，赞同胡适的《文学改良刍议》，刘半农在《新青年》上发表《我之文学改良观》。1918年5月，为了实践自己的主张，《新青年》自第四卷第一号起完全改用白话，后来又刊登了鲁迅的第一篇白话小说《狂人日记》，接着是《孔乙己》《药》。1920年，北洋政府教育部要求小学一、二年级自当年秋季始，要用白话文取代文言文，随后又废除小学文言文教科书，白话文被定为国语。

就繁简程度而言，以白话文取代文言文，明显属于汉语由简入繁的表现。虽然这并非不能理解，现代汉语想要表达得更为直白和通俗易懂，就必须增加多音节词汇并加长语句，目的还是推广和普及，让更多的人易于阅读和写作。这至少说明，简与繁的区别并非问题的关键，只要不陷入越简化就越便于应用的粗暴逻辑，汉字的化繁为简与汉语的由简入繁这种双重变奏其实并不矛盾。不过，既然汉字在化繁为简的方向上出现了过度简化的问题，则汉语在由简入繁的方向上也可能出现过度繁杂的问题。这个问题的具体表现便是现代汉语的"翻译体"现象，而问题的症结又出在西方语言尤其英语的影响上。白话文取代文言文或许还并不成为问题，但现代汉语陷入"翻译体"的问题却非常严重，乃至属于汉语的自我阉割。

"翻译体"不仅体现在外文翻译的过程中，更主要表现在平时的汉语写作中。从事外文翻译的人并不多，但阅读翻译作品的人却相当多。由于习惯了阅读翻译作品的语句，导致平时进行汉语写作时，也都自觉不自觉地受翻译句式的影响。这种过度模仿外语的语法结构、词汇用法和表达习惯的汉语表达，便属于"翻译体"，这种做法直接导致汉语缺失了自身的流畅性，变得非常不地道。具体表现在语法结构方面，句子的构造常常采用外语的长句式，无视汉语的简洁和对称美，或者过度使用外语中常见的被动语态；词汇翻译方面，有些词汇直接从外语中借用，没有经过适当的"汉化"处理，难以融入汉语的语境和文化背景；表达习惯方面，过度使用汉语中并不必要的系词、连接词和介词等，有违言简意赅的汉语风格。

对"翻译体"现象有了充分的认识，才能有意识地在汉语写作过程中予以克服。造成现代汉语"翻译体"现象的原因可能很复杂，如何应对也并非一朝一夕可以完成的。不管找出多少原因来，归根结底还在于崇拜外文的句式和语法。就像羡慕西方的拼音文字更先进一样，西方语言的语法和句式也显得更科学。与汉语相比，具体表现在语法规则更严格，句式也更为严谨，由此也意味着作为一种语言，在反映客观世界的认识时显得更为精准。以某种科学的眼光而论，这种印象也不算错。由于汉语并非一种概念式的语言，很多学者曾经就为中国哲学的概念内涵不确定、外延不清晰而感到非常恼火。与概念的情形相类似，汉语也是语法规则不严格，句式灵活多变。就追求一种精准地反映客观世界的效果而言，汉语确实显得没那么科学。

拼音文字追求一种精准的反映，文字本身完全丧失表意功能，也就意味着在反映客观世界的认识上，让自身变得透明如同一面镜子，而尽可能不干扰对世界的表征。当拼音文字不反映客观世界时，文字本身如同镜子一般，里面就空无一物。只有达到这种效果，才能在认识客观世界时，可以做到如同镜子一样精准地反映。这正是西方传统认识论的基本诉求。但问题在于，存在这样一种客观世界，需要我们的语言如同一面镜子一般，将这个世界反映出来吗？现代西方哲学以不同方式质疑这种传统认识论的诉求，前沿科学也已经推翻这样一种确定的客观世界。这当然不是否认世界的客观性，但对客观世界的认识从一开始就与语言交织在一起。既不存在与语言无关的客观世界，也不可能有如镜子一般的语言工具。在这个意义上，那种认为西方语言显得更加科学的看法并不成立，最多就是在反映客观世界上有着自身的特色。

对语言与世界的关系获得这样一种认识，就可以重新理解汉语与客观事物的关系。汉字作为象形文字，自身就带着表意功能，在反映客观事物时，看起来没有拼音文字那么透明。不过，汉语在不反映客观事物时，本身并非空无一物，而带有表意性，这其实意味着汉语并不将自身理解为一种工具，其与世界的关系显得更为密切，也更为融洽。可见，汉语以自己的方式形成与这个世界的关系，完全有底气保持语言上的简洁、紧凑与对称，达到言简意赅而意蕴丰厚的效果，不需要追随西方语言的规则。这并非反对现代汉语受西方语言的影响，不同程度的影响已经成为既定的事实，但汉语仍然还有回归自身独立性的巨大空间。当务之急便是最大限度地摆脱"翻译体"的现象，避免汉语表达陷入越来越繁杂、冗长的地步。

总之，汉字化繁为简与汉语由简入繁的双重变奏，都有着某种历史的必然性，却也不能无视其中的人为造作带来的巨大问题。我们必须对这一切发生着的历史过程抱有清醒的认识，自觉地维护好汉字汉语的表意功能，而继续传承和弘扬汉字汉语表达的中华文化。

拓展阅读

书名：《古代汉语》
作者：曾海军、李秋莎
出版时间：2024 年
出版社：四川大学出版社
内容简介：对于非文史专业的学生，若想要达到顺利通读大部分古代典籍的目的，就需要在高中文言文水平之上再接受适当的古代汉语方面的训练。但限于时间和精力，他们不能设置像文史专业那样多个学期的课程，也不需要接受那么全面和细致的古汉语知识。虽然市面上也有相对精简的古代汉语教材，却是那种系统性的精简。这本古代汉语的教材的编写，便是充分考虑了以上因素，具体针对非文史专业的学生，并略微偏重哲学方向。首先考虑课程量的大小，同时充分结合非文史专业的特点，从文选编排上将古代汉语的语法和文化常识整合到文选当中，这样既能减少课程量，同时又能有针对性地提供最必要的古汉语知识。其中的每一篇选文，也可作为学生了解中华文化的一扇窗口。

课后思考

1. 汉字的音变与形变有哪些具体表现？掌握音与形的变化有什么作用？
2. 汉字作为表意的方块字具有哪些优势？并谈谈你对这些优势的理解。
3. 你是否了解现代汉语表达的"翻译体"现象？具体可以从哪些方面克服这一现象？

第七章
一脉不绝：典籍构建的永恒

学习目标

1. 通过学习中国古代典籍保存形态的变化，理解中华文明的演进。通过了解典籍的聚散与存亡，看到接续文脉的艰难，以及人们为不丧斯文而付出的努力。

2. 通过学习古代典籍分类方法，大致了解我国的典籍部类及大要。通过了解孔子删述《六经》的工作及《六经》作为经、史、子、集四部的核心，理解中国历史上的典籍虽卷帙浩繁，但却如木之有本、水之有源，始终保持一脉而不绝。

能力目标

能形成接续文脉的责任与担当意识。

"文献"一词，最初见于《论语·八佾》：

子曰："夏礼吾能言之，杞不足征也；殷礼吾能言之，宋不足征也。文献不足故也。足则吾能征之矣。"[①]

对于孔子，"能言"夏礼与殷礼，而"不足征"于杞、宋两国之礼，这在于是否有存世"文献"可考证。

朱熹《论语集注》："文，典籍也。献，贤也。言二代之礼，我能言之，而二国不足取以为证，以其文献不足故也。文献若足，则我能取之以证吾言矣。"这里的"文献"可以视作考察历史问题的材料，包括典籍和贤人。依朱熹之意，"文"是书本记载，"献"是人物言行，此二者乃夏商二代礼制之佐证，有文献则孔子便能畅言二代之礼，无之则言之不信。但人生一世，不过百年，问询历史故旧于贤者，所得总是有限。因此，典籍对于文明之绵延、文化之接续，意义尤显重大。

[①] 孔子说："夏朝的礼，我能说出来，（但是它的后代）杞国不足以证明我的话；殷朝的礼，我能说出来，（但它的后代）宋国不足以证明我的话。这都是由于文字资料和熟悉夏礼和殷礼的人不足的缘故。如果足够的话，我就可以得到证明了。"这段话表明两个问题：第一，孔子对夏商周代的礼仪制度等非常熟悉，他希望人们都能恪守礼的规范，可惜当时僭礼的人实在太多了；第二，孔子认为对夏商周之礼的说明，要靠足够的历史典籍贤人来证明，也反映了他对典籍知识的重视态度与求实精神。

第七章　一脉不绝：典籍构建的永恒

　　中国历史上，典籍绘制成了多彩画卷。在这些画卷里，有宗庙社稷之常制、百姓日用常行之仪轨，有列国纷争的铁马兵戈、朝代更迭间的兴荣与颓败，有义精仁熟、识见卓越的圣哲，也有妙笔生花、文章锦绣的文人墨客。这些内容镌刻于甲骨、金石，书写于竹简、木牍、丝帛与各式纸张，记录了中华文明的演进。

第一节　典籍的保存形态

一、甲骨

　　甲骨文是殷商时期被人用锋利的青铜或刀刃刻录在龟甲和牛羊等动物的肩胛骨上的占卜文字，其卜辞涉及征伐、狩猎、农业、祭祀等方面，反映了殷商时期社会经济文化的发展面貌。在甲骨的文化价值被重视之前，其常被作为中药材"龙骨"使用。学者普遍认为，最早发现甲骨文化价值的是金石收藏家、时任北京国子监祭酒的王懿荣。王懿荣死后，他收藏的甲骨辗转被《老残游记》的作者刘鹗（字铁云，号老残）获取。据陈梦家《殷墟卜辞综述》一书记述，除王懿荣的一千多片甲骨外，刘鹗还从赵执斋、方若、范估处陆续收集了甲骨五千余片，并择取其中字迹明晰者，拓印出《铁云藏龟》一书。刘鹗不仅收藏甲骨，还研究骨片上的文字，在他的《抱残守缺斋壬寅日记》中，就有"晚间，刷龟文，释得数字，甚喜"这样的记录。基于刘鹗的《铁云藏书》，孙诒让作《契文举例》二卷，开启了我国甲骨文研究之路。也正因为从刘鹗处见到了甲骨，1906 年开始，罗振玉派人专赴安阳采掘搜集甲骨，对保护甲骨起到了积极作用。从 1928 年起，由中央研究院历史语言研究所主持，正式开始对河南殷墟甲骨的抢救性挖掘。

　　甲骨文献属我国历史上最早的典籍，因其具备了构成典籍的三个基本要素：记载了文字，编连成册，所载内容的完整性与系统性。

　　甲骨文为考索字源及变迁起到积极作用，从甲骨文、金文、篆文、隶书的变化痕迹中，可见汉字的渊源和流变。研究甲骨文，与金文互证，可以纠正许慎《说文解字》中出现的对某些汉字源流分析的讹误。这是甲骨作为文字载体的功能。

　　考古发掘出的甲骨，有串联成编出现的情况。例如：河南安阳小屯村出土的编号为 YH127 号的龟腹甲，上有"三册，册凡三"的字样，说明这批龟甲共九版，分为三册。[①] 数版编连，尤见该卜辞的重要性。《尚书·周书·多士》中有"惟殷先人有册有典，殷革夏命"的记录，这是周公迁都洛邑后的宣告之辞，意为：殷商的先民有册书典籍，记载了殷商改夏命之事。"册"，甲骨文作"𠕁"，属于会意字，意为将骨片串联起来；"典"，甲骨文作"𠔦"，指"册"被人托举起来。可知，所谓典籍，最早包含了甲骨文献在内。

　　从卜辞的构成要素，可见甲骨所载内容的系统性。卜辞通常包含六要素：署辞，记录占卜前加工修治甲骨者及保管者的署名；前辞（叙辞），记录占卜的日期和卜者名；贞辞（命辞），记录所卜问的内容；兆辞（占辞），"兆"指人为凿于甲骨上的孔洞被焚烧后出现的"卜"形裂痕，"兆辞"即记录"兆"的顺序和性质的甲骨文字；果辞，商王对卜兆所下的吉凶判断；验辞，指对于所卜内容的验证之辞。每一次的占卜，在卜辞的记录下，

[①] 李学勤：《关于甲骨的基础知识》，《历史教学》1959 年第 7 期，第 21 页。

· 95 ·

便形成了一个完整的系统。不过并不是每版甲骨的卜辞都能够具备这六个要素，更多的实例是比较简化的。比如，图7-1中只有四个要素。

叙辞：癸巳卜，殷贞（時間與人物）
命辞：旬亡𡆥（占卜事項）
占辞：王固（占）曰："乃兹亦有咎，若偁。"（商王的判斷）
验辞：甲午，王往逐兕，小臣葉𢀛，馬𠂤（硪）𢀛王車，子央亦墜（應驗的結果）

释文：癸巳這天，貞人殷負責主持占卜。卜問的事情是："這十天內沒有災禍吧？"王視兆後判斷說："應該有災禍，如兆象所預示的那樣。"第二天甲午日，王去追獵兕（犀牛），小臣葉所乘車的車軸斷了，駕車的馬撞擊了王的車，在王車上的子央也墜下車來。

图7-1　甲骨卜辞示例[①]

二、金石

典籍除载于甲骨，亦载于金石。《墨子·天志下》称："又书其事于竹帛，镂之金石，琢之槃盂。""金"指铜器，"石"指石材。广义来看，钱币、玺印、古玉等材质也被纳入"金石"的范围。

铜器往往是古代社会的重要礼器，根据其用途，名目众多。比如：有作为乐器的钟；有煮肉的食器鼎与鬲；依大小形制之不同，鼎又分为升、繁或盂或石沱等；有用于盛肉的食器豆；用于蒸饭的食器甗、簋、盨、瑚、簠；用于盛酒的器皿觚、爵、斝、尊、壶、罍、觥；用于盥洗的水器盘、匜、盉、銎；用于沐浴的水器浴鼎、浴缶；等等。因礼器的形制有异，古人常选择器形较大的钟与鼎雕刻铭文，这些刻于铜器上的文字便常被称为"钟鼎文字"。

钟鼎文字传达出许多重要信息，例如：1976年河南殷墟出土的刻有"妇好"字样的方鼎（图7-2），透露出墓葬的主人是商王武丁的王后"妇好"，她是中国历史上第一个立下赫赫战功的女将军。

图7-2　"妇好"夔龙纹扁足方鼎（河南省博物院藏）

[①] 原见《甲骨文合集》10405，卜辞及释文见徐义华、吴玉：《商代文字与甲骨卜辞释读——如何打开甲骨书法之门》，《书法研究》2024年第1期，第45-46页。

第七章 一脉不绝：典籍构建的永恒

随着青铜铸造技术的日益成熟，铸刻文字数量也越多。例如：1963 年出土于陕西宝鸡的"何尊"（图 7-3），它铸成于周成王五年（公元前 1038 年），上面刻有十二行共计一百二十二字的铭文，该铭文记载了周成王继武王之志，营建东都成周后，对其下属"宗小子"的训诰。何尊刻有"余其宅兹中国，自之于民"一句（图 7-4），是"中国"一词最早出处，其对于中国文化之意义可谓非凡。

图 7-3 何尊（中国宝鸡青铜器博物院藏）

图 7-4 何尊上的铭文"宅兹中国"

钟鼎所载史料可以与其他古籍互证，例如：《尚书·洛诰》中记载，周公摄政后"五年营成周"，这与何尊所载"唯王初迁，宅于成周"（意为：王亲政之初，迁都于成周），"唯王五祀"（意为：祭祀时间是周成王五年）之说吻合。又如，《史记·周本纪》中说"此天下之中，四方入贡道里均"，这与何尊"宅兹中国"（意为：居于天下之中）之说吻合。

钟鼎作为文化的物质载体，反映出时代精神的内核。孔子曾感叹周代借鉴了夏商两朝的礼乐制度，在有所损益的基础上，保留精神血脉，并呈现出"郁郁乎文哉"[1] 的景象。

---

[1] 出自《论语·八佾》。

朱熹将夏商周三朝的文化特点提炼为："夏尚忠，商尚质，周尚文。"①"文"即礼乐制度、器物、文章。其盛大繁荣之状，从周代器物工艺之精美、造型之典雅、规制之合理上便可见一斑。这些器物上所刻录的铭文，既有对天命流行的内在体悟，还有对个人道德生命的重视，也有对继续先王道统的自觉，它们成为蔚为大观的"载道之文"，刻入中国人的文化基因。

从秦开始，石刻兴起。最早的石刻是公元前8世纪至公元前4世纪秦国的十个"石鼓"，这些石鼓主要记载和渔猎有关的内容，因此也被称为"猎碣"。汉代之后，石刻之风繁盛，至南宋印刷术普及，雕刻木版印刷典籍成势，石刻数量方渐少。在石刻尤为繁盛的一千多年里，出现了众多刻录儒释道经典的"石经"。以儒家石经为例，就有汉代灵帝时期的"熹平石经"、魏代的"三体石经"（用古文、篆文、隶书三种字体刻写）、唐石经、后蜀"广政石经"、北宋"开封府石经"、南宋"宋高宗御书石经"等。

宋以前，刻录这些石经的目的大多是确定官方标准，正定经文，以备取正。如汉熹平四年雕刻石经"立于太学门外，使后学取正焉"②，当时，观摩抄写石经者接踵而至，可谓盛况空前："观视摹写者车乘日千余两。"③ 又，唐文中太和七年（833年），时任宰相的郑覃看到"经籍刓缪，博士陋浅不能正"④的现状，向唐文宗谏言，愿与巨学鸿生仿熹平石刻旧例，镂石太学，为万世取法。四年后，唐石经刻成。

儒家石经多以《五经》《九经》《十三经》为主要内容。汉代的"熹平石经"刻《诗》《书》《礼》《易》《春秋》五经。到了唐代，《五经》中的《春秋》分为《左传》《公羊传》《谷梁传》，《礼》分为《周礼》《仪礼》和《礼记》，加上《孝经》《论语》《尔雅》，共十二种经书。清代在石经中加入《孟子》，遂成《十三经》。

三、竹木与绢帛

除甲骨、金石之外，竹木作为典籍的载体，运用更广。古人将文字书写于竹片作"简"，或称"策"，把首尾相连的简策编连起来而成"册"，或称"篇"，捆扎成一束而称"卷"。古人书写文字于木板作"牍"，或称"方"，通信用的木牍一尺长，称"尺牍"，登记户口或著录名目的木牍，称"簿"或"籍"。除了以竹木为材质，古人也将文字书写于绢帛上，通常称为帛书。简策与帛书合称简帛。

历史上最著名的两次简策出土，是汉代发现的"孔壁古书"与晋武帝时期出土的"汲冢竹书"。据郑玄《六艺论》《汉书》等典籍记载，汉代鲁恭王好治宫室，在拆除扩建孔子旧宅时，发现了一批藏于墙壁而免于秦火的简牍，此即"孔壁古书"。与秦统一使用的隶书不同，这些简牍用古文"小篆"写成。这批古文简牍在内容、篇目上与当时通行的隶书书写的典籍存在差异，这激起了汉代著名的今、古文经学之争。"汲冢竹书"的出土数量惊人，据《晋书·束皙传》载，其数量达"数十车"之多，文献十几种，约七十五篇，涉及《易经》《国语》《锁语》等典籍。可惜这些竹简保存不当，损毁严重，流传至今的仅有《竹书纪年》《穆天子传》及《周穆王美人盛姬死事》（杂书十九篇之一）。

20世纪以来，出土的大量简帛被称为"新出文献"。这些"新出文献"按时期划分为三种："第一种与西汉"孔壁古文"、西晋"汲冢竹书"相对，指1942年以来出土或发现

---

① 朱熹：《四书章句集注》，中华书局，1983年，第59页。
②③ 朱熹：《资治通鉴纲目》卷十二，收入《朱子全书》（第八册），上海古籍出版社，2010年9月，第769页。
④ 王应麟辑《玉海》卷四十三，清嘉庆十一年江宁藩署刻本。

的所有先秦秦汉古书；第二种指 1972 年以来出土或发现的先秦秦汉古书；第三种则指 1993 年以来出土或发现的先秦秦汉古书。① 这些出土简帛中，有 1942 年出土的子弹库帛书、1972 年山东临沂银雀山出土的汉墓竹简、1973 年出土的长沙马王堆汉墓简帛、1993 年出土的郭店楚简、1996 年出土的长沙走马楼三国吴简、2002 年湘西龙山县出土的里耶秦简、2011 年南昌市墩墩山出土的海昏侯墓葬简牍，等等。此外，也有购回的简帛，例如：1994 年从香港文物市场购回的上海博物馆馆藏楚简，2008 年清华校友从境外拍卖获得并捐赠母校的清华简，2015 年安徽大学从香港购得的战国早中期竹简，等等。

简帛文献的价值不可估量。走马楼三国吴简中的司法文书、户籍民簿、账簿等，透露了当时人口状况、税务政策等重要信息。里耶秦简以秦朝洞庭郡迁陵县地方行政文书为主，反映了当时的历法、地方行政官吏设置、郡县间的里程信息等内容。属于战国中晚期清华简中的《尚书》，与传世本的篇名、文句有异，清华简《周武王有疾周公所自以代王之志》即今本《尚书》中的《金縢》篇，竹简《尹诰》与《古文尚书》中的《咸有一德》大异，为历史上今、古文经学之争提供更多材料。西汉汉废帝刘贺海昏侯墓葬简牍中的《诗经》呈现出了汉代《鲁诗》的面貌，《论语》则反映了《齐论语》的整体面貌，《公羊传》与今本存在较大差异，这些，无疑蕴含了巨大文献价值。

四、纸张

中国人在汉代就已经开始造纸，《后汉书·蔡伦传》载："自古书契，多编以竹简，其用缣帛者谓之纸。"缣帛即纸的别名。古人将纤维丰富的原料浸水捣碎，竹帘取之并晾晒而成缣帛纸。蔡伦依此原理，将原料范围扩大到树皮麻头、敝布渔网，使纸更便宜、更轻便，后人将这种纸称为"蔡侯纸"。

到了魏晋南北朝时期，各地出现了特色纸张。宋人叶庭珪作《海录碎事》，将故书旧典中的事物按名目分类，其中"纸门"中提到了银沫冷、十色笺、侧理纸、蚕茧纸等纸品。据载："兰亭会者四十一人，羲之制序，用蚕茧纸，鼠须笔，遒劲绝代。"② 王羲之作《兰亭集序》便使用了品质极好的"蚕茧纸"。此纸对光有白点，又如鱼卵，也称为"鱼卵纸"。宋人范成大为之作诗为："鱼子笺中词宛转，龙香拨上语玲珑。"可见当时文人对它的偏爱。

远在汉代，为恢复遭秦火破坏的典籍，高祖刘邦专门建立了藏书及抄校书籍的机构，名为"石渠阁""天禄阁"与"麒麟阁"。随着造纸术的改良，至晋安帝元兴二年（403年），政府发布"以纸代简"的政令。此令一出，较之前代，涌现出了更多的抄书者。抄书人，有家贫不能自给而以此营生者，也有为精深研读、增长学识而自行抄录相关文献者，有抄书贩卖于书市者，也有被政府雇用抄写典藏者，他们都为典籍的保存与流传发挥了重要作用。

唐代雕版印刷术的出现，大大提高了书籍的流通效率，并逐渐将大批的抄书者淘汰。早期雕版印刷术常运用于需求量较大、篇幅短小的诗歌、日历、佛经等文献。比如 20 世纪初，敦煌出土的刻本《金刚经》，便是唐懿宗咸通九年（868 年）刊刻而成。又如，唐中和三年（883 年），成都书市多贩卖流行的"阴阳、杂记、占梦、相宅、九宫、五纬之流"（《唐明宗

---

① 丁四新：《新出儒家简牍文献及其研究》，《孔子研究》2023 年第 4 期，第 112 页。
② 叶庭珪辑《海录碎事》，明万历二十六年刘凤刻本。

纪九》,《旧五代史》卷四十三）刻本书。到了五代，基于原有的唐石经,《九经》刻本印成，这是儒家经典以刻本形式首次亮相于世。宋代以后，随着印刷技术的革新，泥活字、木活字、金属活字技术也得到推广与运用，使得当时的刻书业愈加繁荣。

第二节 典籍的聚散与存亡

典籍从载于甲骨，到雕版刊印于纸张，是用载籍形式呈现出的一部中华文明史。和所有的历史现象一样，典籍史也有自身的兴荣与衰败，表现为典籍的聚散与存亡。

历代官府设藏书机构，保存典籍成为一朝的重要事项。据《周礼·春官·天府》记载："天府，掌祖庙之守藏与禁令。"按周制，典籍藏于宗庙，由"天府"掌管，这属于中国早期的藏书机构。秦朝设有"明堂""石室""金匮"等国家藏书处。两汉的"石渠阁""天禄阁""麒麟阁""兰台"，隋唐的"弘文馆"，宋朝的"崇文院"，明朝的"文渊阁""大本堂""东阁""华盖殿"等，都是历史上著名的官府藏书处。

私人藏书起源也很早。《庄子·天下篇》中提到"惠施多方，其书五车"。秦火焚书时，孔子后裔孔鲋私藏家藏典籍，为的是"将藏之以待其求"（《资治通鉴·秦纪二》）。云梦楚简中出土了名为"喜"的墓主人的大量藏书，有学者认为"喜"生前为藏书家。[1] 据张舜徽先生所举，汉初刘德（河间献王）、刘安，后汉蔡邕（熹平石经原文书写者），晋代张华，南北朝的沈约、任昉等都是负有盛名的藏书家，据考，任昉已有藏书目录的编撰。[2] 到了宋代，私家藏书愈盛，著名藏书家中，晁公武、尤袤、陈振孙便是其中的三位。清代出现了四大私家藏书楼：海源阁藏书楼（山东聊城）、皕宋楼（浙江湖州）、八千卷楼（浙江杭州）、铁琴铜剑楼（江苏常熟，图7-5）。

图7-5 清代"四大藏书楼"之一的铁琴铜剑藏楼，位于今江苏常熟古里镇西街，它是中华人民共和国成立后，楼与书俱存的唯一藏书楼

---

[1] 陈德弟：《秦汉时期私人藏书考论》,《北华大学学报》（社会科学版）2010年4月，第70页。
[2] 张舜徽：《中国文献学》，东方出版社，2019年10月，第161页。

但是，典籍之于世，如一人、一家、一国之运，总有聚散离合。因此，藏书家陆心源在他与其门人李宗莲合编的藏书目录《皕宋楼藏书志》中发出"聚散无常，世守难必。即使能守，或童仆狼藉，或水火告灾，一有不慎，遂成断种"的感叹。

一、以时间为序划分的"书厄"

历史上典籍的散亡，有著名的"书厄"说，指典籍因兵燹与祸乱而遭受的厄运。隋代，负责掌管国家秘籍的秘书监牛弘提出了"五厄"说，指隋代以前典籍遭受的五次大灾厄。第一次，秦始皇焚书坑儒，将民间除医药、卜筮、种树之书以外的书一律尽毁。第二次，西汉末年，王莽立国不久后，赤眉绿林起义，长安沦为废墟，"汉室中秘之藏，始告荡然"。① 第三次，东汉末年，董卓迁都洛阳，长途迁移，致典籍零落。第四次，西晋末年，经"刘石乱华"，典籍散失十分严重，府库典籍数量从原来的近三万卷锐减至三千多卷。经此祸乱，"生民不见俎豆之容，黔首惟观戎马之迹。礼乐文章，扫地皆尽"。② 第五次，南朝萧梁时，西魏南下，攻破江陵，梁元帝命宫人自焚古今图书十四万卷，经此之后，所存图籍只有此前的十分之一二。

明代胡应麟又提出了隋唐至宋末的"五厄"说。第一次发生在隋代杨广时。据胡应麟《少室山房笔丛》所述，隋文帝父子素来笃尚斯文，故搜集典籍，不留余力。据《隋书·经籍志》载，当时所藏典籍达九万卷之多。当隋炀帝在江都被杀时，三万七千卷图书化为灰烬。第二次发生在唐安史之乱，唐玄宗出奔蜀，据《旧唐书·经籍志》载："禄山之乱，两都覆没，乾元旧籍，亡散殆尽。"第三次发生于唐僖宗广明元年（880年）的黄巢起义，战火过后，"曩时遗籍，尺简无存"。③ 历经唐朝的战火，国家所藏典籍由原来的七万余卷急降至两万余卷，到宋初，历代旧籍已经所剩无几了。第四次，启自北宋的"靖康之乱"，到南宋绍兴十一年（1141年），宋高宗杀岳飞与金人议和，才结束这十六年的战火绵延。经此战乱，典籍损毁的情况大略为："其当时之目，为部六千七百有五，为卷七万三千八百七十有七焉。迨夫靖康之难，而宣和、馆阁之储，荡然靡遗。"④ 第五次发生在1276年，元军攻破临安城，图书被洗劫一空。

隋代的牛弘与明代胡应麟分别提出的"五厄"，总结了自秦代至宋末典籍史上的共十次"书厄"。明代以来，又经历了数次"书厄"。如，《永乐大典》是一部官方敕编的大型类书，该书初编成于明成祖永乐元年（1403年），后经重修，在永乐六年（1408年）终成完璧。《永乐大典》共计两万余卷，一万一千零九十五册，储藏在南京文渊阁。明嘉靖年间，此书被原样重录了副本，可到了后来这个原件竟再也找不到了，亡佚的原因也无从查找。经明清之际的战乱，又经1900年的庚子之乱，目前该书仅存四百余册，散落在世界各地。再如，日军侵华战争中，上海商务印书馆的东方图书馆被炸，当时馆藏图书近五十二万册，其中不乏珍贵的元明刊本，但均在战火中化为灰烬。

二、按类型划分的"书厄"

张舜徽先生将典籍经兵燹与焚禁称为"有形的摧毁"，他认为这类摧毁总不至于使书

---

① 出自《汉书》卷四十一。
② 出自《魏书·儒林传·叙》。
③ 出自《旧唐书·经籍志》。
④ 出自《宋史·艺文志》。

籍"完全根绝"。对典籍而言，"无形的摧毁"破坏尤大。"无形的摧毁"又包含了"无意识"与"有意识"两种。前者，如唐太宗命庞玄龄重修《晋书》，此书成，而唐以前诸家晋书尽废。后者，如《四库全书》的编撰。[1]

乾隆三十七年（1172年），朝廷以采集百家之书内充府库，"以彰千古同文之盛"为名，发起征书令。为打消献书者顾虑，乾隆次年发布政令申明：即使书中有"忌讳字面""妄诞字句"，"必不肯加罪（藏书人）"。但在乾隆三十九年，朝廷便表明了其"寓禁于征"的真实目的："正当及此一番查办，尽行销毁，以正人心而厚风俗。"[2] 在长达十九年的禁书过程中，被毁书目达三千一百多种，其数量与收于《四库全书》中的典籍书目相当。[3] 以福建一省为例，福建共七次进呈书籍二百一十三种，其中私人藏书家呈献者十七种。经审查，就有涉及九十位福建人的一百三十多种典籍被毁。[4] 这无疑是典籍的诘难。《四库全书》在编撰中，还存在篡改文字的情况。陈登原先生将其总结为"为利己之道德而窜改""为利用其书而窜改"两种情况：前者如李荐《咏凤凰台》有"汉彻方秦政，何乃误至斯"一句，"彻"为汉武帝名，为了避讳，以示恭敬，原诗被改作"汉武方秦政"；后者如乾隆命人编撰《历代名臣奏疏》，提出"即有违碍字句，只须略为节润"的删改要求，实则是利用历代名臣奏疏来宣扬忠君爱国思想。[5] 篡改文字，对于精校古书来说，是极不谨慎的。

此前论及牛弘与胡应麟的"十厄"，是按时代来列举因兵燹与祸乱致使典籍散落的典型事件。学者罗继祖先生则按类型之分称"十厄"："从来认为藏书有五厄，水、火、兵燹、不肖子孙之挥霍、无知奴仆之盗窃。兹衍为十。"[6] "兹衍为十"具体指：明令焚书、没于水、毁于火、兵燹、盗窃、子孙不孝、婢仆无知、权贵攘夺、子孙不知重先人遗稿、子孙不能守使书流出国外。

罗继祖称"十厄"之一，谓明令焚书。如秦始皇下令焚书，又如梁元帝命舍人高善宝焚书十四万卷。

"十厄"之二，指没于水。如汉献帝迁都长安，将典籍用水路运输，途中遇盗，书葬鱼腹。唐武德五年（622年），李世民命大臣宋遵贵从洛阳载隋代典籍，通过水路运往长安，不料途中船只触礁倾覆，典籍沉没，所存者不过十之一二。私人藏书也有遭此厄者，据陆游《老学庵笔记》载，其好友刘凤仪嗜书如命，刘凤仪在杭州任职期间，被弹劾偷抄秘阁图书，终至罢官归蜀，经湖北秭归时，他的一条载籍船只触礁沉没，还好他提前抄录了副本。又如，据黄伯思《车观余论》载，北宋仁宗天圣二年（1024年），洛阳大水，富弼时任镇海节度使，他所藏的典籍，尽漂流于洪水。

"十厄"之三，指官私藏书毁于失火。如宋代公藏典籍两次遭回禄之灾（火灾）：真宗大中祥符八年（1015年），崇文苑、秘阁失火，八万卷以上典籍被焚毁；宋理宗绍定四年（1231年）禁中失火，六万余卷典籍付之一炬。明代国家藏书也经历数次火灾：明英宗正统十四年（1449年）文渊阁失火，世宗嘉靖四十一年（1562年）文楼失火，神宗万

---

[1] 张舜徽：《中国文献学》，东方出版社，2019年10月，第27-31页。
[2] 蒋良骐：《东华录》，转引自张舜徽《中国文献学》，东方出版社，2019年10月，第30-31页。
[3] 林申清：《〈四库全书〉禁书目录考》，《江苏图书馆学报》1991年第二期，第37页。
[4] 陈旭东：《清修〈四库全书〉过程中福建采进本与禁毁书概述》，《福建师范大学学报》（哲学社会科学版）2006年第2期，第163页。
[5] 陈登原：《古今典籍聚散考》，华东师范大学出版社，2009年11月，第92-95页。
[6] 罗继祖：《书厄十例》，《图书馆学研究》1982年1月。

第七章 一脉不绝：典籍构建的永恒

历年间所编修的明史葬于火海。清代，嘉庆二年（1797年），乾清宫五经萃室失火，"相台五经"焚毁；嘉庆十年（1805年），江宁县学宫尊经阁失火，南监本《二十一史》的书版化为灰烬。① 私藏典籍焚毁，如清初藏书家钱谦益（号牧斋）的藏书楼"绛云楼"于顺治七年（1650年）失火，其中所藏的宋元精本、《明史稿》一百卷及论次昭代文集等在大火中化为灰烬。又如藏书家叶梦得的"嵬书阁"，边贡的"万卷楼"等，曾俱遭回禄之灾。

"十厄"之四指兵燹，此前已论及。"十厄"之盗窃、子孙不孝、婢仆无知以下诸者，多发生于藏书之家。如，据郑毅夫《江氏书目记》所载，南唐时期藏书家江正去世后，子孙不能守其书，童仆将其售卖于市，有些购买者不识这些书的价值，甚至将其用于烧火做饭。又如，藏书家陆心源于光绪二十年（1894年）去世，十三年后，"皕宋楼""守先阁""十万卷楼"中的藏书被其子以十万元的价格，悉数卖给日本岩崎氏之静嘉堂。再如，陶宗仪《南村辍耕录》载，元代的庄肃（号蓼塘）是当时江南三大藏书家之一，他死后，其藏书或遭虫鼠之害，或被盗窃，或被子孙贱卖用以饮酒博戏。元惠帝至元六年（1340年），朝廷诏求民间遗书，当学士危素准备前往庄家选书时，庄家后人担心兵遁犯禁，竟一把火将"万卷轩"中的典籍化为灰烬。书籍零落至此，可惜可叹。

聚散是人世之常理。藏书家本为聚书，因兵燹、水火、子孙不能永久，则终难逃散书之厄。若藏书家秘藏典籍，鲜有流通，则一家书散，遂至数种书亡。陈登元先生说："盖藏书家最后之结果，不啻等于散书。而究其病原，则在乎过于珍秘其书。"② 曹溶作《流通古书约》中提出："使单行之本，寄箧笥为命；稍不致慎，形踪永绝，只以空名挂目录中。"③ 藏书家将家藏视若珍宝，尤可体谅；但若自矜所藏，以独得为奇，寄箧笥为命，若遇变故，此珍本孤本便一并覆灭，绝迹于世而空留其名。因此，藏书家应有为读书而藏书、以接续文脉、流通广布的心态来保守典籍，方能使典籍有善终。

清代四大著名藏书楼，除"皕宋楼"藏书被日本静嘉堂文库购买之外，在历经战火硝烟、颠沛流离后，"海源阁"仅存的两万卷图书被收藏于国家图书馆和山东省图书馆，"八千卷楼"藏书被丁氏后人悉数低价售予江南图书馆（今南京图书馆），"铁琴铜剑楼"大部分藏书也被瞿氏后人捐赠给了国家图书馆、上海图书馆及常熟图书馆。对于这些私人藏书，这算是最好的归宿了。

典籍随一代废兴、一家盛衰、一人荣辱而有聚散，而文脉之不绝，在于一代又一代学人孜孜存书、校书、读书的活动。汉高祖建立藏书阁并组织抄书，汉武帝发起大规模的献书活动，汉桓帝在东观设置秘书省，主要从事抄书活动。南朝设立"总明馆""士林馆""文林馆"，唐代设立"弘文馆"等抄书机构。这些都是人们为典籍的续存所作努力的见证。除抄写典籍之外，历代学者还有注解、考证、辨伪、辑佚、诠释、阐发的工作。这些努力，以星火之微，聚璀璨之光，从而延续千年文脉之绵绵，因此，"文不丧天，道未坠地，几散而复合，几断而复续，绵绵延延，至今日尚亡恙也"。④

---

① 李致忠、周少川、张木早：《中国典籍史》，上海人民出版社，2004年，第467-469页。
② 陈登原：《古今典籍聚散考》，华东师范大学出版社，2009年11月，第228页。
③ 转引自陈登原：《古今典籍聚散考》，华东师范大学出版社，2009年11月，第303页。
④ 林駧辑《藏书》，收入《新笺决科古今源流至论·别集》卷九，明嘉靖十六年白坪刻本。

第三节 典籍分类与"四部"之核心

中国古代文献的存亡情况被图书目录记载下来，比如在梁代普通四年（523年）阮孝绪编订的《七录序目》及后附的《古今书最》中（见唐释道宣《广弘明集》卷三），统计了从西汉刘歆编订图书目录《七略》，到后汉班固《汉书·艺文志》，直至梁武帝时典籍的存亡情况。又如，此前提到清初藏书家钱谦益的藏书楼"绛云楼"遭焚毁，好在存有《绛云楼藏书目》，记录了其当年的藏书盛况。可以说，图书目录是了解典籍著录情况的一把钥匙。

此外，中国古代典籍浩如烟海，读者若想登堂入室，须寻其门而入，图书目录便为我们提供了这种便捷。从编撰书目的流别上来看，有官簿、私录、史志目录与专科目录之分。官簿是官方组织人力编撰的藏书目录，如《四库全书总目》。私录是私人的藏书目录，如《铁琴铜剑楼藏书目录》（图7-6）。史志目录是指编入史籍的目录，如《汉书·艺文志》《隋书·经籍志》。专科目录是指按佛、道、经学等专门内容编撰的目录，如经学类的《三礼目录》。

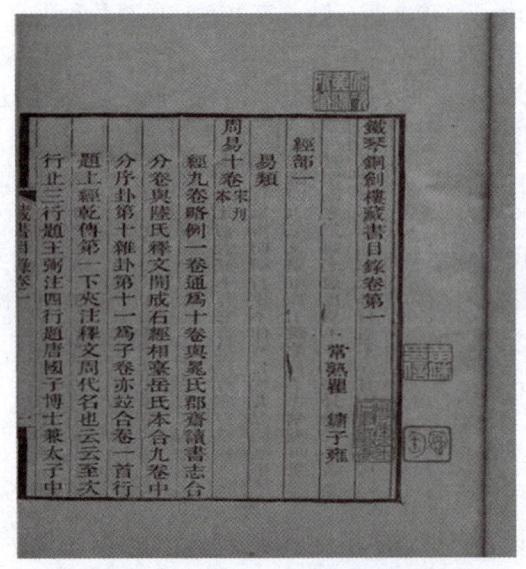

图 7-6 铁琴铜剑藏书目录卷第一

一、典籍分类："七略分类法"与"四部分类法"

图书目录的编撰，不是随意的，而是依循了特定的典籍分类方法。我国历史上最早的图书编目分类，始自西汉时期刘向、刘歆父子编撰的《七略》。此书早已亡佚，其分类法则保留在《汉书·艺文志》中，通过《汉书·艺文志》可以窥见《七略》之遗规。

《七略》将典籍分为七个大的类目。其一，称"辑略"，是综述学术源流的总要。其二，称"六艺略"，列《易》《书》《诗》《礼》《乐》《春秋》这《六经》，标明学术以《六经》为归，这尤其突出《六经》为中华文明肇始的意义。继而列出述孔子言行的《论语》、孔门弟子所作的《孝经》、解释群经的作品《尔雅》。此时史书仅八家，共四百一十一篇，因此不单列为一略，而入《春秋》类。其三，称"诸子略"，收入儒家、道家、阴阳家、法家、名家、墨家、纵横家、杂家、农家、小说家诸家理论典籍。儒家位列于其首，因为儒家"助人君顺阴阳明教化者也。游文于《六经》之中，留意于仁义之际，祖述尧舜，宪章文武，宗师仲尼，以重其言，于道为最高"。[①] 其四，称"诗赋略"，指列赋、杂赋与诗歌。汉代诗赋发达，篇目繁多，因此不入"六艺略"，而单成一略。其五，称"兵书略"，列权谋、形势、阴阳与技巧。其六，称"数术略"，列天文、历谱、五行、蓍龟、杂占、形法。其七，称"方技略"，列医经、经方、房中、神仙。

从刘氏父子及班固之"七略"分类法，可见几点：首先，经史二部不分立。其次，孔子一人，兼入"六艺略"与"诸子略"。《六经》作为圆融的整体，是中华文明之源。孔子传述先王政典，是人道之极。自孔子殁而微言绝、七十子丧而大义乖，故有诸子学出，而儒家作为继《六经》、宗师孔子的学派，是诸子中"于道最高者"。再次，"诸子略"属思想价值方面，"兵书略""术数略""方技略"属技术层面。前者是"立言以明道"的虚理，后者乃"守法以传艺"的实事。[②]

"七略"分类法成熟于两汉，到了魏晋时期，形成了"四部"分类法。关于"四部"分类法的起源，一说为魏元帝时郑默的《中经簿》，一说为晋武帝时荀勖参照《中经簿》编订的《中经新簿》。《中经新簿》中的"四部"具体为："一曰甲部，纪六艺及小学等书；二曰乙部，有古诸子家、近世子家、兵书、兵家、术数；三曰丙部，有《史记》、旧事、皇览簿、杂事；四曰丁部，有诗赋、图赞、汲冢书。"[③]

荀勖的"四部"较之《汉书·艺文志》"七略"有几个变化：一则，单列丙部为史书。魏晋南北朝史书数量远超汉代，据《隋书·经籍志》统计，魏晋南北朝时期正史类、古史类、杂史类著作分别有六十一种、三十一种、五十七种，如此庞大的数量，不再附于《春秋》类之下。二则，汉代文学仅诗赋两体，但魏晋南北朝时，语言翻新，花样频出，以"诗赋略"已无法概括当时的盛况，同时又有大量汲冢书出土，故列丁部。三则，汉代"诸子略"中的名、墨、法诸家式微，其余诸家与"兵书略""术数略"等合为乙部。从"七略"到"四部"，可见知识谱系的变化。

到了东晋，李充编《晋元帝四部书目》，考虑到史籍题材愈加多样，内容愈加丰富，他将载录史籍的丙部前置于经部之下。唐初修《隋书·经籍志》时，用经、史、子、集取代甲、丙、乙、丁的命名，从此"经史子集"便成为中国古代的"四部之学"。

后世沿用"四部"分类法的作品众多，比如史志类作品《旧唐书·经籍志》《新唐书·艺文志》《文献通考·艺文考》《宋史·艺文志》《明史·艺文志》，官簿类作品《崇文总目》《四库全书总目》，私人藏书目录《郡斋读书志》《直斋书录解题》《遂初堂书目》，等等。不同于"四部"分类法，依据特有的"类例"原则而形成的图书目录分类有南宋郑樵《通志·艺文略》的"十二类"分类法、清代钱曾《读书敏求记》的"四十四类"分类法等。但是，"四部"分类法是中国图书分类法的主流。

二、孔子所治《六经》位列"经部"之首

认识"四部"之核心，可以进而理解中华文明的本源与演进脉络。

[①] 出自《汉书·艺文志》。
[②] 章学诚：《文史通义校注》，叶瑛校注，中华书局，2014年11月，第898页。
[③] 孙启治、陈建华：《中国古佚书辑本目录解题·史部目录类》，上海古籍出版社，2017年11月，第332页。

先来谈"经部"。历代沿用"四部"分类法的作品,"经目"不是一定的,如在《诗》《书》《礼》《易》《乐》《春秋》之外加《论语》《孝经》,合为"八经"。或将《礼》一分为三——《周礼》《义礼》《礼记》,将《春秋》一分为三——《左氏》《公羊》《谷梁》,加上《易》《书》《诗》,合称"九经",又增加《四书》而成"十三经",等等。但《六经》作为"经目"之常,是没有变化的,这是笃定的根本。孔子删述《六经》,承上而启下,成为中国文化之集大成者,故《六经》之后,必列《论语》(或将《论语》入《四书》而附《六经》之后,见《四库全书总目》),这也是"经目"变中之常。因此,从典籍分类可见,孔子作《六经》而奠定中华文明之根基,是历来学人之共识。

孔子生活在周室衰微、礼乐不存的时代。在《论语·八佾》中就提到鲁国大夫季孙氏僭用天子之乐舞,孟孙氏、叔孙氏、季孙氏三家僭用《周颂·雍》之歌而祭祀的情况。另外,从孔子与子贡关于"告朔之饩羊"①的讨论,可见当时鲁不视朔、礼崩乐坏的事实。在这样的情况下,亟须对垂训诫、立法度的先圣王典籍进行整理,以再现古圣贤建立的价值系统,此即孔子作《六经》的缘由。

孔子作《六经》的事迹被典籍载录。《庄子·天运》用一笼统的"治"字总结孔子的工作:"丘治《诗》《书》《礼》《乐》《易》《春秋》六经。"具体到每一经,孔子的"治"又不同。

司马迁言:"孔子之时,周室微而礼乐废,《诗》《书》缺。追迹三代之礼,序《书传》,上纪唐虞之际,下至秦缪,编次其事。"②这里的"《书传》",指《尚书》,它记载了尧、舜二帝与三代之王(禹、汤、文、武)治理天下的大经大法。据太史公司马迁所述,孔子"序"《尚书》,是"编次"唐虞至秦穆公之间的事。孔子将载于典册的尧舜之事(《尧典》《舜典》)、君臣之间的嘉言善政(《大禹谟》《皋陶谟》《益稷》)、讨判伐罪之事(《甘誓》《汤誓》)等做了一番整理后重新进行编订。宋人蔡沈认为,孔子编次《尚书》,具体在:定篇名,"此云'虞书',或以为孔子所定也"③;录篇目,《吕刑》篇乃"夫子录之,盖亦示戒"④。但是,历代有学者认为"序"指孔子为《尚书》作序。朱熹明确否认这一点,并指出《书序》或为孔子后人作:"《书序》是得《书》于屋壁,已有了,想是孔家人自做底。"⑤"《书小序》亦非孔子作。"

孔子删《诗》也是一项重要工作。司马迁称:"古者《诗》三千余篇,及至孔子,去其重,取可施于礼仪。"⑥《诗经》属乐歌之词,古有三千多篇,孔子按法善戒恶的义理标准,删其繁复、正其纷乱,裁成三百零五篇。孔子删定《诗经》的内容,上至周代之盛,下讫王道衰微,从周文王、武王、成王到周康王、昭王之后。删定后的《诗经》,有里巷

---

① "告朔之饩羊"是古代的一种祭祀礼仪,源自《论语·八佾》。根据周礼,每年秋冬之际,周天子会将第二年的历书颁布给诸侯,诸侯将其藏于祖庙,并在每月初一(朔日)杀一只活羊祭于庙,称为"告朔",而所用的活羊即为"饩羊"。这种仪式不仅是对祖庙的祭祀,也是向国内人民宣布每月初一的开始,并且诸侯需在祭告之后回到朝廷听政,称为"视朔"。

然而,到了孔子时代,鲁国的君主已经不再亲自参与告朔之礼,而是仅仅形式性地杀羊以应付,因此子贡认为这种仪式已经名存实亡,提议废除"饩羊"。孔子则强调礼的重要性,认为即使只是形式性的仪式,只要保留下来,就有可能在未来复兴,因此他反对废除"饩羊",认为这是对礼的尊重。

②⑥ 出自《史记·孔子世家》。
③④ 蔡沈注《书集传》。
⑤ 出自《朱子语类·卷七十八·尚书一》

第七章 一脉不绝：典籍构建的永恒

歌谣之作的《风》。《风》之体分正与变：正《风》，如《周南》《召南》，在文王礼乐教化之下，人心有志，发而为诗，皆得性情之正；变《风》，如《邶》以下，因各国之治乱不同、人之气质有异，人心之感所成诗也有邪正。《诗》三百篇中还有反映朝廷郊庙之词的《雅》《颂》之"正"，也有悯时病俗之作，体现忠厚仁爱之心的《雅》《颂》之"变"。

《诗经》删定，并配以雅乐，这是孔子正《乐》的工作。周代教育，乐教为核心。惜周衰而乐废，乐师散在四方。据《论语·微子》："太师挚适齐，亚饭干适楚，三饭缭适蔡，四饭缺适秦，鼓方叔入于河，播鼗武入于汉，少师阳、击磬襄入于海。"太师挚是鲁乐官之长，亚饭干、三饭缭、四饭缺皆是侑食之乐官，其余是各有所长的乐师。孔子之时，鲁乐师早已奔走而四散。恢复乐教，则成为孔子的使命。"吾自卫返鲁，然后乐正，《雅》《颂》各得其所。"① "三百五篇孔子皆弦歌之，以求合《韶》《武》《雅》《颂》之音。礼乐自此可得而述，以备王道，成六艺。"② 孔子将《诗》三百篇合之以《乐》，以传承礼乐遗风。

有学者认为，孔子以前并无《礼经》成书，如毛奇龄言："仆记先仲兄言：先王典礼，俱无成书。"③ 崔述也认为："《仪礼》非周公之制，亦未必为孔子之书。"④ 钱穆同样认为："孔子已不见有《礼经》矣。"⑤ 如果是这样，孔子订《礼》又如何谈起呢？在《礼记·杂记》中有"哀公使孺悲之孔子学士丧礼，《士丧礼》于是乎书"的记载，是孔子向孺悲传授士丧礼，并写成了《士丧礼》一篇的明证。《士丧礼》载于《仪礼》。现代学者陈壁生认为，面对礼乐废、诗书缺的情况，孔子"删定《礼》经，即此《仪礼》十七篇也。……孔子删定之《仪礼》十七篇，作为士礼，至汉初而高堂生传之。"⑥ 这是可以说通的。孔子订原有的《礼经》为《仪礼》十七篇，因此也称《古礼经》（作者为班固），在汉代也被称为《士礼》（作者为刘歆）。《仪礼》载录了冠、婚、丧、祭、朝、聘等具体的礼仪，《威仪》三千（《中庸》）、《曲礼》三千（《礼记·礼器》）都是它的别名。除了《仪礼》以外，有汉代河间献王所献的《周礼》，其书制作于周公涉政后，载录周朝的制度与百官的职守；还有孔氏门人所作的《礼记》，旨在阐释礼仪系统，如"旧礼之义""官礼之由"。《周礼》《仪礼》与《礼记》便共同构成了《礼》的系统。

关于孔子和《易》的关系，司马迁称："孔子晚年喜《易》，序《彖》《系》《象》《说卦》《文言》。读《易》，韦编三绝。"⑦ 班固认为："孔子为《彖》《象》《系辞》《文言》《序卦》之属十篇。"⑧ 据此，传统观点认为，孔子作《十翼》。

伏羲画八卦，有文而无字。文王将"八卦"衍为"六十四卦"，并繇辞于每卦之下，称《彖》辞。周公在文王《彖》辞基础上，又系辞于每卦六爻之下，称爻辞。孔子作《上彖》《下彖》（解释文王所作《彖》辞，依经而分上下）、《上象》《下象》（解释卦爻之象）、《上系》《下系》（通论上、下经的大体及凡例）、《文言》（阐发《乾》《坤》两

---

① 出自《论语·子罕》。
②⑦ 出自《史记·孔子世家》。
③ 出自《与李恕谷论周礼书》，见《西河集》。
④ 出自《丰镐考信录》。
⑤ 钱穆：《国学概论》，商务印书馆，2006年3月，第17页。
⑥ 陈壁生：《从"礼经之学"到"礼学"——郑玄与"礼"概念的转化》，清华大学学报（哲学社会科学版）2022年第1期，第133页。
⑧ 出自《汉书·儒林传》。

卦的意蕴)、《说卦》(陈说"八卦"的德业变化等)、《序卦》(解释"六十四卦"的次序排列)、《杂卦》(杂糅"六十四卦",以相互比类与发明),因辅翼前圣之说,而称《十翼》。伏羲之画与文王、周公之辞称为"经",是为卜筮而作;孔子之"十翼"则称"传",是对"经"的义理诠释,至此,《周易》系统完备。天地只是一个大道流行,孔子阐发《周易》中的德义与道理,而不没于卜筮之中,正是参赞天地之化育。

综上,《庄子》用一笼统的"治"字说孔子与《六经》的关系,但具体而论,当称:孔子序《书》、删《诗》、正《乐》、订《礼》、赞《易》。以上《五经》,孔子重在序次、删订、继述先王原有之典籍,呈现其中的道义,属于一种传旧的工作,所以孔子自谦"述而不作"①。

孔子与《春秋》的关系,与上述《五经》略有不同。《春秋》以外的《五经》,属王者所作而由王史所记,是载道之文。据《周礼·史官》:"掌邦国四方之事,达四方之志。"这是王史之职。据《周礼》,王史有太史、小史、左史、右史、内史、外史等名目。《诗经》是太史乘輶轩而采集,《尚书》是由左史所记,《礼经》与《乐经》也是史官的支裔所载。孔子作《春秋》,是在天子失官、王者迹熄以后。此时诸侯也有记国史的史官,如孟子言:"王者之迹熄而《诗》亡,《诗》亡然后《春秋》作。晋之《乘》,楚之《梼杌》,鲁之《春秋》,一也。其事则齐桓、晋文,其文则史。孔子曰:'其义则丘窃取之矣。'"②其中提到的《乘》《梼杌》及鲁《春秋》,皆为诸侯国史。诸侯国史有共同的特点:一则,所载之事皆为霸者之事,比如五霸之齐桓公、晋文公的事迹;二则,由各国史官,掌记时事而成文。这两个特点和王者之事与王者之史完全不同。在王者的时代,事、文、义三者是当下直贯的;而在王者之迹熄的霸王时代,史事与载于典籍之文,皆成无道义者,事、文与义相分离。正如孟子所说:"世道衰微,邪说暴行有作,臣弑其君者有之,子弑其父者有之。"孔子忧惧于此,故基于《鲁史》,作《春秋》,以赋予其义,即"窃取其义":"王道理想乃由此而寄寓于一套霸者的事为、文为之中以期表而出之。"③

总之,除《春秋》以外的《五经》,孔子的工作更重在"述而不作",即直承先王典籍,显豁其所载之道。对于《春秋》,在诸史所记之事、所载之文已然无义的情况下,孔子以一片赤诚坦荡之心,为事与文赋予全部的道义,这便是"作"。孔子非王者,而行王者之事为,因此孔子自述:"知我者惟《春秋》乎!罪我者惟《春秋》乎!"④当孔子以道义直贯所记之事与所载之文,一字寓褒贬,便是以己断事,是其是而非其非,扬善而去恶,因此说:"孔子成《春秋》而乱臣贼子惧。"⑤

孔子的"作"虽由己,其原则与根据与《五经》是一致的。在这个意义上,孔子将《六经》融为一个系统,以一己之心冥契先圣王之心,三代之古由孔子之今而能续存。同时,因孔子治《六经》,《六经》系统便成为中华文明的源头活水。当文明拥有根本的道德精神内核,就不只是事迹、史料、诗歌、政典,此即由孔子之古创生万世之新。孔子成为承上启下的集大成者。

---

① 出自《论语·述而》。
② 出自《孟子·离娄下》。
③ 丁纪:《六经之所由作》,载《中国儒学》(第十辑),中国社会科学出版社,2015年,第306页。
④⑤ 出自《孟子·滕文公下》。

三、孔子与《六经》是"四部"典籍之核心

孔子作《春秋》，为史学立定根基。这可以从两方面看：一则，《左氏春秋》的"编年体"与《史记》的"纪传体"，一同成为后世史家之祖。孔子基于《鲁史》所载史、文，寓义于其中，定以一字的"褒贬"，而成《春秋经》。左丘明为《春秋经》作传，而开"编年体"的先河，后世《国语》《国策》等书都依循此例。二则，孔子为史赋予义，被后世史家遵循，如司马迁之《史记》。胡遂问司马迁，孔子为何作《春秋》？司马迁以董仲舒之言回答："是非二百四十二年之中，以为天下仪表，贬天子，退诸侯，讨大夫，以达王事而已矣。"① 司马迁意为，孔子继三代之道，为历史铺陈出道义：在明是非、定善恶、尊贤而贱不肖中，成就王者之事。因此，他认为"《春秋》者，礼仪之大宗。"② 这些看法，是史家之真精神。这种真精神乃来源于孔子。司马迁其父司马谈作《论六家要旨》，以道家为尚，司马谈去世前表达了对"废天下之文史"的忧惧。司马迁继父志而作《史记》，但在《史记》的撰写中，他一方面陈述父亲的观点，但更表现出对孔子精神的坚守，而以儒家为尚。比如，《史记》中的名目有："本纪"以"编年"列天子之行事，取"纪"的纲纪庶品、网罗万物的意义；"世家"列诸侯行事，以异乎天子；"列传"以"列事"录人臣的行状，以"传"释"纪"；"年表"相当于谱牒；等等。孔子并非诸侯，故不能称"世家"，但司马迁破例作《孔子世家》。另外，司马迁不作其他家列传，而作《仲尼弟子列传》。这些，看起来是自破章法之举，实则表现出司马迁对孔子的崇尚，更是对孔子以义见史的认可。以《史记》为例，史学一部，不能离经，否则历史只会沦为事迹、史料、史实，而失去了史家的真精神。

孔子上承三代文王之制，下启思孟学派之先，以删述《六经》为基础。汉儒的今、古文经学之争，千年之后的宋明理学家再续道统，也是以孔子与《六经》为旨归。例如，朱熹作《周易本义》《易学启蒙》《诗集传》《仪礼经传通解》，蔡沈继朱熹之志作《书集传》、张洽作《春秋集注》，这些列于"经部"的书籍，无疑皆以孔子及《六经》为归心处。他们的其他书籍，如《近思录》（朱熹）、《朱子语类》（朱熹）、《洪范皇极内篇》（蔡沈）入"子部"，当然亦以《六经》为旨归。总之，《六经》也是"经子"二部的核心。

欲学习更多相关内容，请扫描查看延伸阅读 7-1。

延伸阅读 7-1

关于"集部"与《六经》，先看"子""集"两部的关系，顾荩臣有精要的概括："'集'为一人的著述，其学术初不专于一家；'子'为一家的学术，其著述却不由于一人。"③ 因此，一人学术归入"集部"的，不乏经学家、儒学家，比如朱熹所作《晦庵先生朱文公文集》便入了"集部"。由此，"集部"和"子部"一样，大量典籍，都是以孔子删述的《六经》为学问之本。

回望中国文化史，纵有先秦的百家争鸣、魏晋时期的玄学兴起，以及释、道等教对文化及政教的影响，但儒家始终是中国文化的主流学派，这是孔子作《六经》而始终成为"四部"之核心的原因。

结合此前所论，典籍的保存载体各异，典籍的聚散存亡无常，但孔子所述《六经》作

---

①② 出自《史记·太史公自序》。
③ 顾荩臣：《经史子集概要》，华东师范大学出版社，2008 年，第 221 页。

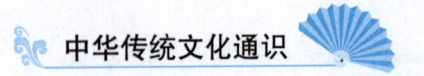

为"四部"的核心，如源头活水，灌溉并滋养出中国典籍的千年传承，并保持一脉不绝。

拓展阅读

书名：《书史纵横：中国文化中的典籍》

作者：程章灿、许勇

出版时间：2018 年

出版社：江苏人民出版社

内容简介：本书介绍了中国传统文化中的典籍分类，重点介绍一些对中国文化产生重要影响的思想学派及其传世经典，总结其中的思想智慧。

课后思考

1. 隋代牛弘与明代胡应麟分别提出的"五厄"，总结了自秦代至宋末典籍遭受的十次"书厄"，学者罗继祖亦按类型之分也提出"十厄"说。请思考：中国历史上的典籍散亡如此之多，如何能保持文脉不绝？

2. 孔子与《六经》是什么关系？为什么说对于中国文化孔子是承上启下的集大成者？

第八章
选贤与能：人才与阶层流动

学习目标

1. 了解周朝至清朝主要的人才选拔制度及其变化，理解古代设置不同制度的初衷及其具体实施过程中的优缺点。
2. 体会不同人才选拔制度对世道人心的影响。

能力目标

能以人才选拔制度为基础，洞察古代统治者施行的包括人才选拔制度在内的一切制度的直接目的和根本目的；能辩证地看待各种制度，积极地面对生活。

第一节　从世袭王官到乱世之士

在理想社会里，各层级的权力都是向民众开放的，从最高的统治者到基层的办事员都应该是权力的执行者而非权力的所有者，这是我们对现世政治的期望。但是三千年前的世界，庶民之上的天子、诸侯、卿、大夫、士才是国家真正的主人，虽然这种贵族政治被很多人认为是封闭的政治系统，但是其中仍然包含很多我们需要重新审视的细节。本节我们讨论从西周到东周的人才与阶层流动，先从世袭贵族说起，因为世袭贵族是世袭王官的法理基础。

一、掌握最高权力的世袭贵族

与现代社会面临的治理困境相同，如何治理一个日趋复杂的社会也曾是古人不得不思考的问题，周公大概是中国有史以来试图从制度上解决这个问题的第一人，他通过"制礼作乐"的办法，将原本松散的内部组织重新整理，在王朝中央改变了商朝"兄终弟及"的王位继承法，代之以"嫡长子继承制"，在地方则通过分封的办法加强对四夷的管理，维持社会的稳定，为周朝的统治打下了坚实的基础。西周初年的局势是，虽然武王荡平殷商，并对殷商贵族特别优待，允许他们保留旧俗，并享有一定的封地，但在当时如何维持新政权的稳定才是头等大事，因此就有了"封建亲戚，以藩屏周"的策略，即通过大量分封同姓贵族的方法，实现周王朝对于其他周边地区的统治，在周初分封的七十一个诸侯国之中，就有五十三个是姬姓贵族。在以"非我族类，其心必异"为信念的年代，无疑血缘关系是最靠得住的，在这一信念的指导之下，贵族们就按照血缘关系的远近，涟漪一般地被安排在周天子的周围。这种以血缘关系为基本底色的分封制像一张大网一样增加了政治的稳定性，而这张大网的网格节点就是一个又一个诸侯国。这样的制度设计自然较商朝相对松散的"内外服制"更为高明，但维持制度的稳定要比设计制度更重要。

西周初期王朝中央依靠血缘关系维持王朝中央内部及王朝中央与地方关系的稳定，地方也依靠血缘关系维持其自身稳定，在这种"家国一体"的模式之下，虽然从权力源头来讲，获得封地的殷商贵族和异姓诸侯与天子好像没有直接的血缘关系，但实际上，随着周与其他诸侯国之间的互相联姻，他们之间关系越来越紧密，形成了类似于直接血缘关系的间接血缘关系，这种通过联姻缔结的间接血缘关系，形式上可以达到与直接血缘关系同等的稳定效力。比如《左传·哀公二十四年》就有这种记载："周公及武公娶于薛，孝、惠娶于商，自桓以下娶于齐。"意思是周公和鲁武公的妻子都来自薛国，鲁孝公、鲁惠公的妻子都来自商国，鲁桓公之后的鲁国国君的妻子都来自齐国。身处王朝中央的周公与鲁国贵族同是姬姓，薛国、商国（即宋国）、齐国皆非姬姓，所以姬姓诸侯国与其他诸侯国之间的关系是非常紧密的。通过《史记·十二诸侯年表》我们也可以翻检出很多王室与诸侯、诸侯与诸侯之间的联姻例子，就连我们所熟知的"秦晋之好"这个成语也反映出西戎嬴姓和中原姬姓诸侯国之间世代通婚的友好关系，所以，我们可以得出这样的结论：无论是王朝中央，还是地方，在最高统治权方面，或者说决策权方面，掌握实权的人都直接或间接地与姬姓贵族有着亲密的血缘关系。这一关系的建立，一方面可以维持王朝中央对地方的统治，另一方面也是地方发展自身势力的重要步骤。

虽然无论王朝中央的天子，还是地方的诸侯，其最高权力都由关系盘根错节的姬姓家族直接或间接把持，但是最高权力以下的职能官署方面，或者说下级行政层面，是不是也存在同样的情况呢？这一点我们可以通过《史记·鲁周公世家》记载的一段周公告诫伯禽的话来考察当时的情形："我一沐三捉发，一饭三吐哺，起以待士，犹恐失天下之贤人；子之鲁，慎无以国骄人。"这里周公表示他所选择的士是天下贤人，而非仅仅局限于姬姓成员。同时周公在分封康叔到卫国去的时候，也叮嘱他"必求殷之贤人君子长者，问其先殷所以兴、所以亡，而务爱民"[①]，让他在管理卫国的时候，多注意参考当地贤人君子的意见。这也就表明，虽然政治权力在决策层面是不对外开放的，但是在行政层面却有一定的开放性。

我们可借助《周礼》来一窥西周复杂的官僚体系，虽然它不是当时官制的档案，但如果今天我们想对西周治理体系有更立体的理解，不能不参考这本书。《周礼》一书将官员按照天、地、春、夏、秋、冬进行分类，大类职位共有三百七十七个，囊括国家治理的各个方面。对政治、经济、文教、医药、饮食、环境等我们今天比较关心的现实问题，都有相应的职官负责，对应的任职人数则有五六万人之多。当然，事实上真正任职的人数规模可能没有那么庞大，分化的职位可能也没有那么详细，但是我们可以肯定的是，西周的社会治理体系不会简单，毕竟我们不能忽略周朝几乎维持了八百年统治的事实。同时，如此

---

① 出自《史记·卫康叔世家》。

复杂的任职阵容很难都和天子、诸侯有直接或间接的血缘关系，因为其中很多职位对技术性要求较高且不掌握实权。

二、拥有世袭权的职能王官

我们很难想象西周时代只有天子、诸侯世袭，其他官爵完全不世袭的情形，天子、诸侯是一定世袭的，因为不世袭就不能延续其"子孙万年"的统治。但卿大夫只是有世袭的可能，因为作为职能王官，世袭并不一定有利于上层贵族的统治，特别是掌握实权的王官。所以关于世袭，要分两种情形来看，一种是掌握实权的王官，另一种是不掌握实权的王官。

王国维先生在《殷周制度论》中对"卿大夫不世袭"作出了这样的论述："周初三公，惟周公为武王母弟，召公则疏远之族兄弟，而太公又异姓也。成、康之际，其六卿为召公、芮公、彤伯、毕公、卫侯、毛公，而召、毕、毛三公又以卿兼三公，周公、太公之子不与焉。"[①] 显然周公、太公之子没有世袭周公、太公的官爵，不在六卿之中，所以王国维先生认为西周的卿大夫是不世袭的。周公、太公属于开国元老，他们的身份比一般卿大夫要特殊得多，他们既属于上节所说的"世袭贵族"，又属于本节所要论述的"职能王官"，并且他们作为"贵族"身份的世袭其实已经在鲁国、齐国完成了，而作为王官身份的周公、太公没有世袭，也在情理之中。此外，连周公、太公都没有世袭他们的王官身份，我们也很难想象其他权势地位不如周公、太公的实权王官能够世袭，所以我们认为一般情况下，西周掌握实权的王官是不世袭的。

对于不掌握实权的王官，我们可以通过考察史官的世袭情况来进行了解。1976年出土的西周庄白一号窖藏青铜器铭文表明，从西周初期一直到西周中晚期的二百多年微氏四代世袭史官，并且他们不仅在西周世袭史官，其先祖在商朝就已担任史官，可见这种专业性较强的官署不仅可以世袭，而且可以跨越朝代世袭。在上古社会，比较专门且需要较长时间习得的技能一般都不对外公开，往往是父死子继，通过世袭的方式内部传承。比如编写史书是一项专业技能，所以为了保持他们工作的专业性和连续性，让这些技术型王官像贵族一样世袭无疑是有益于统治的。类似的出土青铜器如豆闭簋、申簋盖、曶壶盖、吕服余盘等，这些青铜器上都刻有允许这类技术人员世袭祖业的铭文，并且这些受封人的身份大都属于不掌握实权的职能王官。

但如果世袭不需要周天子授权就可以按部就班地完成，那么这种几近草率的做法对维护周的统治是没有任何好处的。所以世袭作为天子恩典，必须借助重复册封从而实现代际传承。比如天子甲册封了大夫乙，那么天子甲的继承者必须再次册封大夫乙的继承者，才能使大夫乙的继承者确认这份天子恩典，假如省去了再次册封的程序，这份天子恩典必然会大打折扣直到贬值为零。可以推想，这种允许世袭的天子恩典不是被普遍推行的，就像考试获得一百分才有奖状，如果给每人都发一张的话，这奖状就会完全失去其效力。所以我们认为西周时代不掌握实权的王官不是制度性世袭的，他们只是拥有世袭权可能性的阶层。

[①] 谢维扬、房鑫亮主编，谢维扬、庄辉明、黄爱梅分卷主编《王国维全集·第八卷》，浙江教育出版社，2009年，第315页。

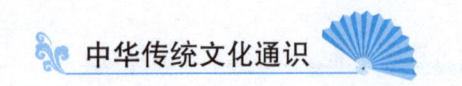

三、强势崛起的底层士人

西周至春秋时代，士处在权力的最低层，无论是从血缘关系看，还是从政治地位看，这种身份都很励志，他们必须拥有足够出众的才能，才有可能参与上层政治。可能正是因为士处在这样一个阶层，他们反倒比卿大夫更有进步的空间，并且这个阶层最终在战国时代强势崛起并转化成秦朝以后的官僚阶层，完全摆脱了血缘和等级的限制。

西周承平之际，士可以通过"乡举里选"的方式进身王官，那个时代选择优秀人才的标准大概就是后来孔子所谓的"文质彬彬"，即既要具备一定的身体素质，又要具备相当的道德水准，二者缺一不可。《仪礼》中的《乡饮酒礼》就详细介绍了乡大夫三年一次宴饮士的具体仪节，乡大夫通过这样的仪式表达对乡里贤能之士的认可。在那个以尚武为底色的尚文时代，乡大夫除了在日常生活中考察士的德行，还要在举行乡射礼的时候考察他们的身体素质。

根据《礼记》的《王制》篇，我们可以归纳出士的晋升路线：首先乡大夫把乡里的士推荐给司徒，司徒接收之后的士就成了"选士"，即被选中的士，被选中的士就可以在基层担任小吏了。司徒再选择那些表现特别优秀的"选士"，并把他们送入国家最高学府进行培养，能进入最高学府的士被称为"俊士"，即优秀俊逸的士。"选士"和"俊士"都可以被统称为"造士"。然后掌管教育的老师乐正就在国家最高学府对造士进行礼乐教育，从乡里进入国家最高学府的造士可以和天子、诸侯、卿、大夫的嫡长子一起在同一个班级里平等地接受《诗书》《礼乐》教育，不因出身不同而有所分别。这里需要特别注意的是，对于这些千挑万选出来的士，国家是非常重视的，因此就算有些造士不能顺利完成学业，国家也不会轻易放弃，君主会首先安排三公九卿等人对其进行二次教育，如果二次教育之后还不能完成学业，那么君主就会亲自莅临执教，如果他们连君主的教育都不听从，最后这部分造士会被流放到杳无人烟的荒蛮之地，永远地失去被任用的机会。所以我们可以看到提倡"敬天保民"的周朝对于底层的士是足够温和的，虽然士不像王官一样有世袭官爵的权利，但是他们可以平等地享受当时最高的文化教育。那些顺利毕业的"造士"，经过乐正的举荐和司马的考核后，就成为"进士"，即可以进贡为王朝的士。司马再从这些进士中选拔那些表现特别出众的推荐给国王，他们经过国王的考核之后就可以出任各种官职了。《王制》所记载的士阶层向上流动的步骤，虽然未必是西周实际的情形，但其中不可能完全没有实际的依据。

东周时期，随着周天子权威的下降，宗法制、分封制不再具备绝对的约束力，各个阶层的利益团体不断固化，士阶层的上升途径也随之被阻断了，他们很难再参与上层政治，直到王官失守，原本那些只属于贵族阶层的文化、教育也随着这些失意的专家学者来到民间，成为点燃士阶层的星星之火。《论语》中记载了类似的情形："大师挚适齐，亚饭干适楚，三饭缭适蔡，四饭缺适秦，鼓方叔入于河，播鼗武入于汉，少师阳、击磬襄入于海。"[①] 这里所记载的大师、少师等从事音乐的专家学者的身份就在这时由国家乐队的在编人员变成了流落四方的自由音乐人，孔子也正是因为这些人的落魄而获得了更多接触贵族知识的机会，并不断通过个人的努力从一个"多能鄙事"的乘田小吏而逆袭成为鲁国的大司寇，孔子可以说是早期士阶层强势逆袭崛起的最典型的代表人物。

---

① 出自《论语·微子》。

孔子以后，诸侯国越来越多的官职向拥有真才实学的底层士人打开，士人也开始拥有更强的责任心和更远大的抱负，也开始敢于"以天下为己任了"。在那个礼坏乐崩、僭越流行的时代，诸侯不安于诸侯之位而觊觎天子，卿大夫也不安于卿大夫之位而觊觎诸侯，因此，这时本来最安稳的士无论如何也不可能安于士之位了。但是诸侯、卿大夫这些权势阶层的僭越给周王朝带来的是进一步的混乱，而士阶层的崛起给周王朝带来的却是新的转机，因为他们自始至终都没有掌握真正的权势，也没有成为新的贵族。孔子五十五岁周游列国，十四年背井离乡，在极其困难的国际局势下宣扬他的"尊周"思想，他希望通过自己的努力"解民于倒悬"，再造一个秩序井然、老百姓安居乐业、"男有分，女有归"的新天下，但是毕竟大厦将倾，孔子最终没能扭转周朝的世运。

那个时代，似乎从周天子到卿大夫都是惶惶不可终日的，但是以孔子为代表的士阶层却致力做到无时不安乐，从孔子的"学而时习之，不亦说乎"① 到颜子的"一箪食，一瓢饮，在陋巷，人不堪其忧，回也不改其乐"②，我们看到的是士阶层的真信仰，有信仰的人永远不能被现实打倒。孔子之后，孔子的弟子追随着孔子的步伐，开始了新的征程，司马迁这样描述孔门后学的不同选择："自孔子卒后，七十子之徒散游诸侯，大者为师傅卿相，小者友教士大夫，或隐而不见。故子路居卫，子张居陈，澹台子羽居楚，子夏居西河，子贡终于齐。如田子方、段干木、吴起、禽滑釐之属，皆受业于子夏之伦，为王者师。"③ 孔门弟子之中，有的人选择从事政治，有的人选择从事教育，有的人选择隐居民间。其中子路去了卫国，子张去了陈国，澹台子羽去了楚国，子夏去了西河，子贡去了齐国。第二代的孔门后学以子夏之门为最盛，他们学成之后大多成为参政者。可见东周时期的政治已经和西周完全不同了，西周时期"选士""俊士""进士"的晋升序列已经不再适用于新的变化，在东周时代，只要具备执政者看中的素质，并通过适当的引荐即可获得参政的机会。孔子曾说："举尔所知，尔所不知，人其舍诸?"④ 意思就是选拔自己所熟识的人做官，自己不熟识的人，自有别的人去任用，这种方式显然更加灵活了。儒学式微之后，百家之学崛起，士阶层逐渐也从天子、诸侯、卿、大夫、士的序列中抽离出来，一转而成为身处底层而参与政治者的通称。庞大的士阶层不断崛起，逐渐取代了原来的贵族阶层，一个新的时代即将到来。

第二节　从以吏为师到察举征辟

一、大一统形势下的学吏制度

初定天下之后，秦朝所要面临的第一个问题就是如何对待语言文字、文教风俗都与秦国不相同的六国遗民，其实从秦通过暴力统一六国的办法与传统"远人不服，则修文德以

---

① 出自《论语·学而》。
② 出自《论语·雍也》。
③ 出自《史记·儒林列传》。
④ 出自《论语·子路》。

来之"① 观念的抵牾就能得看得出来，秦文化和周文化的精神不仅不是一脉相承，甚至是完全背离的。为了实现其高效统治的目的，秦朝统治者对于除国家图书馆所藏书之外的书籍，包括《诗经》《尚书》和诸子百家的书全部下令焚烧销毁，只保存医学、占卜、农业这些在当时经济实用的书籍，可见秦朝将东周以后重视真才实学的用人标准推向了极致，创生了一个近乎畸形的务实时代，其选用人才的标准也彻底改变了。

秦国在东周时期就重用商鞅进行变法改革，重视法家言论，统一之后，秦始皇更是看重韩非的治国策略，甚至发出"嗟乎！寡人得见此人与之游，死不恨矣"②的感叹，可见法家在秦朝的影响力之大。在文教方面，既然儒家典籍已遭焚毁，那么选人用人也必然轻视德行的考察，转而以实用为最高标准。韩非子曾在《五蠹》一文中对选拔人才作出这样的论述："明主之国，无书简之文，以法为教；无先王之语，以吏为师；无私剑之捍，以斩首为勇。是境内之民，其言谈者必轨于法，动作者归之于功，为勇者尽之于军。"③ 也就是说，如果有人想学习文化的话，那么他所接触的文本一定是法律文献，如果想找一位好老师的话，除了专门负责教法律的法吏，别无可寻。《史记·李斯列传》中也记载了李斯的见解："若欲有学法令，以吏为师。"整个社会生活都笼罩在法律的大网之下，所有人都生活在法家追求的整整齐齐的理想世界的路上，那是一个纯粹培养统治机器的时代，哪怕稍微在形式上多做一点儿装饰都懒得做。秦朝国祚极短，十五年而亡，今天能够看到的相关文献非常不足，因此对于以吏为师的"学吏制度"执行过程是很难具体了解的。

二、再次重视道德才能的汉代选举

面对嬴秦骤亡的前车之鉴，在政治制度上，汉高祖兼采周秦而创生出"郡国并行"制，其选人用人策略也发生了重大转变，不再单纯重视才能，前朝丝毫不措意的道德也被重新重视起来了。但是汉代的人才选拔不像后世科举时代那样有规律，整体上看，更多的是随时随事选拔。具体的选拔官员方式有两种：自上而下的征辟和自下而上的察举。

（一）察举制的兴衰

一提到汉代的察举制度，很多人都会想到举孝廉，仿佛汉代的察举就是举孝廉一样，但是事实上察举的类别有很多，只不过举孝廉在汉武帝时期制度化了，规定了郡国每年按照一定的名额向王朝中央举荐，所以变成了"常科"，即有规律地进行推选，因此给后世留下了刻板印象，认为举孝廉就是察举制。事实上，不仅选拔孝廉是常科，光武帝时期，选拔秀才也变成了按期拔擢的常科，但是"秀才"之名也因为避光武帝刘秀的讳而改成了"茂才"。汉代的人才选拔项目远比我们想象的要丰富，其中最特殊的察举科目是贤良方正，因为选拔举荐的时间紧跟天灾，其次就是在汉代最流行的孝廉和秀才两科了。

贤良方正科专门选拔那些直言敢谏之人，之所以选择这样的人才，实在是专制皇帝的无奈之举，谁会没事儿喜欢听人指责自己的过失呢？皇帝确实不喜欢，但是他们对天文学的

---

① 出自《论语·季氏》。
② 出自《史记·老子韩非列传》。
③ 出自《韩非子·五蠹》。

无知导致他们认为所有的日食、月食、地震等自然灾害都是上天在警示统治者没有任用贤人，因此每当发生无法解释的自然灾害时，皇帝们就开始责怪自己用人不当，聊表改过自新的决心之后，便赶紧提拔一些直言敢谏之人来规谏自己。我们几乎可以这样认为，只要汉代发生了大型自然灾害，就表示有人要借机升级了，这也是汉代察举中最不正常的一科。

孝廉，顾名思义就是既"孝"且"廉"，即在家孝顺父母，在外清正廉洁。举孝廉的雏形肇始于惠帝时代，最早被称作"孝悌力田"，只提到孝而没提到廉，但是按照当时的理解，大概能做到孝悌力田，就能做到清正廉洁了，毕竟孔子都说："孝乎惟孝，友于兄弟，施于有政，是亦为政，奚其为为政？"① 真能做到孝的话，必然能做到廉。汉文帝十二年下诏："孝悌，天下之大顺也；力田，为生之本也；三老，民众之师也；廉吏，民之表也。朕甚嘉此二三大夫之行。今万家之县云无应令，岂实人情？是吏举贤之道未备也。"② 这里不仅提到了孝悌力田，也提到了廉吏，可见当时虽然推行了孝廉制，但是好像效果并不理想，完全没有得到预想中的反馈。至于为什么没有人应举，汉文帝把罪责归结到了地方的官吏身上，毕竟举荐权全在地方，地方不举荐，王朝中央也毫无办法。这种情形一直持续到汉武帝时期，以至于汉武帝时期相关部门给出了这样的建议："不举孝，不奉诏，当以不敬论；不察廉，不胜任也，当免。"③ 那么为什么地方就是不举荐呢？我们大概可以从古老的举荐制度中找到可能的答案，《史记·范雎蔡泽列传》中有这样的记载："秦之法，任人而所任不善者，各以其罪罪之。"如果地方官举孝廉不仅没有好处，反而可能带来灾难，万一被举荐的人在王朝中央表现得不够出色，举荐者就要承担连带责任，这可能是比较合理的解释。当然，也有可能是因为孝顺、廉洁需要长期观察，短时间内很难得出结论。

汉武帝之前的举孝廉并不成制度，因为没有更为细致的要求，汉武帝之后，举孝廉逐渐制度化了。汉武帝元光元年下诏让各郡国举一个孝廉，也就是说，举孝廉开始有具体的人数要求。六年后的元朔元年武帝下诏："今诏书昭先帝圣绪，令二千石举孝廉，所以化元元，移风易俗也。"④ 这里对举孝廉的官员身份也作出了明确要求，俸禄二千石才有举荐权。后世不同时期关于举荐者的身份以及州郡举荐的名额都有不同的规定，《后汉书·百官志》记载"孝廉，郡口二十万举一人"，但是《后汉书·丁鸿传》又有这样的描述："时大郡口五六十万，举孝廉二人；小郡口二十万，并有蛮夷者，亦举二人。帝以为不均，下公卿会议。……自今郡国率二十万口，岁举孝廉一人；四十万，二人；六十万，三人；八十万，四人；百二十万，六人；不满二十万，二岁一人，不满十万，三岁一人。"可见不同时期的选举比例是有变化的，但是总体而言，从二十万人中选一人的情形比较稳定。在竞争如此激烈的现代世界，这种选拔比例，无疑是渺茫到了极点。但即便如此小的选中概率，被选中后被举荐到王朝中央，还要经过王朝中央的"对策"考试才能真正地成为官吏，毕竟孝顺的人不一定是万能的，必须具备一定的文化基础才能做官。这种"对策"考试在西汉只是简单地讲述一下自己对治理天下的看法，但是到东汉顺

---

① 出自《论语·为政》。
② 出自《汉书·文帝纪》。
③④ 出自《汉书·武帝纪》。

帝以后，就真是要动真格的考试了。并且，顺帝以后要求被举荐的人必须四十岁以上，因为无论是按照孝的标准，还是廉的标准，都需要一定时间的考验，没有足够的阅历是很难直接承担处理政务的重任的。

西汉的"秀才"在东汉被称为"茂才"，其本名原是"秀才异伦""秀才异等"，即特别有才能的人，就像今天《最强大脑》节目选拔特殊人才一样，一般人是达不到那种高要求的。秀才科的选举最早也是汉武帝时期定为一年一举的，但是实行的情形大概也与举孝廉类似，能真正具备这样能力的人很少。可见很长一段时间内，孝廉、秀才并行，是所有察举项目中最火的两个项目。上文提到西汉前中期常常出现地方不向王朝中央举荐孝廉的情况，但是这种情形到了东汉，发生了膨胀式的变化："今刺史守相，不明真伪，茂才、孝廉岁以百数，既非能显而当授之政事，甚无谓也。"[①] 还有些人使用钻营取巧、阿谀奉承的方式获举孝廉、茂才，可见纲纪废弛到了何种地步，以至于身居下位的人就算真孝真廉也没有机会被举荐，那些权势阶层就算道德败坏也能身居高位。

（二）征辟制的推行

从汉武帝开始，朝廷有时会绕过州县举荐，采取征召的方式直接提拔和任用人才，这种方式被简称为征；王朝中央和地方官员直接选择自己满意的人才的方式被称为辟除，简称辟。又因为征和辟都代表官方，所以两个字往往合称征辟，代表自上而下的选人方式。

征辟制作为察举制的补充，一方面杜绝了单方面接受举荐的弊端，另一方面也使那些真正具有真才实学的人得到了直接晋升的机会。但是在两汉的历史上，举而不就、征而不起的现象非常常见，比如东汉蔡玄"学通五经，门徒常千人，其著录者万六千人，征辟，并不就"[②]。凡是这些征而不起的人，往往会获得更多尊重，因为轻易选择放弃一步登天的权力的人，绝对不是一般的人。

征辟制的实行并没有改变举孝廉、举秀才的弊端，也最终未能扭转东汉的衰势。一个黑白颠倒、阶层固化的时代到来了，同时也意味着这个时代快要结束了。

第三节　从门阀世家到科举取士

一、乱世中的新贵族

东汉末年天下三分，从两晋到南北朝，政治局势急转直下，先是中原内乱，后来胡人南下，朝代更迭、南北异治，政局十分不稳定。人才选拔方面则由于察举制主观性和地方权力过大，因此逐渐被操纵出现"以名取士"和"任人唯亲"。为了克服察举制的这些弊端，曹魏时期创立了九品中正制（图8-1），初衷是通过标准化的官方评定来选拔德才兼备的人才；但随着时间的推移，这一制度又逐渐被士族门阀所控制，成为维护其特权的工具。先天不良的基因注定无法完成真正选拔人才的重任。

---

① 出自《后汉书·肃宗孝章帝纪》。
② 出自《后汉书·儒林列传》。

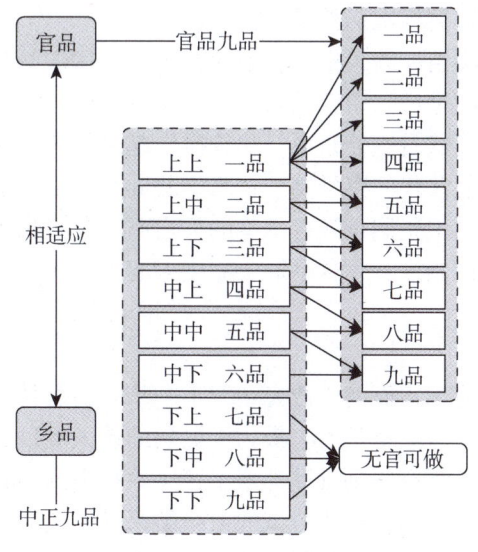

图 8-1　九品中正制

九品中正制最初是魏文帝时期创设的,这里需要注意的是,虽然三国以后九品中正制盛行,但是两汉的察举制并未废除,仍然是与新制度并行的。九品中正制里的"品"是"类"的意思,就是中正官把人才按照道德的高低分为上上、上中、上下、中上、中中、中下、下上、下中、下下这九种类别,然后进呈吏部,以供选用。这里的官员选举一共有三个层次,中正官有两名,一名是郡邑的小中正,一名是州部的大中正,先是由小中正选拔人才并对人才进行排名,之后交给大中正审查,大中正审查完毕后再上报给王朝中央。在那个天下大乱的年代,今天的王朝中央不一定就是明天的王朝中央,所以那时候的王朝中央权威是很弱的,弱到需要获得门阀士族的支持才能稳坐江山,势力稍大的门阀士族掌握的户籍人口数量比皇帝掌握的还多。在这种现实情况下,小中正、大中正毫无疑问会被门阀士族控制,毕竟在制度设计之初,就有中正官必须是当地人的相关规定。因此拥有绝对权力的门阀士族轻松就控制了选官权,他们毫无疑问地会先把自己人选进去,然后不断地在政治领域继续积蓄能量,致使名门世族累世高官,寒门则上升无望,形成一个对王朝中央极其不利的"良性循环"。

不过,毕竟九品中正制的选官标准是道德水准,这是公诸天下的,也就是说你的道德或许没有什么可圈可点之处,但是绝对不能有重大污点。实际上我们看到,很多官员后来被迫"下岗",就是因为他们的行为完全违背了九品中正制的最低标准。从这个意义上来讲,在政治混乱的年代,虽然大部分人都在挣脱各种束缚,但儒家的底色仍然没有彻底消失,即九品中正制的精神内核仍然是儒家的。我们来看几个真实案例。韩预任职长史期间强行迎娶杨新的女儿,但是当时杨新的姐姐才刚刚去世,还没下葬。韩预这样的做法直接让杨家陷入"悲欣交集"的不仁不义境地,所以中正官张辅得知此事后,以"正风俗"为由贬了韩预的官。这是已经做官的,没做官的,也会因为自己的不当行为受到影响。陈寿的父亲去世了,他很伤心,但是自己身体不舒服,他便吩咐婢女给他做药丸,被人看到之后,大家都认为在父亲去世的时候悲痛之情应该是第一位的,自己就算有病也不应该让婢女去做药丸,让婢女做药丸只能表示自己心里没有被父亲去世的悲痛完全占据,因此是不够孝的,于是陈寿就因为这件事好多年都没有被选上孝廉。可见虽然在政治情形极其不稳定的世道之下，儒家的道德标准仍然是很稳定的。

从三国到两晋，政权都由汉族人把持，因此在选人制度方面基本步调一致，都以九品中正制为主流。进入南北朝之后，南朝的宋、齐、梁、陈继承了这一制度，但是对于文化水平普遍较低的北朝少数民族君主们来说，相较操作起来复杂无比并且弊端不少的九品中正制，他们似乎更愿意恢复汉代的察举制。在隋灭北周又南下灭陈之后，中国再一次统一了。北方统一了南方，九品中正制也随着南朝的灭亡而逐渐淡出了人们的视野，一种更加老实且具备北方特色的考试制度——科举取士制度兴起了。

二、影响深远的科举时代

科举取士肇端于隋大业二年而终于清光绪三十一年，前后持续一千三百年，是中国历史上影响最大的选人制度，自然也是历来最为人诟病的选人制度，不仅为后人诟病，即在当时与之后的历朝历代一直都有深刻批评甚至主张废除科举的声音。与前代选人制度多少会重视道德品行、真才实学不同，科举考试的最终结果是完全凭试卷判断的，所以通过科举制度选拔出来的所谓人才不仅道德品行无从保证，具不具备解决实际问题的能力更是难说，历代虽然都有过改革科举的措施，但是大都没能从根本上解决这个难题。科举取士的优点在于标准明确，只要做得出考官欣赏的文章就能被选上；其缺点在于，能做好文章的人不一定都具备从政的素质，很多人只求被选上吃皇粮，而这种情形无论在科举制度开始前还是科举制度结束后都是存在的。

（一）历代科举的考试资格及程序

隋朝国祚仅三十八年，自隋炀帝设进士科到隋灭亡仅十二年，制度草创，发展还很不成熟，而唐朝基本沿用了隋朝的科举制度，所以在参加科举考试的资格上，两朝一脉相承。与先前被动的察举制不同，隋唐科举的一大进步在于，士子获得了一定的主动权，但是仍有若干限制。在唐朝参加科举考试，有清白可查的谱牒（证明家世的户口文件）是最基本的要求，如果是工商之家，想要参加科举考试的人必须携带谱牒到州县报到，由州县先进行测试。各郡的名额也因郡的大小而不相同，人口较多的郡每年可以上报三人，人口中等的郡每年可以上报两人，人口较少的郡每年可以上报一人。通过这样一轮筛选之后，被选上的人还要到户部再次核验身份，然后参加王朝中央举办的省试，参加完这次省试还不算完，还要再参加吏部的考试才能最终吃上皇粮。让我们通过两个例子来看当时制度的残酷性，首先是李白因为身份特殊，不能提供谱牒而无权参与科举考试，其次是韩愈虽然三次科举才考中进士，但十年之后才通过吏部的考试最终获得官职，两个旷世奇才都遭遇了科举的迎头痛击。

宋朝的科举，因为门阀士族随着唐代的灭亡而消亡殆尽，所以在制度上表现得要亲民得多，甚至那些官僚子弟考上之后要面临更严格的审查并进行复试。具体考试程序与唐代相差不大，都是逐层由下到上送选，先经州县"解试"再经礼部"省试"，最后要经过皇帝亲自主持的"殿试"。所不同的是，宋朝考中进士之后不需要再到吏部考试，也就是说韩愈如果生在宋代，不需要再浪费十年光阴就可以获得官职了。

元代虽然是蒙古族统治，在考试内容上对不同民族会有不同要求，但是考试资格和程序上并不因民族不同而有差别。明清的科举，发展最为成熟，因此资格限制也更加详细了，比如以下几类人是明令禁止考试的：奴仆、倡优、隶卒、从事贱职的人（渔民、丧葬从业者之类）。不仅这些人无权参与科考，甚至三代以内有从事这种职业的人都无权参与科举。

明清考试的程序也更加复杂，但是大体仍然与宋代相似，不过名目上略有差别，明清的三级考试名目为"乡试""会试""殿试"；且清代科举除殿试、朝考之外，每个级别的考试都有覆试，所以实际要通过六级考试："乡试""举人覆试""会试""会试覆试""殿试""朝考"。从唐代相对宽松的考试，到清朝已经成功地把科举变成了一项长途赛跑，比如乡试从凌晨三点的点名到持续九天的考试，身体不好是很难坚持下来的。

欲学习更多相关内容，请扫描查看延伸阅读8-1。

延伸阅读8-1

（二）历代科举考试的内容差异

科举，本来是分科选举的意思，《新唐书·选举志》对唐代的科举科目做了如下的罗列："其科之目，有秀才，有明经，有俊士，有进士，有明法，有明字，有明算，有一史，有三史，有开元礼，有道举，有童子。而明经之别，有五经，有三经，有二经，有学究一经，有三礼，有三传，有史科。此岁举之常选也。"可见当时的科举有很多种类，但是唐代最为士人措意的还是明经、进士两科。宋代王安石变法废除了明经，后世因循，元明清考试只有进士，不再重设明经。因此我们在讨论本节内容时也只对明经、进士两科进行考察。

唐代科举的明经科侧重考察应试者的记忆力，进士科则侧重考察应试者的理解力，这种分科思路基本和目前我们高考文科偏重记忆、理科偏重理解相似。明经科考试以孔颖达编撰的《五经正义》为主要参考书，具体程序相对烦琐：先考默写，再考背诵，然后答辩，最后通过引经据典的方式回答时政问题。进士科的情形相对简单：先考作诗赋的能力，再用引经据典的方式撰写与时政有关的文章，最后考经书默写。因为进士科重视诗赋的考察，所以当时出现了比较流行的诗赋素材大合集《艺文类聚》《初学记》《白氏六帖》，这些类书在当时大受欢迎，因为它们分门别类地把各种诗赋素材罗列清楚，方便检索记忆。同时，因为科举考试需要有固定的标准，所以唐代出现了《九经字样》、石经等这种官方文献，文字的准确性变得格外重要了。关于明经、进士两科的难度，唐代有"三十老明经，五十少进士"的评价，可见考中进士之难，宋代亦有"焚香取进士，撤帷待明经"的俗语，可见到宋代明经科已经非常不受重视。宋代可谓是中国历史上人文气息最重的一个朝代，也是士人家国担当爆棚的朝代，因此在科举考试的内容上也尝试作出了最为深刻的变革。范仲淹当宰相的时候，曾经提过让准备参加考试的人先进学校学习，具备相当的道德水准之后再允许参加科举的建议，但是并未能真正施行。实际上早在唐代就曾有过把学校入仕（生徒考试）和通过科举入仕（贡举考试）合而为一的想法，但是这种"考教合一"的措施到底是否施行也不得而知，但是范仲淹所措意的主要是应试者的道德，这也是宋代三百年学术的特色所在。后来王安石变法，"罢诗赋、贴经、墨义，士各占治《易》《诗》《书》《周礼》《礼记》一经，兼《论语》《孟子》"[①]，并以不能选出有真才实学的人才为由废除了明经科，并且亲自编纂《三经新义》，试图从根本上扫除汉唐冗旧的注疏儒学而重新激活科举考试选拔人才的功能；但是随着官僚系统内部势力的反对和宋

---

① 出自《宋史·志·选举一》。

神宗的驾崩，王安石变法失败，《三经新义》随之而废。

元代蒙古族入主中原，与前代重视考察《五经》不同，元代科举出现了在宋代流传已久但始终没能获得宋代官方认可的新经典标准——《四书章句集注》。并且因为当时对民族进行分化治理，在四等人制的基础上对于不同民族的应试者进行不同的考核：蒙古族和色目人的考试内容是朱熹的《四书章句集注》和一些与时政相关的问答；汉族的考试内容不仅包括《四书章句集注》，同时还有《诗经》《尚书》《周易》《礼记》《春秋》。所以少数民族和汉族在考试内容上、难度上差别很大。

明代科举考试在内容上基本与元代相同，《四书》《五经》并重，所不同的就是没有了民族的区别，不再对汉族进行特别"照顾"了，而且唐宋两朝科举考试所选定的《五经》注解版本是：东汉时期郑玄注解的《诗经》和《礼记》、伪孔安国注解的《尚书》、三国时期王弼注解的《周易》、魏晋时期杜预注解的《左传》。明朝虽然也考察《五经》，但是注解版本已经完全和唐宋不同了：除《礼记》的注解选本没变之外，《周易》用宋代程子、朱熹的注解，《诗经》也用朱熹的注解，《尚书》以朱熹弟子蔡沈的注解为主，《春秋》采用了程门弟子胡安国的《春秋传》和朱熹弟子张洽的《春秋集传》。

清代和元代有相同的民族问题，在科举操作上也与元代有类似之处，只是有了元代不到百年就亡国的历史教训，在科举这方面，也不再公开"双标"了。清代贵族特别识趣地以宗室应当继承先代骑射的习俗、不应沾染汉人文弱习气为由禁止宗室参加科举，并给他们量身定做了"翻译科举"，以防止他们无所事事。明清科举还有一大特色，就是从明代开始，出现了所谓的"八股"，"八股"是对作文形式的要求，和今天语文作文"龙头""猪肚""凤尾"等提法有相似之处。"股"是对偶的意思，基本要求是开头、中间两部分都要通过正反、虚实、深浅的论证方法完成四个对偶，因此称作"八股"。明清科举的发展在内容上无可复加，在形式上也"内卷"到极致，完全丧失了作文应有的灵活性，以至于很难选出具有真才实学的人。

（三）科举对传统家族社会的影响

科举考试虽然有种种问题，但是毕竟不失为一种选拔人才的方法，事实上，一千三百年的科举考试也选拔出了不少优秀人才，这是无论如何也不可否认的。另外，科举考试对中国自古以来家族社会的影响也是非常剧烈的，这个打着孔子和儒家旗号的选人方式，结果从形式上和内容上都彻底地摧毁了孔子和儒家期望的社会形态，反而是实现了商鞅拆散家庭的法家目的。

儒家的理想社会是不能脱离伦理而存在的，即人不能脱离作为家族存在的大家庭关系，亦即不能脱离伦常的日常实践，空口讨论孝友忠信是极容易的事，只需稍稍涉猎一点儒家书籍便很容易知道什么是孝的概念，什么是友的概念，什么是所谓的忠信，但是要做一个能孝的人，一个能友的人，一个能忠信的人，甚至可以说那完全是另一件事情了。因此科举高中榜首之后的结果，无论是唐宋的直接任职，还是明清的熬过翰林编修后任职，基本意味着背井离乡，长期与自己仍在家乡生活的高堂父母分离，也意味着被迫脱离伦常的日常实践。孔子讲"吾不与祭，如不祭"，对待亡故的先人都需要在场然后才能算作真正的祭祀，更何况在世的双亲？如果不能亲自奉养，那怎么才能尽身为人子的孝道呢？

由于在任职时普遍需要回避本籍，大部分士人一踏上仕途就开始了身不由己的职业生涯，唐代陈子昂有诗云："委别高堂爱，窥觎明主恩。今成转蓬去，叹息复何言。"① 足以表达当时一般士人仕途中的纠结与无奈。

白居易在改官时竟然明确以家贫为由请求兼职，可见从政后虽然获得了一定的俸禄，但仍免不了家贫，不仅免不了家贫，而且不能亲致奉养。当然国家也在保证行政系统正常运行的基础上也尽量允许士人尽孝，比如三年给三十天假期之类的制度在唐代还是有的，另外还有固定的节日假期，但时间都不超过一星期。当然如果有特殊的情况可以请假探亲，但是审核程序相当严格，不可以随便擅离职守，不然就要面临杖一百的惩罚。所以士人任职后的自身生活可能更加体面和优渥了，但是身后的大家庭可能就无力顾及了。

明代归有光甚至因为族亲众多而不敢轻易回家，其窘迫程度可想而知。唐代的游宦士人大多出生于甲地，任职于乙地、丙地而最终葬于丁地，这是非常常见的情形，而这种情形并不是唐代的专属。与之相反的，有些人终生不仕，反倒能在某种程度上实现其为人子的孝。宋初越州会稽县一个裘姓大家族维持了二百四十六年，其中一个重要原因是这二百四十六年之中，裘氏家族没有一个人做过官。当然可能会有人拿《红楼梦》中的贾府四世同堂来反驳以上的论断，但要知道一般的官僚阶层是绝无那样优越条件的，一般情况下初入仕途的官僚阶层亲身尽孝的难度要远大于平民百姓。"太宗皇帝真长策，赚得英雄尽白头"② 实在是洞彻科举本质的真言。

拓展阅读

书名：《中国考试制度史》
作者：沈兼士
出版社：中国和平出版社
出版时间：2014年

内容简介：本书通过大量的史料论述了考试制度在中国古代历史发展脉络中辉煌亮丽的进程，充分肯定了中国古代考试制度的优选性，同时也尖锐地指出了其运行过程中出现的种种弊端。本书见解独到新颖，语言朴实厚重，是难得的关于中国古代考试和选拔人才的学术研究成果，对现今社会的人才选拔和干部任用具有积极的借鉴意义。

课后思考

1. 什么样的人才选拔制度能称得上是好制度，它的标准应该是由谁制定的？
2. 如何避免不同制度在施行过程中不公平因素的周期性重演？
3. 不同时代的不同制度能选拔出不同类型的人才，如何正确看待制度与人的关系？

---

① 出自《全唐诗·宿空舲峡青树村浦》。
② 出自《唐摭言·散序进士》。

第九章
实学汇通：独特的科技体系

学习目标

1. 了解古代中国科技发展的推动因素。
2. 了解古代中国在多个科技领域的成就。
3. 掌握中国传统科技成就中与今日生活相关的知识。

能力目标

能够认识科技在传统文化中的重要性，明白中国古代科技发展的独特思维和架构体系，思考这种体系对未来社会发展的启发。

任何民族的文明进步和文化繁荣，都需要背后有强大的生产力作为基础，生产力的高下主要由科学技术水平决定。作为历史悠久的文明原生地，中国也是人类的科技发祥地之一。汉语中"科学技术"一词出现得很晚，但是今天以"中国传统科学技术"一词所指的辉煌成就，既是中华文化蓄息延绵数千年的内生力量，这些成就本身也成为中华传统文化的重要组成。

中国古代长期领先的农耕文明，是传统科学技术发展的最大推动力。围绕农业社会生产生活的相关需求，中国发展了极高水平的数学、天文学、农学、水利工程学和医学，在诸多领域取得了斐然的成就。

第一节 数学与天文

一、中国古代数学

中国古代数学起步很早，上古时代已经可以通过结绳记事的方式对"数"进行运用。在后续的发展过程中，中国古代数学始终对"数"高度关注，尤其重视解决实际问题，重视算法和算数，因此古代数学也长期被称为"算学"。

第九章　实学汇通：独特的科技体系

算学长期和天文及卜筮有紧密联系，从很多数学用语和著作中都能看到这种关系，比如用《周易》"大衍之术"命名的"大衍求一术"，阐述"盖天说"的《周髀算经》既是数学也是天文著作，史书的"律历志"等。

算学更与实际生产生活密不可分，被广泛应用在各个领域，如农业、商业、建筑、军政管理等。周代贵族子弟所习的"六艺"技能中就有"数"艺。此时算学已经成为教育的重要内容，被认定是齐家治国的必备技能之一。孔子年轻时曾经担任过管库员（委吏），他运用熟练的"数"艺，将仓库管理得很出色，出入既公平又准确。"孔子……尝为季氏史，料量平。"[①] "孔子尝为委吏矣，曰：'会计当而已矣。'"[②]

早在商代，中国已经开始使用十进位制记数法，是世界上最早采用这一记数法的国家。商代甲骨文中可见到"十、百、千、万"等计数单位，周代金文中则出现了"亿"这一单位。到先秦时中国开始应用分数，到西汉时已经使用负数。

中国很早就开始发明和使用计算工具。最迟到春秋时代，中国已普遍采用算筹进行"筹算"。这一计算方法使用了两千多年，并由"筹算"逐步发展出使用算盘的"珠算"。从宋元时代开始，"珠算"基本取代"筹算"，成为应用最为广泛的计算方法。今天，计算机早已普及中国全社会，但"珠算"仍受到很多人的喜爱，并作为非物质文化遗产得到保护传承。

唐代在国子监内设立算学馆，把汉唐一千多年间的十部数学著作列为国家最高学府的算学教科书，用以进行数学教育和考试，后世通称为《算经十书》，这十书包括《周髀算经》《九章算术》《孙子算经》《五曹算经》《夏侯阳算经》《张丘建算经》《海岛算经》《五经算术》《缀术》《缉古算经》。中国古代数学发展的巅峰是宋元时期，当时中国拥有很多世界一流的数学家，如贾宪、刘益、秦九韶、李冶、杨辉、朱世杰等，诞生了《黄帝九章细草》《数学九章》《测圆海镜》《详解九章算法》《四元玉鉴》等数学经典著作，取得了大量卓越的成就。

在几何学领域，《墨经》已经包含了大量理论几何学的萌芽。中国古代几何学善于将几何问题转为代数问题，以这种思想促成了勾股定理的发现和圆周率的推算。据《周髀算经》记载，中国在西周时期就发现了"勾股定理"。因此可知，最晚到《周髀算经》成书的西汉末年，勾股定理已经被中国人掌握。

在研究圆周率 π 的具体数值方面，中国长期保持世界领先水平。从《周髀算经》的"周三径一"开始，历代数学家创新各种方法，以测量和计算更为精确的圆周率值。按照新莽时期刘歆记载的"律嘉量斛"尺寸，圆周率已可折算到 3.154 7；东汉张衡在《灵宪》中的数据，则将圆周率取到 3.146 6；三国时吴国的王蕃使用分数 142/45 表示 π，折合成小数是 3.155 5。与王蕃同时代的魏国人刘徽改变了通过精确测量来获取圆周率的方法，发明"割圆术"（图9-1）来推算圆周率，通过逐次倍增圆内接正多边形，将其面积无限逼近圆面积，化曲为直，从而推出圆周率。刘徽算到 192 边形的面积，得到 π = 157/50 = 3.14，这就是历史上有名的"徽率"。南北朝时期，祖冲之（图9-2）在前人的

---

① 出自《史记·孔子世家》。
② 出自《孟子·万章下》。

基础上，用更为严密的方法，精确推算出了圆周率 π 在 3.141 592 6 和 3.141 592 7 之间，成为世界第一位将圆周率值计算到小数点后第 7 位的科学家，领先了国外一千年之久。祖冲之还给出圆周率的两个分数形式：22/7（约率）和 355/113（密率）。祖冲之对圆周率数值的精确推算值，对于中国乃至世界是一个重大贡献，后人将这个精确推算值用他的名字命名为"祖率"。

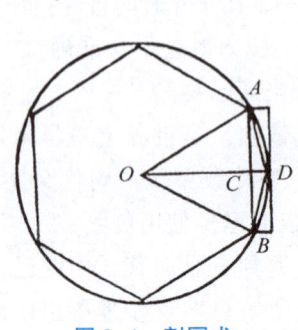

图 9-1 割圆术　　　　　　　图 9-2 祖冲之

在代数计算方面，中国古代把方程称为"开方式"，把解方程的方法称为"开方术"。1 世纪左右的《九章算术》记载了完整的开平方和开立方的步骤方法，以此可解一元二次方程和联立一次方程组。唐代《缉古算经》提出了一元三次方程的普通解法。

北宋贾宪创造了"开方作法本源"图，即指数为正整数的二项式展开系数表，现被称为"贾宪（杨辉）三角形"（图 9-3），并将其发展为"增乘开方法"（求高次幂的正根法），前者比帕斯卡三角形早六百年，后者比霍纳的方法早七百七十年。刘益第一个把贾宪的"增乘开方法"作进一步推广，提出二次方程式的求根法，使它成为求解高次方程的普遍解法。

```
                  本积
         左积   1   右隅
       商除   1   1   方法
     平方积  1   2   1  平方隅
   立方积  1   3   3   1  立方隅
  三乘积  1   4   6   4   1  三乘隅
 四乘积  1   5  10  10   5   1  四乘隅
五乘积  1   6  15  20  15   6   1  五乘隅
```

图 9-3 贾宪（杨辉）三角形

南宋秦九韶系统地总结和发展了高次方程数值解法和一次同余组解法，提出了相当完备的"正负开方术"和"大衍求一术"，达到了当时世界数学的最高水平。"大衍求一术"在世界数学史上占有崇高的地位，国际数学界把它称为"中国剩余定理"。五百多年后，德国数学家高斯在 1801 年才建立起同余理论。南宋另一位大数学家杨辉改进筹算乘除计算技术，发展了各种乘除捷算法。

与秦九韶同时，北方的李冶完善了用数学符号列方程的"天元术"，总结出一套简明实用的天元术程序，并给出化分式方程为整式方程的方法。元代朱世杰全面继承了南北前人的数学成果，并在这些基础上进行了创造性的研究，写成体现宋元数学最高成就的《四元玉鉴》，提出了"四元术""垛积法"与"招差术"。"四元术"指的是四元高次方程组的建立和求解方法，是天元术的推广，以天、地、人、物四元表示四元高次方程组，将多元高次方程组依次消元，最后只余下一个未知数，从而解决整个方程组。"四元术"早于法国数学家别朱（Bezout）于1775年才提出的消元法近五百年。"垛积法"指的是高阶等差数列求和，朱世杰在杨辉的基础上依次研究了二阶、三阶、四阶和五阶等差级数求和问题，从而发现规律，得到了这一类任意高阶等差级数求和问题的系统、普遍的解法。利用朱世杰的公式，不管是几阶的等差级数，都可以很容易地求出和来，这是级数理论的一大突破。朱世杰还把三角垛公式引用到"招差术"中，指出招差公式中的系数恰好依次是各三角垛的积，这样就得到了包含有四次差的招差公式。他还把这个招差公式推广为包含任意高次差的招差公式，这在世界数学史上是第一次，比欧洲牛顿的同样成就要早近四个世纪。

二、中国古代天文学

中国传统文化中，"天"具有崇高的地位，它不仅指苍穹之上"自然之天"，同时也代指具有无上统治能力的"主宰之天"，以及"义理之天""命运之天"等。人们最早也是在天地的运行中感受到了时间的概念。作为农耕社会基石的农事活动，更是一直"靠天吃饭"。因此，中国人一直极端重视人与天地的关系，在上古"绝地天通"之后，研究天象运行与四季授时就成为专业人士秘传的学问，后世则用《易经》里的"天文"一词，作为此类学问的通称。古代中国设立了专门机构，以掌管天象观测记录和历法修订。最早见于《尚书·尧典》："乃命羲和，钦若昊天，历象日月星辰，敬授民时。"通过观测天象的日、月、星位置来确定时间上的日、月、年，根据季节变化指导人们的生产生活，这就是"观象授时"。

数千年来，中国古代天文学为后世留下了大量的天文观测记录，这些记录数量庞大，记载系统完整，观察细致准确，持续历史不断，在世界上罕有其匹。它们包含了日食、月食、新星、超新星、彗星、流星和太阳黑子等异常天文现象，不少记录是世界天文史上的首次，并且在记录时间上远远早于世界上的其他国家。

世界上对日食的首次记载见于《尚书·胤征》，这次日食发生在公元前两千多年的夏仲康五年秋月朔日，由于负责天文观察预测的官员羲和酗酒贪杯玩忽职守，"废时乱日"[①]没有提前给出预测，导致日食出现时社会一片混乱，羲和因此受到严惩。而公元前1000年左右的商代甲骨上，则多次出现"交食"（日月食）记录。再晚一些的《诗经》《左传》《逸周书》等典籍里记录了更多更准确的日月食，仅《左传》一书所载从公元前770年到公元前476年间共三十七次日食记录，其中三十三次被证明完全可靠。从春秋到清代，中国有文字记载的日食达一千多次，月食近六百次，这些经过慎重挑选后进入典册的记录非常准确。直到今天，现代天文学还需要依靠它们研究包括太阳外层大气结构和地球自转的不均现象等课题。

---

① 出自《尚书·胤征》。

除了日食与月食，中国古代天文观测还特别重视彗星和流星，彗星记录详细完整。今天能推算出公元1500年以前出现的四十颗彗星的近似轨道，几乎全部是依靠中国的古代天象记录。中国古代对彗星的记录不少于五百次，包括著名的哈雷彗星。中国历史上已经确认的对哈雷彗星最早的观测记录时间，至少比西方早了六百年。在此之后，每当哈雷彗星回归地球附近，除了光学效果特别不理想的少数几次，都被中国古人用肉眼观测到并记录下来。这些彗星记录不仅有不可替代的科学价值，还有助于确定古代历史上重大事件的具体时间。中国对流星雨的记录也非常详细丰富，对流星雨的观测不仅限于记录其发生的时间和频率，还包括对其背后文化和象征意义的探讨。古代中国人认为流星雨关乎国运更迭和民生祸福，这种观念反映了古人对自然现象与人类社会之间联系的理解。《竹书纪年》中记载了"（夏帝癸）十五年五星错行，夜中星陨如雨"，这是世界上公认的最早对流星雨的记载。据统计，包括地方志在内的各种中国古代文献里，关于流星雨的记录不下四百条。这些记录不仅数量众多，而且涵盖了多个星座的流星雨，例如天琴座、英仙座和狮子座等。《春秋·庄公七年》中就记载了"夏四月辛卯夜，恒星不见，夜中星陨如雨"，这被认为是世界上最早对天琴座流星雨的记录。

中国古代对新星、超新星、太阳黑子的记录也领先于世界。目前发现世界上最早的新星记录出现在殷墟甲骨上，时间在公元前1300年左右。东汉中平二年（185年），中国天文学家观测到超新星爆发，这是人类历史上发现的第一颗超新星。该超新星在夜空中照耀了八个月，"中平二年十月癸亥，客星出南门中，大如半筵，五色喜怒，稍小，至后年六月消。"[1] 而1054年的超新星爆发，形成了明亮的"蟹状星云"，只有中国宋朝天文学家对此做了详细记录，使我们今天得以知道这一星云的由来。欧洲人最早观测到太阳黑子是在807年，而即使不考虑殷商甲骨文的记载，中国早在西汉成帝河平元年（公元前28年）就已观察到黑子现象，"三月乙未，日出黄，有黑气，大如钱，居日中央"[2]，这是世界公认的最早关于太阳黑子的记录，比欧洲早了八百多年。从公元前165年到1643年，中国正史中就记录了一百二十七次太阳黑子，不仅数量远超同时期的国外记录，而且其记载的精密以及对黑子形状描述，都符合现代天文学的研究推算结果。

在对各种天象长时期观测积累大量记录的基础上，中国古代天文学掌握了当时能见到的所有恒星的准确位置，并建立了庞大的星座框架体系，即"三垣二十八宿"。二十八宿是基于赤道和黄道带上的星象划分，以地球的视角，太阳在一年之内绕地球走过一圈的路线就是"黄道"，黄道自然形成黄道平面。古人又以北极确定不变的天球轴心，按照浑天说，地球如鸡卵一般在天球之中，把地球的赤道平面扩大就成为天赤道平面。有了这两个基本面为基础，沿黄道和赤道，将附近的恒星分为二十八个星区，每一区叫一"宿"，合称"二十八宿"。二十八宿又分东方苍龙、南方朱雀、西方白虎、北方玄武四组，每组各有七宿。另外在北天极附近则划分三个天区，即三垣，分别为紫微垣、太微垣、天市垣。垣与宿合称"三垣二十八宿"。三垣二十八宿坐标体系的建立，使日、月、五大行星以及"客星"的位置和运动有了量度的标志。这一理论体系最晚到春秋晚期已经基本完备。战国时期齐国人甘德著《天文星占》八卷，魏国人石申著《天文》八卷，后人将两书合称

---

[1] 出自《后汉书·天文·下》。
[2] 出自《汉书·五行志第七下之下》。

为《甘石星经》。基于石申和甘德的天文观测和研究成果，通过《甘石星经》等著作记录和总结了恒星的位置、行星的运行规律以及二十八宿的划分等；他们将二十八星宿进行了定量研究，对距度重新度量整理，形成"石氏-甘氏"系统，此系统占据着中国古天文史上极重要的地位。

通过准确观测掌握大量的恒星位置，是绘制星图的基础。我国古代星图绘制最早的记录是在三国时期，吴国太史令陈卓在 270 年左右将甘德、石申、巫咸三家所观测的恒星，用不同方式绘在同一图上，有星一千四百六十四颗。但可惜此星图已失传，现存最早的是唐代的敦煌星图。著名的苏州石刻星图（图 9-4）则是在 1193 年绘就，并于南宋理宗淳祐七年（1247 年）勒刻，是目前世界上最古老的石刻星图。

在观象授时的基础上，人们开始制定历法，用于普及指导民众的农业生产活动。古人在发现了天体循环运动的规律性后，把重要天体运动循环作为时间量度，如由日（太阳）的升降对应时间的"日"，与月亮（太阴）的盈缺对应时间的"月"，岁（木星）的步天对应时间的"岁"。其他古文明也有类似的做法，比如古埃及人把天狼星升起作为新年的开始。通过观测、计算和规定而形成历法，再通过置闰等方法使其与长期天体循环运动尽量接近一致。

不同的规定性就产生了不同的历法：以太阳在黄道循环周期（实际是地球绕太阳公转的周期）为基础来划分时间的称为太阳历或阳历，格里高利历（公历）就是其代表；以月球绕地球公转的周期为基础来划分时间的称为太阴

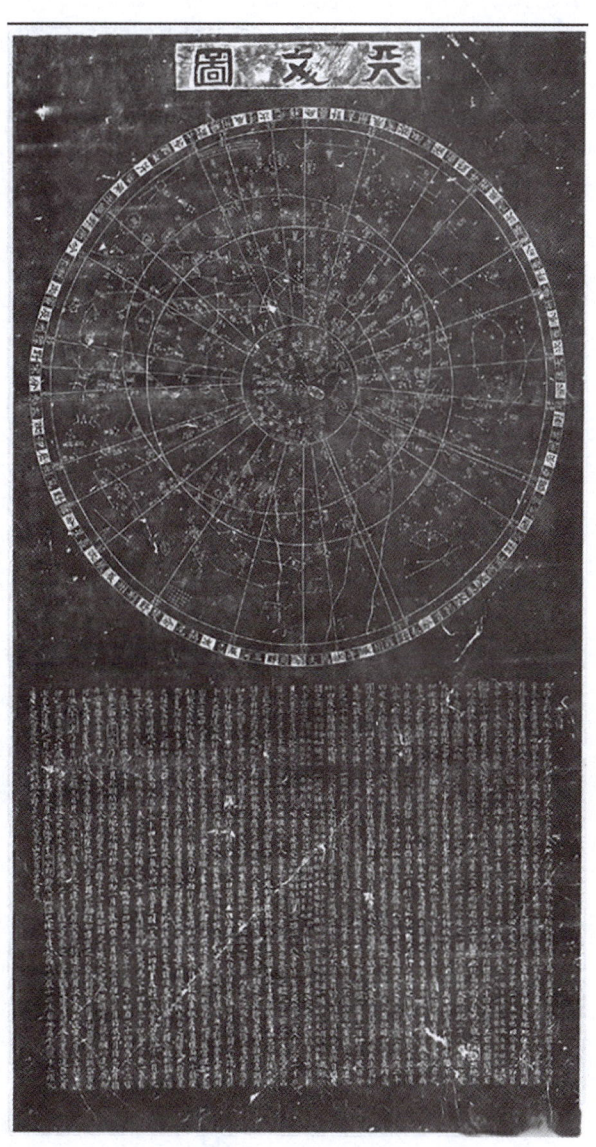

图 9-4　苏州石刻星图

历或阴历，其代表则是伊斯兰历；同时兼顾太阳和月球运行周期，兼有阳历和阴历特点的历法被称为阴阳合历，中国的农历即属于这一类型。阴阳合历的难度显然要远高于纯阳历和纯阴历，因为它既要考虑太阳一年的运行位置，反映四季更替，又需要考虑每月各天的月相变化。农历中的二十四节气就是表现太阳在黄道的不同位置，属于阳历部分。而每个月的月初到月终则是按照月相来确定的，保证其在朔日（初一）的暗晦无光和望日（十五）的满盈圆月，这属于阴历部分。为了协调日月不同运行周期，采取了"十九年七闰"的方式设置闰月，如果"二十四节气"分布在某农历月只有"节"没有"气"（中气），

则此月就可设为上月的闰月，农历的当年就有十三个月。

中国农历结合阳历的年份固定性和阴历的月份变动性，承载着古代中国人对天文现象的深刻理解和对季节变化的精准把控，凝聚了古代中国人民与自然相融合的态度和智慧。其阴阳合历的设计，使农历在世界历法中独具特色。它在历史长河中不断地发展、调整和改进，据史料记载，从夏商周三代开始，数千年里，有名可考的历法版本就达到了上百种之多。其中《夏小正》代表的夏历已经按阳历十二月顺序记述了丰富的星象和物候。殷商则开始使用阴阳合历和置闰。周代发明了圭表测影确定冬至和夏至。春秋战国时代出现了《月令》《虞历》《黄帝历》等各种历法。秦代使用《颛顼历》，首次确定十九年七闰的置闰方式，后来历代新王朝建立时都要对历法进行变更，以昭示天命改易。汉代则有《太初历》《三统历》《四分历》《乾象历》，使观象授时最终转变为比较精确的成文历法。此后比较有影响的历法还有东晋的《元嘉历》、刘宋时期由祖冲之编的《大明历》、隋朝的《大业历》、唐代僧一行（张遂）编制的《大衍历》等。

中国古代数学巅峰期的宋元时期，也是中国古代历法最为辉煌的时期。北宋创制了《明天历》，采用"一次差内插法"来计算最值。南宋编制了《统天历》，是南宋首部建立在系统精密天文测量基础上的历法。1219年，郭守敬通过对元朝巨大疆域范围二十七处观测点的天文测量，得到了历史上最为精确的数据，并开创性地用几何学方法对天文数据进行计算，修订编制了著名的《授时历》，确定365.242 5日为一岁，距近代观测值365.242 2仅差25.92秒，精度与公历（1582年格里高利历）一致，比西方早采用了三百多年，《授时历》被视为中国古典天文历法达到顶峰的标志。

中国古代天文学还提出了丰富的天体结构理论，其中最著名的有"盖天说""宣夜说"和"浑天说"。以这些理论结合天象观测需要，制作了精密的观测仪器，如圭表、浑仪、浑象等。中国古代还涌现出大批伟大的天文学家，如战国的甘德、石申，汉代的司马迁、张衡，唐代的李淳风、僧一行，元代的郭守敬等。世界上用科学方法进行的第一次子午线实测也是由唐代僧一行主持完成的。

中国古代天文学被誉为传统文化的"绝学"，它既是古代人民对宇宙奥秘的探索，也是中国古代社会生活的重要组成部分，深刻影响了中国古代的政治、哲学、数学、文化宗教和民俗。直到今天，古历法中规定的很多节日仍在我们生活中占据重要地位，并早已成为中华文化共同体的情感纽带。

第二节　农学与水利

一、中国古代农业技术

中华传统文化以农耕文明为基础，创造了传统农耕文明的最高成就。从上古时代开始，这片土地的生民就视农业为根本。各种典籍对农业的记载不吝笔墨，对于华夏农耕的开始，主要归功于神农氏这一氏族。在上古神话中，神农氏是为后世作出杰出开创贡献的上古五氏中的最后一支，他们为后世的中华民族定居与耕作为主的生活方式奠定重要的物质和技术基础。神农氏族人通过"尝百草"的方式，以巨大的代价确定了大量可食用和可

第九章　实学汇通：独特的科技体系

药用的植物，大大拓展了人类栽培作物的种类。因此后世农业、药业、茶业等均以神农作为其始祖。神农氏的另一个重大贡献是发明了当时先进的农耕工具——耒耜，"神农氏作，斫木为耜，揉木为耒，耒耨之利，以教天下"[1]。利用耒耜进行翻地，改变了耕播和种植方式。"熟荒耕作"既能重新利用之前废弃的土地，又能栽培更多以前无法种植的作物，产量较之落后的"刀耕火种"有了大幅提升，这使得农耕定居生活成为可能。这是早期人类生产力的一次飞跃。可以说，自从耒耜使用之后，真正意义上的农业生产方式就定形了。

到了商周时代，华夏族已经熟练掌握了青铜器的制造技术，除了用于祭器和兵器，青铜农具也开始出现。青铜农具较之前木制或者石制的农具，不仅质地更为坚硬，工作效果也更好。此后大量新形制农具被生产出来，如商代的铜镬、铜铲[2]，西周的铜锄[3]等。此外，由耒耜改进而成的早期木犁在商代已经发展成青铜犁铧，它更加锋利，松土更省力。但由于青铜产量有限，金属农具直到铁器出现前并没有得到大规模普及。进入春秋战国时代，随着冶铁技术逐渐被掌握，铁制农具被迅速推广。同时，人们也开始采用牛耕技术配合铁铧犁一起使用，生产效率又一次得到大幅提高。在中原和关中地区，目前已出土大量战国时代的 V 形铁犁铧（犁錧，图 9-5）实物，它们能直接套在木犁架口上使用。到了汉代，犁铧上又增加了犁壁（犁镜）装置，使原来只能破土松土的铁犁又能同时翻土，这是铁犁的初步定型。到唐代发明曲辕犁后，铁犁完成基本定型。铁犁牛耕技术使得以家庭为单位的个体经营农业成为可能，为后来小农经济完全取代井田制经济奠定了坚实的技术基础。中国采用铁犁耕作技术比欧洲早了两千三百多年，这是中国古代农业遥遥领先的一个重要因素。

图 9-5　战国铁犁铧

《史记·周本纪》记载，周的始祖"弃"，因为善于根据土地状况耕种适宜的作物，相继得到帝尧和帝舜的重用，被任命为"农师"和"后稷"，以推广其先进技术、掌管天下农业。"（弃）及为成人，遂好耕农，相地之宜，宜谷者稼穑焉，民皆法则之。帝尧闻之，举弃为农师，天下得其利，有功。帝舜曰：'弃，黎民始饥，尔后稷播时百谷。'封弃于邰，号曰后稷。"[4] 长期的耕作实践，为中国古代农业积累了丰富的"因地制宜"经验，并在此基础上逐步创造出各种整地技术，以与栽培作物达到最佳匹配。这些技术可以改善土壤构造，使耕层深厚、平整肥沃、松紧适度。经过整治的土地，有利于抗旱保墒（适宜的水分），通风光照也更为合理。

---

[1] 出自《周易·系辞下》。
[2] 出自周昕《中国农具史纲及图谱》。
[3] 王文耀：《岐山县博物馆收藏的西周铜锄》，《文物》2008 年第 12 期。
[4] 出自《史记·周本纪》。

古代中国还十分重视编写农学著作，史载有五百多部农书，至今现存还有约三百部。其中影响很大的有氾胜之著的《氾胜之书》、贾思勰的《齐民要术》、徐光启的《农政全书》，以及《耒耜经》《四时纂要》《陈旉农书》《王祯农书》《授时通考》等。此外，明代宋应星所著的《天工开物》是世界上第一部关于农业和手工业生产的综合性著作。

《氾胜之书》是现存最早的农书，作者氾胜之极为重视农业，西汉成帝时他曾官拜议郎，在关中三辅地区指导种植小麦和推广农业生产技术。八百里秦川的关中平原是当时农业最为发达的地区，氾胜之总结了北方地区特别是关中的耕作经验，著成《氾胜之书》十八篇，三千七百余字，总结了耕种总原则，要抓住六个环节："凡耕之本，在于趣时，和土，务粪泽，早锄早获。"① 即一不误农时（趣时），二改良地力（和土），三要合理施肥（粪），四是保证灌溉和注意保墒（泽），五要加强中耕除草（早锄），六要及时收割（早获）。"区田法"在该书中占有重要地位，书中还记载了多种当时先进的农耕工艺，如溲种法、耕田法、种麦法、种瓜法、种瓠法、穗选法、调节稻田水温法、桑苗截乾法等，以及农业经济核算方法。《氾胜之书》奠定了我国综合性农书的基础，其编纂体例成为后世农书的范式。

欲学习更多相关内容，请扫描查看延伸阅读9-1。

《齐民要术》是一部综合性农业科学巨著，作者是北魏贾思勰，他曾担任高阳郡太守。他强调"为治之本，务在安民；安民之本，在于足用"。②《齐民要术》十卷九十二篇，约十二万字，系统总结了秦汉至北魏北方旱地农业技术，内容涉及农业生产各个方面，包括土壤耕作与治荒，种子选育与野生植物的利用，栽培和轮作，动物驯化饲养，食品的加工与贮藏等，还详细介绍了季节、气候，以及不同土壤与不同农作物的关系。《齐民要术》尤其重视发挥天时、地利和人力三者的作用。"顺天时，量地利，则用力少而成功多。"③ 天时要按不同作物的播种收获分为上、中、下三时；土地按不同情况分为上、中、下三等；人力则"宁可少好，不可多恶"④，强调质量和技术。《齐民要术》不仅是当时最全面完善，内容最丰富的农书，也是现存最早的百科全书式农业著作，它标志着中国古代已经系统建立了完整的农业理论体系。

延伸阅读9-1

明代著名科学家徐光启编撰了另一部大型农业百科著作《农政全书》，这部书系统总结了中国南北全域两千多年来的农业科学成果，是中国古代农学集大成之作。全书共六十卷，分十二目，包括农本三卷、田制两卷、农事六卷、水利九卷、农器四卷、树艺六卷、蚕桑四卷、蚕桑广类两卷、种植四卷、牧养一卷、制造一卷、荒政十八卷，共五十多万字。全书主要分为两大部分：农政措施和农业技术。其中，农政措施是全书的纲领，而农业技术则是实现这一纲领的技术措施。书中包含了农事开垦、水利、荒政等内容，主张"富国必以本业""水利者，农之本也""预弭为上，有备为中，赈济为下"，这些内容占据了将近一半的篇幅，这是其他大型农书很少见的。徐光启本人在农业和水利科技有大量亲身实践，如在家乡进行甘薯引种和薯种收藏越冬，解决南北引种问题，以打破传统狭隘风土说，扩大作物种植范围。《农政全书》中也记载了他本人农业实践研究成果，并考证

---

① 出自《氾胜之书·耕田》。

②③ 出自《齐民要术·种谷》。

④ 出自《齐民要术·杂说》。

收录了大量前代农业文献，还有译述的西方农业科学知识，因此这部书也是当时中国农业科技传承和中西农业科技交流的总汇。

所有这些古代农学著作，都是中国古代先贤为后世留下的不朽的精神财富和宝贵的历史遗产，对今天的农业发展仍然有着重要的参考价值。

二、中国古代水利工程

黄河—长江、底格里斯—幼发拉底河、尼罗河、印度河—恒河，人类四大古文明的发源地均与大江大河有着密切的关系，这些河流提供了生存所需的水资源，促进了农业的产生，为文明的形成和发展提供了重要的物质基础和社会条件。然而一旦人类在河流旁开始聚居生活，那么就必然出现人水矛盾：江河湖海，涨落平常，旱涝无定，特别是人类文明活动早期正值第四季冰川持续融化，大洪水于是成为那时亚欧大陆所有民族噩梦。在面对洪灾、命悬一线之际，不同地域的古人激发了自己最核心的力量，以不同的方式求生。最终得以幸存的文明，都将这一生存大考，作为永恒记忆深深地藏在文明基因之中，成为未来应对各种新灾难时的应对本能。如何适应、利用和改造水力，并由水力而兴水利，是所有古文明必须解决的首要问题。华夏民族自大禹治水以来，历代均将组织治水视为重要治国举措，兴修了多项影响深远的大型水利工程，不仅有利于防洪抗旱、灌溉航运，更有利于促进各族人民的沟通与交流。

目前考古证实世界上最早的水坝，也是目前所知中国最早的大型水利工程是距今五千年左右的良渚古城外围水利系统。[①] 它是良渚文明的重要标志，保护了良渚古城和周边的农作物免被浙江当地的暴雨冲毁。在关键位置采用了类似今天沙包的"草裹泥包"来加固坝体，这很可能是后来共工和鲧以修建堤坝阻水的起源。公元前2070年左右，黄河中下游及周边地区发生大洪水，这场洪水的规模超过了任何单一部落可以抵御的能力，河北东部，河南东部，山东西部、南部，以及淮河北部，这些文明早期聚集区域面临真正的灭顶之灾。尧舜作为部落联盟领袖将治水重任交给夏后氏的鲧，然后历时九年，通过修坝高堤实现堵水的工程最终失败。鲧的儿子禹接受了父亲的惨痛教训，改堵为疏，加宽加深大河干流，开掘沟通支流，用简陋的工具进行广大区域的勘察测量，同时发动组织了史无前例的民众参与疏川导滞。在这一空前灾难面前，原本分散的很多部落摒弃了旧有的血缘、地域成见，也不再纠结于过去的恩怨，跟随大禹转战各地治水劳作、赈灾救助、调拨运输，同时也在历史上首次依山形水势划分了九州。经过十三年的艰苦工作，不仅疏浚了多条河流，解除了这场空前的水患，而且很多地方经过治理，得到大量可耕作的新田地。最为重要的是，在这次治水过程中，大禹使各部落打破旧隔阂，大规模组织起来，携手战胜内部的恶势力与共同的大自然敌人。治水使广大中原地域民众愈加团结认同，炎黄所开创的联盟也因此加快了融合，并最终形成统一的民族共同体——华夏族，中华文明的主体民族自此确定下来，这也是华夏族自诞生就拥有了"天下"和"大一统"文化基因的由来。大禹治水所体现的"自强不息""民为邦本""艰苦奋斗"与"尊重自然"也成为中华民族精神支柱和象征，具有穿透时空的伟大力量，永远鼓舞后人的奋进。

沿着鲧禹治水采用的堤坝和沟渠两大类技术路线，古代中国发展出了各种类型的水利工程项目，以满足灌溉、防洪、水运和社会用水，都江堰就是其中杰出的代表。都江堰

---

① 《浙江余杭良渚古城外围大型水利工程的调查与发掘》，《光明日报》2016年5月17日（05版）。

（图9-6）是中国古代的一项伟大水利工程，始建于公元前256年，由秦国蜀郡守李冰主持修建。它位于四川省成都市西郊的岷江上，是世界上仍在使用的最古老的水利工程之一。都江堰采取了"凿山开渠、无坝引水"，解决了自动分水、泄洪、排沙和沉沙的问题，冬夏旱涝均能稳定引水量。通过鱼嘴、金刚堤、飞沙堰、宝瓶口等组成部分共同作用，形成了一个有机的整体。此前成都平原旱涝无常，这一工程的修建不仅解决了成都平原的灌溉问题，还有效防止了洪水灾害，对当地乃至整个四川地区的农业生产和经济发展产生了深远的影响。都江堰建成后，成都平原大约三百万亩良田得到稳定的灌溉，自此"水旱从人，不知饥馑，时无荒年，天下谓之天府也"。[①] 在历代人民的精心维护下，两千多年来，都江堰不仅一直在发挥作用，而且其灌溉面积到今天已经增长到一千多万亩。随着时间的推移，都江堰不仅在农业灌溉方面继续发挥着重要作用，还在城镇和工业供水、生态保护、旅游、发电等多个领域展现了多方面的价值。它的建设和维护，体现了中国古代水利工程的卓越成就和可持续发展的智慧。

图9-6 都江堰水利工程

2000年，都江堰被联合国教科文组织列入世界文化遗产名录。与都江堰同时代修建的郑国渠，位于今天的陕西关中地区，是中国历史上第一个跨流域引水的水利工程，还开创了淤灌这一方式的先河，对后世引泾灌溉具有深远的影响。郑国渠建成后，极大增强了秦国的经济实力，为秦国统一大业提供了有力的经济辅助，支撑秦汉两代关中地区的繁荣和强盛，成为这一地区经济发展的基础。郑国渠于2016年入选世界灌溉工程遗产名录。

沟渠技术，既能用于疏浚自然河流，也能用于人工开挖新的河流，形成相当长的可通航运河。运河的出现，突破了之前水运只能依靠自然水道的限制。运河本身穿江过河，节约了人员货物的运输时间。修建运河的一个工程难题，是保证不同高度下的河道水流补给，达到足够的通航深度。古代中国为此发明了很多精妙的运河水利技术，如各种先进的闸门技术，配合引水坝的使用，有"堰埭"（拦河坝）、运河与天然河道交叉处的"斗门"，以及和现代梯级船闸原理相同的"复闸"等。

中国的京杭大运河是世界上里程最长、工程最大的古代运河，是最古老的运河之一，与长城、坎儿井并称中国古代的三项伟大工程。它北起北京，南至杭州，贯通海河、黄

[①] 出自《华阳国志·蜀志》。

河、淮河、长江、钱塘江五大水系，全长约一千七百九十四千米。京杭大运河最早的河段是"邗沟"，邗沟南起扬州以南的长江，北至淮安以北的淮河。它最初始于吴王夫差为伐齐国，于公元前486年下令开凿的邗沟，此后，历代在此基础上继续修整和改造，使运河向南北延长。最重要的两次大规模建设，是隋代完成的隋朝大运河，和元代取直之后建成的京杭大运河。

隋朝大运河由隋炀帝下令修建，分别开凿了沟通黄河与淮河的通济渠、从洛阳到涿郡（今北京境内）的永济渠，又新凿从京口（镇江）到余杭（杭州）的江南河，加上疏浚加宽邗沟故道，前后共用了二十多年时间，四段河道最终连接成以洛阳为中心，全长两千七百多千米，联通六省的巨大水运体系，其长度远超今天的京杭大运河。

元代定都北京后，对年久失修的隋朝大运河进行了取直改建，不再折往洛阳，而是直接开凿会通河，从淮北徐州穿过山东进入华北平原。并由郭守敬主持新修了北京到通州的通惠河，与隋朝大运河的部分旧河道一起形成今天的京杭大运河（图9-7）。

图 9-7　京杭大运河

为解决大运河地势最高的山东东平到临清一段会通河的水源问题，明代永乐年间，又修建了南旺分水枢纽，为南北提供稳定的运河水量。至此，京杭大运河算正式完成。京杭大运河不仅是连接中国北方政治中心和南方经济中心的交通动脉，也是中国南北地区经济、文化交流的重要通道。2014年，京杭大运河入选世界文化遗产目录。2022年4月，在阻断一百多年后，京杭大运河首次恢复全线通水。如今，京杭大运河全年通航里程达八百七十七千米，成为国内仅次于长江的第二条"黄金水道"。

古代中国修建了大量的运河来贯通各大水系，除京杭大运河外，还有世界上最古老的人工运河胥溪（江苏，春秋时代）、沟通济泗的荷水（河南，山东，春秋时代）、沟通黄淮的鸿沟（河南，战国时代），沟通长江和珠江的灵渠（广西，秦代），以及三国的白沟、贾侯渠、破冈渎、晋朝的西兴运河、桓公沟……形成了从北方到南方，自然江河与人工运河交织的巨大航运水网体系，促进了国家统一、社会进步和文化繁荣。

和沟渠技术同样重要的筑坝技术，也为古代中国众多伟大的水利工程作出了重大贡献。比如黄河下游的千里金堤，从春秋战国时代就开始了建设，是历朝历代卫护中原的核心防洪设施。长江水患最严重的荆江，则从宋代开始就开筑荆江堤防，明清又不断修复和加固，有力保护了天下粮食最大的出产区域——两湖平原，民谚"湖广熟，天下足"正是

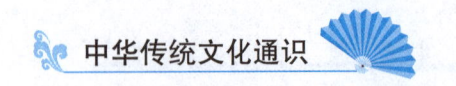

这一成就的写照。

除了江河长堤，还有江浙闽粤这些东南沿海省份挡潮防浪的海堤，也称作海塘。从秦汉时期开始，钱塘江口等地就有了海塘的建设。初期有土坝和竹笼海塘，自宋代起人们开始修建砌石海塘。经过数百年的经营，得到无数垮坝垮塘的惨痛教训后，砌石海塘终于在结构设计和修建技术上趋于成熟，并从早期直立型海塘逐步发展出斜坡重力海塘。古代海塘工程技术在清代达到最高水平，在浙江海宁老盐仓，由朱轼主持修筑了"鱼鳞大石塘"，这个工程以其坚固的塘基、严密的塘身结构、完善的护塘工程和到位的海塘管理而著称，具有强大的抗潮御灾功能，被视为海塘工程的样板。

堤坝技术发展出的另一类大型古代水利设施是今天称为水库的陂（bēi）塘。陂塘属蓄水工程，由挡水、泄水、取水建筑和库区组成一个水利枢纽工程。春秋中期，楚国令尹孙叔敖在淮南地区主持修建了最早的大型陂塘工程——芍（què）陂，时间比都江堰还早三百多年，是中国乃至世界上最早的大型蓄水灌溉工程之一。坝长二三百里，有五座引水门，到东汉时可灌溉农田万顷。芍陂是中国水利史上的重要遗产，1988年，被列为全国重点文物保护单位。和芍陂类似的古代平原型水库还有汝南鸿隙陂、南阳六门陂、绍兴鉴湖、丹阳练湖等。还有一类修建在山区，被称为"山塘"的山谷型水库，如河南泌阳的马仁陂、江苏扬州的陈公塘、句容赤山湖等。古人还发展出了"长藤结瓜"式的模式，将陂塘通过河流或者渠道串联在一起。陂渠串联水利工程技术约起源于春秋中期，楚国孙叔敖所创的零娄灌区，应是这类工程的源起。陂渠串联的优点在于解决陂塘水源不足和引水渠道缺乏蓄水容积的缺点，将蓄、引结合起来，组成完整的水利灌溉系统。

第三节　医学与理化

一、中国传统医学

中国传统医学，简称"中医"，一般指汉族传统医药学。中医起源于上古时期，和世界其他民族的传统医学一样，这一时期普遍存在"巫医同源"的现象。但中国在"绝地天通"之后，巫医逐渐分化，医师不再由巫师兼任，医疗活动趋向专业化。医术从巫术中脱离出来，某些巫术治疗手段如"祝由术"也转为了医术手段。到了周代，已经有明确的医生记载。

中医理论体系大致在春秋战国时代初步形成，这一时期的扁鹊等医生已经开始采用"望闻问切"诊病手段，还掌握了多种内外治疗方法。此时也出现了一些医经简帛，但遗憾的是这些先秦医书今天已全部亡佚。好在不久后的秦汉时期，《黄帝内经》和《神农本草经》等重要典籍先后问世。之所以这样命名，是因为中国传统医药业追尊黄帝为医学祖师，尊炎帝神农氏为药学祖师。

托名黄帝所著的《黄帝内经》是目前所见最早的医学著作。《内经》全书分为《素问》和《灵枢》两部分，《素问》偏重人体生理、病理、疾病治疗原则，养生防病以及人与自然的关系等基本理论；《灵枢》偏重于人体解剖、脏腑经络、腧（shù）穴针灸等。《黄帝内经》全面总结了秦汉以前的医学成就，从整体观来论述医学，建立了中医学的

第九章 实学汇通：独特的科技体系

"阴阳五行学说""脉象学说""藏象学说""经络学说""病因学说""病机学说""病症""诊法""论治""养生学"及"运气学"等学说，为中医学理论体系奠定了坚实的基础，直至今日，中医基础理论仍然没有超出它的范围。

《黄帝内经》之后，在两汉时期，又有三部医学著作相继成书。其中托名炎帝神农氏所著的《神农本草经》收载中药三百六十五种，是我国第一部药物学专著。

托名秦越人（扁鹊）所著的《难经》（又名《黄帝内经八十一难》）基于《黄帝内经》的理论，对其进行发展和补充，内容涵盖脉诊、经络、脏腑、疾病、腧穴和针法等方面。特别是脉诊方面，首创了"独取寸口"的切脉方法，大大简化了脉诊过程，成为后世指导临床实践的基础。

东汉张仲景著的《伤寒杂病论》确立了"辨证论治（又称辨证施治）"法则，它不仅成为中医临床的基本原则，更是中医的灵魂所在，受到历代医学家的推崇。《伤寒杂病论》创造了很多剂型，并记载了大量有效的验方。到了宋代，这本书被分成了《伤寒论》和《金匮要略》二书，《金匮要略》就是该书的杂病部分。《伤寒杂病论》是中国第一部从理论到实践、确立辨证论治法则的医学专著。

以上四部著作在中国古代医学史上影响极大，它们奠定了中医理论、方剂、脉诊、针灸、药物诸学的基础，标志着中医从理论基础到临床实践，形成了独特而完整的体系。

中医极富特色的诊断方式是"望闻问切"四诊法，据史籍记载，战国时代的扁鹊对四诊法的形成与确立作出了巨大的贡献。直到今天，大夫"号脉"也是人们心目中最典型的中医形象。

望诊主要是通过观察患者的外在表现，包括患者外部的神、色、形、态，还包括观察患者的舌苔舌质，以及各种排泄物，以快速对疾病作出初步判断，为后续的诊断提供依据。

闻诊是医生通过听取患者说话的声音、嗅取患者呼吸或咳嗽散发出来的气味等方式来判断患者的身体状况。

问诊是医生通过与患者交流，了解病人的主要症状、疾病发生及演变过程、治疗经历等情况。这一过程对全面了解患者的健康状况至关重要，有助于医生作出更准确的诊断。

切诊主要是指通过切脉，也包括对病人体表一定部位的触诊。切脉大多是用手指切按病人的桡动脉处（腕部的寸口），根据病人体表动脉搏动显现的综合征象，来了解病人所患病症的内在变化。这种方法可以直接反映出患者的体内变化，是中医诊断中非常重要的一环。以上诊断疾病的四种方法彼此之间是相互联系的。中医历来强调"四诊合参"，将四诊收集到的病情进行综合分析，去粗取精，去伪存真，最终作出由表及里的全面的科学判断。

中医治疗方式多样，主要可以分为外治和内服两大类。外治方法包括砭石、针刺、艾灸、推拿、导引、拔罐、刮痧、膏药、药浴、布气、祝由等，而内服则有汤、散、丸、膏各种剂型。

通常把针刺和艾灸合称为针灸（图9-8），这是中医独创的医疗方法。将针刺入人体特定腧穴，并以提插捻转等手法加

图 9-8 针灸铜人

以刺激；灸则是对人体穴位用艾条或艾柱进行熏烫或灼烧热刺激。通过经络和腧穴的传导作用来调节气血，治疗疾病。《黄帝内经》中提出了完整的经络体系和针灸手法禁忌。晋代皇甫谧所著的《针灸甲乙经》将针灸疗法在理论和实践两方面都做了完整的描述，皇甫谧也被后世尊为"针灸鼻祖"。

中医用药的特点之一，就是原材须经过炮制之后才能入药。中药炮制是根据中医药理论，依照辨证施治用药的需要、药物自身性质，以及调剂、制剂的不同要求，对药材进行加工处理。中药炮制的方法多样，包括但不限于净制、切制、炒制、煅制、蒸煮制、浸制、飞制等，经过炮制达到增强药效、降低毒性、改善药性、便于储存与服用的目的。中药材还特别讲究"道地"，因为它们的品质和疗效受到生长环境的显著影响，具有不可复制的独特价值。经过中医临床长期应用优选出来的道地药材，不仅品质和疗效更好，而且质量稳定，具有较高知名度。

中医除了治疗已经发作的疾病，更讲究"治未病"，以及日常养生健体。这一思想发展出了各种效果显著、受到广泛欢迎的"养生术"。比较常见的有断食辟谷术、导引术、气功吐纳、食疗，以及结合武术的站桩和内家拳等。

历代医师几千年来用他们的心血为中华民族的繁衍和健康护航，同时历史也记载下了许多医师的伟大贡献。扁鹊被誉为中医的宗师，他的医学思想和诊疗方法对后世影响深远。扁鹊精通内科、外科、妇科、儿科、五官科等，开创了切脉诊断的方法。华佗是东汉末年的著名医学家，以其独特的治疗方法和高尚的人格魅力著称，与董奉、张仲景并称"建安三神医"。张仲景所著《伤寒论》和《金匮要略》是历代所有名医可以永远依靠的经典。明代李时珍则以其深厚的医学知识和实践精神著称，他的《本草纲目》是中医药学的重要著作，被誉为"东方医药巨典"。

此外，还有作为针灸鼻祖的西晋皇甫谧、著有《肘后备急方》的东晋葛洪、著有《备急千金要方》的唐朝"药王"孙思邈、世界法医学鼻祖南宋的宋慈、温病理论奠基者清代的叶天士、薛生白等。一代代中医人薪火相传，不仅在医学理论和实践上有着重要的贡献，而且他们的思想和方法至今仍对现代医学产生着深远的影响。

欲学习更多相关内容，请扫描查看延伸阅读9-2。

中医不仅是一种医学治疗体系，也是中华传统文化的重要组成部分。中医理论和治疗实践深受中国哲学思想的影响，不仅采用了阴阳五行、天人合一等概念，而且中医强调"整体观念"，认为人体是一个整体，各个部分相互依存、相互作用。而在诊断和治疗疾病时，需要用"辨证施治"的方法，这体现了中国哲学中的辩证法思想。中医还认为大医是探求天人之道，调和人体的阴阳平衡来治疗疾病就是与"道"相通。中医医学体系独特、疗效良好，至今和中国人的日常生活紧密相融，是一门仍然"活"着的传统实学，这在中国传统科技文化中是少有的。

延伸阅读9-2

习近平总书记高度重视中医药工作，对中医药工作作出了一系列重要论述。他指出，"中医药学凝聚着深邃的哲学智慧和中华民族几千年的健康养生理念及其实践经验，是中国古代科学的瑰宝，也是打开中华文明宝库的钥匙。"① "要遵循中医药发展规律，传承精

---

① 出自2010年习近平出席墨尔本皇家墨尔本理工大学中医孔子学院授牌仪式上的讲话。

华，守正创新。推动中医药和西医药相互补充、协调发展，推动中医药事业和产业高质量发展，推动中医药走向世界，充分发挥中医药防病治病的独特优势和作用，为建设健康中国、实现中华民族伟大复兴的中国梦贡献力量。"① "建立健全中医药法规，建立健全中医药发展的政策举措，建立健全中医药管理体系，建立健全适合中医药发展的评价体系、标准体系。"② "我们要继承好、发展好、利用好传统医学，用开放包容的心态促进传统医学和现代医学更好融合。"③ 这些重要论述着眼人类健康的广阔视野，始终坚持强烈的问题导向、鲜明的目标导向，为在新时代传承创新发展中医药指明了方向。

二、中国古代科技中的物理化学

中国古代的科学知识大多直接源于实践，在一线劳动者解决技术问题时被发现。从燧人氏的燧石取火开始，华夏先民已经掌握了撞击发热的原理，此后从制陶、制铜发展到制铁，伴随着制造技术进步的同时，先民也掌握了更多物理化学知识。中国古代虽然没有发展出独立的物理、化学等现代学科，但是通过自己的实践，研究并掌握了相当多的物理化学知识，其中很多方面在很早就达到了极高的水平。

（一）物理学

中国古代物理学的成就是多方面的，涵盖了今天物理学中的力学、光学、电磁学、热学、声学和物质结构理论等多个领域。

春秋战国时代，最重视劳动实践的学派是墨翟创建的墨家，他们也是当时最杰出的匠人和技术研究者。在《墨子》的《墨经》（即《经上》《经下》《经说上》《经说下》四篇）里，记载了大量与力学、光学相关的现象，以及他们对这些现象的原理阐述。

在力学方面，在《墨经》中探讨了关于时空和运动、力的定义，以及重力和浮力由来等。比如《经上》曰："力，刑之所以奋也。""刑"即是"形"，表示物体本身，"奋"表示改变或变动，这就与现代物理学运用动力学方程（也叫牛顿第二定律公式）$F=ma$ 来给力下定义一般。由于墨家极为擅长制作各种机械设备，在这一过程中掌握了大量的力学知识。我们可以从《墨经》中对简单机械的论述里，看到杠杆、斜面和轮轴等力学构造原理分析。比如《经下》里分析杠杆原理"加重于一旁，必捶（垂），权、重相若也。相衡，则本短标长。两加焉，重相若，则标必下；标得权也"。这里"本"相当于重臂，"标"相当于力臂，"权"表示砝码。这里对杠杆原理的描述和现代杠杆平衡条件公式 $F_1 \times L_1 = F_2 \times L_2$ 是一致的，只是没能定量表达。杠杆原理广泛应用于生产生活，如撬棍、杆秤、桔槔（jié gāo）等。杠杆的各种变形，如斜面、滑轮等，在春秋后期就已被大量使用，更为复杂的汲机、辘轳也是基于滑轮和杠杆原理制作而成的，这也体现了中国古人在实践中熟练应用了这些知识。

到了汉唐时期，中国实际已经形成了自己的物理知识体系，在众多的机械发明中可以体现出当时的力学水平。汉代工匠丁缓发明七轮扇和"被中香炉"（利用了常平架），毕

---

① 出自 2019 年习近平对中医药工作的重要指示。
② 出自 2016 年 8 月 19 日习近平出席全国卫生与健康大会时的讲话。
③ 出自 2017 年 1 月 18 日习近平访问世界卫生组织并出席赠送中医针灸铜人雕塑仪式致辞。

岚发明了"渴乌"（虹吸管）和翻车（龙骨水车），杜诗发明水排（水力鼓风设备）。

东汉时期，张衡将浑象（天球仪）改进为水运浑天仪，它以水力驱动，并与天象变化同步运转，可以看作一种最早的机械计时装置。张衡还创制了地动仪，是世界上最早的地震方位测定仪器。

魏晋时期，马钧复原了指南车，还对龙骨水车进行了重要改进，使其之后一直在农业上发挥巨大的作用。

北宋建筑学者李诫的《营造法式》是一部关于建筑技术规范的专著，书中也大量涉及建筑力学知识的具体应用。

在光学方面，《墨经》是世界上第一本系统讨论几何光学的著作，它首次描述了投影和小孔成像，"景到（倒），在午有端，与景长，说在端。"[①] 这里的"午"即小孔所在处。它还阐述了平面镜、凹面镜、凸面镜成像，说明了焦距和物体成像的关系。

西汉时，刘安组织编写的《淮南万毕术》中记载了以冰制作透镜来取火。五代谭峭的《化书》中记载了四种透镜：双凸透镜、平凸透镜、双凹透镜和平凹透镜。唐代孔颖达就虹的成因进行了探讨，中唐时期著名道士张志和利用太阳光的照射做了喷水造虹的实验，其所著《玄真子》中载："背日喷乎水成虹霓之状"。另一位唐朝方士张果老则在光的折射和色散研究上取得了突破性进展，第一个记载了光的色散实验。北宋沈括在名著《梦溪笔谈》中记载了光学上凹面镜焦距的描述，并首次提出了"格术"（几何光学）这一物理概念。宋末元初学者赵友钦撰写了《革象新书》一书，记载了他对"小罅光景"（小孔成像）的大型光学实验，这种大规模实验的方法比伽利略的相关实验早了两个世纪。

中国古代声学研究大多和音律紧密相关。在《墨子·备穴》中讲述了固体传声和共鸣现象。《管子·地员》出现了"三分损益法"[②] 的记述，通过弦长与音高确定五音，这种方法在中国古代音乐理论和实践中占有重要地位，并对后世的音乐发展产生了深远影响。《庄子·徐无鬼》记载了声音共振现象。出土的战国时期曾侯乙墓中六十四件编钟，总跨音域达五个八度，可以旋宫转调，它的发现改写了世界音乐史，证明了中国古代音乐文化和声学技术的高度发展。《汉书·律历志》明确指出，汉代的律、度、量、衡都是以黄钟为基准，而黄钟律管则是这些度量衡的基准器。汉代的京房注意到三分损益律不能满足旋宫转调的要求，由于敞开的管口的影响，按三分损益法确定律管的乐音存在着音差，为此揭开了中国古代物理学史长达千余年的不懈探索。魏晋期间，张华已经知道消除共振的方法，同时期的荀勖掌管乐事时，经过反复试验，得到了"管口校正"数据，进而确定了笛律。[③] 此后，钱乐之、何承天、万宝常、祖孝孙和刘悼等人在探索旋宫转调的问题上进行

---

① 出自《墨经·经下》，意为：影像倒立，在光线相交处有一小孔；关于影像的大小，在于小孔相对物、像的位置。

② 三分损益法是中国古代发明的一种生律法，最早见于《管子·地员篇》。这种方法通过数学运算来生成音律，主要包含"三分损一"和"三分益一"两种操作。"三分损一"是指将原有长度分成三等分后减去一份，而"三分益一"则是分成三等分后增加一份。这两种操作可以交替使用，从而生成一系列音律。

③ 荀勖笛律是晋代乐律学家荀勖设计的一种管律。全套十二支笛，对应十二律，每支笛都可以吹奏荀勖所称的"三宫二十一变"。荀勖笛律是在管律上实现三分损益法的例证。荀勖经实践得出了管口校正数据。管口校正数据极其复杂，至今仍是音乐声学上之难题；然其去繁就简地归纳为"宫角之差"，据今人计算和实验都证明行之有效。早在一千七百多年前就能得出这个数据，无论是在律学史上还是物理学史上，都可以算得上是重要的科技成就。

了长期不懈的尝试，并取得重要的进展。直到明朝朱载堉提出了产生十二平均律①的方法，最终解决了世界音律史上的重大难题。

中国古代最早的磁学应用可以追溯到春秋战国时代，《管子》中提到"上有慈石者，其下有铜金"，《吕氏春秋》记载了"慈石召铁"，表明当时已经知晓磁石具有吸引铁的神奇力量。人们也开始利用这一现象来辨识方向，发明了"司南"，这是一种利用磁石指示方向的工具，《韩非子·有度》曰："先王立司南，以端朝夕。"东汉王充撰写的《论衡》首次记载司南的形状是杓状，称为"司南杓"。后人受司南启发，制作出指南针，指南针是影响未来世界的中国古代四大发明之一。东汉王充所著的《论衡》还记载了"顿牟（即玳瑁）掇芥"，即经过摩擦的玳瑁能吸引较小的物体。魏晋张华的《博物志》也提到"今人梳头，脱著衣时，有随梳，解结有光者，亦有咤声"。这是早期中国古籍里对摩擦产生静电的记录。到了北宋，沈括发现可以通过摩擦天然磁石或利用地球磁场的方法，使得钢针带有磁性。北宋政治学家曾公亮编著的《武经总要》中也记载了利用磁场进行人工磁化的方法，并且还记述了地磁偏角。宋代学者朱彧则在他的《萍洲可谈》卷二"甲令"条记载了将指南针用于航海："舟师识地理，夜则观星，昼则观日，阴晦观指南针，或以十丈绳钩，取海底泥嗅之，便知所至。"而这一时期基本采用的是水罗盘，"浮针于水，指向行舟"②。南宋时期，旱罗盘也被发明出来，并逐渐在航海中取代了水罗盘。

（二）化学

中国古代化学史源远流长，其发展历程与中华文明的演进紧密相连。尽管没有形成独立的化学学科，但中国古代先人们掌握了丰富的化学知识，特别是实用化学知识。很长时间内，中国古代对化学相关技术的应用水平都遥遥领先于其他国家。中国古代的陶瓷化学、冶金化学、制糖、酿酒、中草药和炼丹术等领域都取得了显著的成就。

人类文明肇始于用火，对化学的应用也始于用火。人类在使用火的过程中，发现泥土在火的作用下变得坚硬牢固，于是原始陶器得以发明；发现猛烈的炭火会使某些石头产生出闪亮坚韧的金属，于是人们有意识地利用烈火、木炭来加工矿石，冶炼金属。陶器的发明使人类有了储水、储粮的容器和煮制食物的炊具；金属、石制和木制工具推动了农作物产量的提高，有了多余的粮食，酿酒等工艺的发生和发展才有了条件。因此，陶瓷、冶金和酿造等工艺就成为最早兴起的化学工艺。另外，早期传统医学形成时，逐渐积累了矿物质药材的提取和炼制处理的经验。

---

① 十二平均律又称十二等程律，是将一个八度的音程等分成十二个半音（小二度）的律制，各相邻两律之间的波长之比完全相等。一等份为一个半音（小二度），两等份为一个全音（大二度）。将一个八度分成十二等份有着惊人的一些巧合，这是因为它的纯五度音程的两个音的波长比为 $\left(\frac{1}{2}\right)^{\frac{7}{12}} \approx 0.6674$，与 $\frac{2}{3} \approx 0.6667$ 非常接近。这种律制由明朝皇族世子朱载堉发明，解决了音乐转调的难题，并对世界音乐理论产生了重大影响。如今，十二平均律在交响乐队和键盘乐器（例如钢琴）中得到广泛使用。

朱载堉（1536—1611年），字伯勤，号句曲山人、九峰山人，青年时自号"狂生""山阳酒狂仙客"，又称"端清世子"，河南省怀庆府河内县（今河南沁阳）人，明代著名的律学家（有"律圣"之称）、历学家、音乐家。朱载堉越祖规，破故习，注重实践和实验，一生刻苦求真，呕心沥血，共完成《乐律全书》《律吕正论》《律吕质疑辨惑》《嘉量算经》《律吕精义》《律历融通》《算学新说》《瑟谱》等。朱载堉的成就震撼世界，中外学者尊崇他为"东方文艺复兴式的圣人"。因此，朱载堉和郭沫若一起被列为"世界历史文化名人"。

② 出自巩珍《西洋番国志》自序。

由于陶瓷、冶金、酿造等在本书其他章节中有详述，这里重点讲述一下和炼丹术相关的化学。中国的炼丹术目的是将普通金属炼成能令人长生不老的丹药或"黄金"的方术，由战国时代到明代延续了约两千年。从出土的记载看，战国时代医方中，已有硝石、戎盐、礜石、丹砂、曾青、雄黄、水银等矿物类药物。战国末燕、齐方士借着道家哲学发展出神仙说，妄言人可通过服药或其他方法成为长生不死的神仙。这种说法正适应了统治阶层的奢望，秦始皇、汉武帝等帝王都曾要求方士为其寻找或炼制让人长生不老、羽化登仙的奇药。最早的炼丹术活动是升炼丹砂，飞炼五金八石和烧炼药金。汉武帝时淮南王刘安曾招致宾客方术之士数千人，大规模从事炼丹，他们曾"煎泥成金，锻铅为银，水炼八石，飞腾流珠"[①]。至汉晋时期，炼丹方士们所用的各类药料和所升炼的丹药品种已相当繁多，他们的丹房就成了原始的化学实验室。炼丹家们还撰写了炼丹专著，并以阴阳学说配合传统医学，系统总结炼丹理论。现存最早的炼丹著作是两汉之际的《黄帝九鼎神丹经诀》，其中记载了九种所谓神丹的药方和炼法（图9-9）。据所用原料和操作方法，推知它们的主要成分是丹砂、雄黄和黄丹。东汉魏伯阳所撰《周易参同契》是现存最早的一本炼丹术理论性著作，被誉为"万古丹经之王"，对后世内外丹术修炼影响巨大。这些理论尽管与现代化学理论完全不同，但确实在其指导下，炼丹家们进行了许多原始的化学实验而取得了不少的化学知识，并制备了很多原本自然界不存在的化合物，甚至一些很纯净的化学制剂，这些化合物有的后来成了药物，有的则成了其他用途的副产品。比如，用硫黄和水银合炼出硫化汞（丹砂），用丹砂和矾、食盐合炼出氯化亚汞，用雄黄和硝石合炼出砒霜，用金属锡和雄黄合炼出二硫化锡等。

延伸阅读9-3

欲学习更多相关内容，请扫描查看延伸阅读9-3。

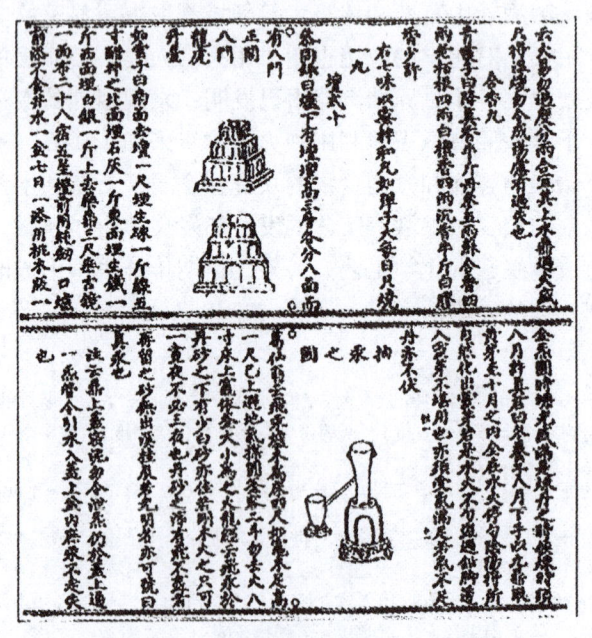

图9-9 炼丹鼎炉和安放鼎炉的方式

---

① 出自葛洪《神仙传·刘安》。

第九章 实学汇通：独特的科技体系

炼丹术对后世影响最大的副产品是火药，它是用硝石、硫黄和木炭组合配置出来的。火药作为中国古代科技的四大发明之一，传入西方之后，马克思曾说："火药把中世纪的骑士阶层炸得粉碎，从而奠定了人类进入资本主义时代的社会阶级基础"。[①]

以上对"中国传统科学技术"的介绍只是择取沧海一粟。中国古代科技具有独特的体系架构、与众不同的发展路径，不仅在历史上为全人类创造了无数伟大的实用成果，而且为人类未来的科技进步提供了更多的思路和可能性。

拓展阅读

书名：《中国科学技术史》

作者：李约瑟（英）

出版时间：1990 年

出版社：科学出版社

内容简介：著名英籍科学史家李约瑟花费近五十年心血撰写的多卷本《中国科学技术史》，通过丰富的史料、深入的分析和大量的东西方比较研究，全面、系统地论述了中国古代科学技术的辉煌成就及其对世界文明的伟大贡献，内容涉及哲学、历史、科学思想、数、理、化、天、地、生、农、医及工程技术等诸多领域。《中国科学技术史》七大卷三十四巨册，是一部翔实考据中国古代科学技术的百科全书。整部著作用比较的方式，把中国的贡献与其他伟大文明所造就的贡献相比较，第一次以令人信服的史料和证据，在世人面前系统概括了四千多年来中国人在科学技术领域的发明和创造，以及对世界物质文明所作的具有推动性的贡献，改变了西方人对东方的看法。

课后思考

1. 请谈谈传统文化思维方式在中国传统科技体系中的体现。
2. 中国传统科技成就的取得方式对今天科技研究是否仍有借鉴性？

[①] 《机器自然力和科学的应用》，摘自马克思的《1861—1863 年经济学手稿》，《马克思恩格斯全集》第 47 卷。

第十章
依仁游艺：可观天工

学习目标

1. 了解中国古代艺术与思想文化的紧密联系。
2. 了解中国古代的书法、美术、音乐、戏曲的发展历程。
3. 了解中国工艺美术相关的常识。

能力目标

能够明白文化艺术与思想何以互相成就。

"艺"字的本意是种植，后来引申为才能。中华传统文化中，艺术是要占很重要的分量。因为它体现了中国人内心最为深切的感受，最为深刻的思想，最为深沉的情感，一切难以用语言表达的真善美，却能够通过艺术达到灵犀相通。无论是文化艺术还是手工技艺，思想资源都来自深厚的中华文化思想，以人为本，以仁为本。因此，孔子所言的"依于仁，游于艺"，也不算失其正了。

第一节　书法丹青

一、书画对中国文化的意义

中国的书法和绘画作为中华传统文化的代表，是中华传统文化中重要且极富影响力和感染力的艺术形式，它们共同体现了中华传统文化的精髓。中国书画同源，最早的汉字是象形字，每一个汉字都可视为一幅完整的画。它们的发展历史是中华民族千百年来历史文化的浓缩和再现。书法与绘画虽然在表现方式上有所不同，但是它们在本质上却是相通的，它们都是用中国独特的书画工具，以线条为基本元素，通过运用不同的笔法、墨法等来创造出各自不同的艺术效果，传达想要表达的思想情感。

书法和绘画在中国文化中不仅仅是一种单纯的艺术创作活动，更是人们与自然、社会进行沟通和交流的重要方式。"书以载道"，书法和绘画之所以能够被人们所喜爱，主要是

第十章 依仁游艺：可观天工

因为它们能够以一种独特的艺术形式来展现中华传统文化中所蕴含的哲理和思想。书法和绘画是以笔墨为载体来传达自己对人生、自然、社会等方面的理解与感悟的具体形式，可以让人们在欣赏书法和绘画作品时产生心灵上的共鸣，其独特而又神秘的艺术表现形式是其他艺术形式难以替代的。

书法和绘画都是中华传统文化的重要组成部分，具有独特的艺术魅力。书法主要通过运笔、结体、用墨、布局等方面来表达作者的思想，而绘画则主要通过线条、色彩、构图等方面来表现作者的情感。

在漫长的历史长河中，书法和绘画早已融入了中华民族的血液之中，成为中华民族文化宝库中不可缺少的一部分，也在世界文化艺术宝库中极有影响力。书法和绘画体现了几千年来中国人对真善美的追求。通过书法和绘画，我们还可以了解其中所蕴含着的历史文化知识及其所具有的历史文化价值，这些精神文化内涵是中华文明乃至世界文明宝贵的精神财富。

二、中国书画工具——文房四宝

中国传统的书法、绘画，都离不开独特的创作工具——文房四宝：笔、墨、纸、砚。

（一）笔

考古发现，陶寺文化晚期（距今四千年左右）一件陶制残扁壶上书写着两个字符，其中一个字符酷似甲骨文和金文中的"文"字（图10-1），已被多数学者认定是迄今发现的中国最早的文字，比甲骨文早五百多年。朱书颜料为朱砂，文字笔迹有毛笔笔锋，可以肯定是用毛笔所书。因此早在原始社会就有了笔的存在，当时的人们已经懂得了用动物毛做笔来书写文字和绘画。商代甲骨文及商代金文有"聿"字（图10-2），像手执毛笔的样子，是"笔"字的初文。在很长一段时间内，毛笔和制作甲骨文金文的其他书写工具并存。目前发现的最早毛笔实物，出土于湖南长沙左家山战国楚墓，为竹杆毛笔，笔杆细长，笔毫为兔毛，配以笔套。今天的毛笔形制据说源自秦朝大将蒙恬的改进，因此他被尊为制笔业始祖。

图10-1 陶寺遗址出土朱书"文"字扁壶　　图10-2 甲骨文与金文的"聿"字

按照笔毛的材料，毛笔常见的有狼毫、羊毫、紫（兔）毫和兼毫。狼毫，笔毛用黄鼠

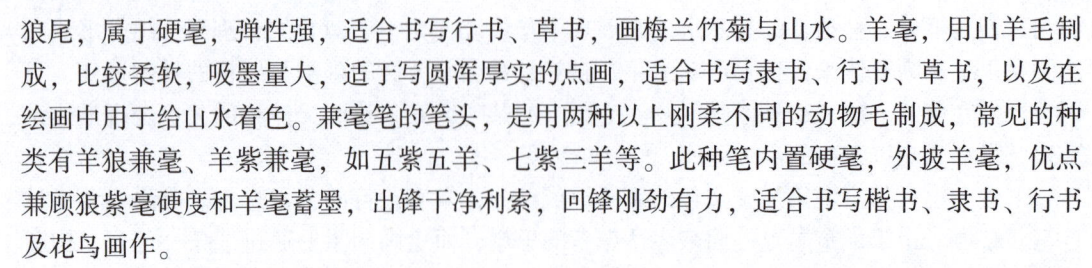

狼尾，属于硬毫，弹性强，适合书写行书、草书，画梅兰竹菊与山水。羊毫，用山羊毛制成，比较柔软，吸墨量大，适于写圆浑厚实的点画，适合书写隶书、行书、草书，以及在绘画中用于给山水着色。兼毫笔的笔头，是用两种以上刚柔不同的动物毛制成，常见的种类有羊狼兼毫、羊紫兼毫，如五紫五羊、七紫三羊等。此种笔内置硬毫，外披羊毫，优点兼顾狼紫毫硬度和羊毫蓄墨，出锋干净利索，回锋刚劲有力，适合书写楷书、隶书、行书及花鸟画作。

辨别毛笔好坏要注意四方面特点：尖、齐、圆、健。尖：笔毫收拢时，笔尖部分需要尖如锥。齐：铺开的笔毫平齐如刷。圆：笔毫收拢时成圆锥形，笔肚部分圆润，很像一颗子弹头。健：笔毫苍劲有弹性，提笔时笔毫复原。

我国最有名的毛笔是湖笔，出自浙江湖州。浙江省湖州市善琏镇是湖笔的发源地，被称为"中国湖笔之都"。

（二）墨

墨的制作历史十分悠久，最早可追溯到周代。据《述古书法纂》记载，周宣王时期"邢夷始制墨，字从黑土，煤烟所成，土之类也"。古人制墨所采用的主要原料有松烟、漆烟和桐（油）烟。最先使用的是松烟，其次是漆烟和油烟。墨的烟料须经过燃烧，才能制成，烟料是半成品，再经过入胶、和剂、蒸杵等工序制成墨锭，才是成品。

松烟墨用松树枝烧烟制成，其黑色偏冷，书写出来色黑无光，多用于书法。油烟墨是用桐油等油类烧烟制成，墨色深黑且光泽度极高，不易洇散，色彩温暖而鲜明，常用来作画。漆烟墨用传统大漆烧烟而成，其黑色细润而有光泽，也适用于绘画。

无论是什么墨的原料，都要具备这四个质优特点：质细、胶轻、色黑、声清。质细，指质地细腻无杂质、润滑。胶轻，指墨中胶的比例适中，不过量，墨色滋润，易研磨。色黑，指墨色纯正，黑而润泽，泛紫光或蓝光（古称"紫玉光""乌金黑"），而非呆板死黑。声清，即在敲击或研磨时，墨的声音清亮不浑浊。

中国传统制墨技艺中的珍品是徽墨，因产于古徽州府而得名，古徽州府辖统歙（shè）县、休宁县、祁门县、婺源县、绩溪县、黟县。这一地区所生产的墨品，都称为"徽墨"。2006年，徽墨制作技艺被纳入第一批国家级非物质文化遗产名录。

（三）纸

纸是我国古代四大发明之一，从目前发现的实物来看，西汉时期就已有植物纤维造的纸，如陕西西安灞桥砖瓦厂出土的灞桥纸、陕西扶风出土的中颜纸、甘肃居延出土的金关纸，但上述纸的质地都较为粗糙，制造技术处于初级阶段。东汉的蔡伦对造纸工艺做了重大改进，创制了以树皮、麻头、破布、旧渔网为原料的造纸术。价廉物美的纸张既可用于书籍誊写印刷，又可用于书法绘画，成为后来两千多年文明传承最重要的载体。目前已经发展出一万多种类型的纸品。

历代书画家最为青睐和推崇的用纸是安徽宣城泾县生产的宣纸，它的名气如此之大，以至于"宣纸"一词成为中国书画用纸的通称。

宣纸的原料是天然檀皮，其纤维组织细腻、均匀，具有很好的吸墨性，用这种纸写字，墨不会洇开，且墨色均匀，不易脱落，具有独特的艺术效果。宣纸的制作工艺精湛、严格，具有"不洇不透"等特点。在长期保存过程中，具有较强的抗污性和耐久性，还具有极强的抗老化能力，即使经过长时间存放，其字迹也不会发生变化。

欲学习更多相关内容，请扫描查看延伸阅读10-1。

按加工方法分类，宣纸一般可分为生宣、熟宣、半生半熟宣三种。生宣是按照正常纸张制造出产的宣纸，吸水性和沁水性都强，易产生丰富的墨韵变化，行泼墨法、积墨法，能收水晕墨章、浑厚华滋的艺术效果，适于书写行草和草书。熟宣是在生宣基础上再加上一层矾水出产的，吸墨性较差，适于画工笔画、书写小楷。半生半熟宣纸是在生宣基础上，加少量的矾水制成的，吸墨介于生宣熟宣之间，适于写隶书、篆书、中小楷书，以及画小写意国画。

延伸阅读10-1

（四）砚

砚由于质地坚实，能传后世，位居"文房四宝"之首。距今六千多年前的半坡遗址和距今五千多年前的姜寨遗址都曾发现疑似早期砚台的研磨器。湖北云梦县睡虎地秦墓中出土的战国末期石制砚台，则是可以肯定的迄今发现时间最早的砚台，距今两千多年。除石砚外，历代还出现过一些用其他原材料制作的墨砚，如瓦砚、陶砚、玉砚、铁砚、漆砚、木砚、瓷砚、铜砚、泥砚、水晶砚、石泥砚、砖砚、化石砚，以及由石砂和漆制作的纸砚。唐代以后，各地又相继发现适合制砚的石料，砚台制作日趋精美，砚台从纯文房用品逐渐演变为实用与欣赏相结合的工艺美术品，砚形、砚式不断增加，且饰以雕刻，砚台的收藏和观赏功能越来越超过它的实用性。其中采用广东端州（今肇庆）的端石、安徽歙县的歙石及甘肃临洮的洮河石制作的砚台，依次被称作端砚、歙砚（龙尾砚）、洮河砚。清代，又将河南的黄河澄泥砚与以上三者并列为"中国四大名砚"。

三、中国书法艺术成就

（一）艺术性与实用性的统一

中国书法是中国独有的艺术样式，它集实用性与艺术性于一体，立足于文字内容这个支点，以表意的汉字为表现对象。汉字的实用性是书法的基础，书法则是汉字艺术性的表现。

书法首先是实用的，书法的艺术性是从实用过程中逐渐发展形成的。书法一般被运用在记事、铭功、交流等场合，书写者自觉地运用了自己的书写技巧，不自觉地融入了自己的心理活动，赋予这些原本实用的东西以艺术的美感和生命力，我们看到的很多不朽书法珍品都是在这种不经意间创造出来的。

书法更是艺术的，仅仅把汉字书写正确工整还不是书法。书法能成为艺术，首先需要具备三个基本要素：用笔、结体和章法。书法是一种线条艺术，通过用笔控制粗细、轻重、润涩、曲直、浓淡、刚柔等变化，充分展示书法造型的千变万化，从而达到传情达意之目的。赵孟頫在《松雪斋书论》中说："书法以用笔为上。"用笔是书法技巧的核心内容和关键所在。结体，又称"间架结构"，是指将笔画按照一定的规则组成字，包括点画安排和空白布置。书法是一种造型艺术，字写得好不好，关键在于造型美不美，而一个字的造型要通过间架结构的安排去实现。章法，是指安排布置整幅作品中，字与字、行与行之间呼应、照顾等关系的方法。积画成字，积字成行，积行成幅。人们习惯上又称这种整幅作品的结构"布白"为"大章法"。而把一字之中的点画结字章法，和一字与数字之间布置的关系称为"小章法"。

围绕三要素产生一系列在笔法、结字和章法上的法则和尺度，也就是书法的法度。任何书法创作，即使是充满激情、狂放多变的狂草，也都必须做到"不失法度"，这是书法和普通写字的一个重要区别。

书法还是书写者人格的体现。中国书法一直认为"字如其人""书为心画"，姜夔《续书谱·情性》里说："艺之至，未始不与精神通。"比如书圣王羲之的字，遒劲媚逸、萧散平和，如清风出袖、明月入怀，这与他志向高洁、有仙风道骨的气质直接相关。颜真卿的字，雄劲独出、庄严持重、外密中疏、威力无穷，完全体现了他品行端正、爱国忠君、一身傲骨且刚烈的性情。

（二）书体的发展和代表作品

中国书法的书体和汉字的字体发展密切相关，两者有很大的重叠。但字体主要是从汉字的实用性角度来看待，而书体是从艺术性的角度来划分的。通常认为中国书法有五种主要书体：篆书、隶书、草书、楷书和行书。

1. 篆书

广义上的篆体包括隶书以前的所有书体及其延属，如甲骨文、大篆（包括金文、籀文、石鼓文、六国古文等）、小篆等。狭义上的篆体，则主要指"大篆"和"小篆"。其中小篆是中国历史上第一次运用行政手段大规模规范文字的产物。秦统一六国后，推行"书同文"政策，由丞相李斯负责在籀文的基础上删繁就简，废除异体，创立小篆，统一了全国的文字，减少了书写和认读方面的混淆和困难。小篆象形意味削弱，书体更趋简化，线条圆匀，字呈竖势，文字更加符号化，是中国汉字的一大进步，也是汉字发展史上一次重要的里程碑。秦代小篆文字资料流传下来的有李斯的泰山刻石、琅邪刻石、峄山刻石、会稽刻石等，以及无数秦量、秦权、诏版。《峄山刻石》（图10-3）目前只有摹本，但其用笔简洁，整齐划一，线条粗细均匀，转角几乎全部用圆笔，运笔自如，尽显线条的柔美，同时柔中带刚，不乏劲健。从字形上看，字体均衡，有对称之美，但是并不死板，而是稳中求变，既显得端庄，又不乏灵气。从构图上看，峄山刻石布局规整，流畅自然，字里行间都透着秦朝篆文的意境，是研究秦朝篆文最好的材料之一。

图10-3 峄山刻石

2. 隶书

字形多呈宽扁，横画长而竖画短，讲究"蚕头燕尾""一波三折"。汉字由篆书演变为隶书，在中国书法史上被称作"隶变"，是汉字演变历史上的一件大事，它是古今汉字的分水岭，"隶变"后的汉字，基本就接近我们如今使用的汉字。隶书分秦隶、汉隶和八分。秦隶一般认为是由篆书简化发展而来。汉代时隶书成为日常应用书体，形体、笔势不断发展。东汉于熹平四年（175年）以蔡邕书写的新隶体立石经于太学，熹平石经成为国家的标准书体。魏以后隶书又被称为八分，它带有明显波磔特征并逐渐楷化，结字由扁方逐渐向正方转变。

汉隶有大量优秀碑刻传世至今，如书风细劲雄健、端严而峻逸、方整秀丽兼而有的《礼器碑》，被推为隶书极则。其他的典型代表作还有：书风朴茂古拙又圆转流动的《华山碑》，结字放纵舒展，体势瘦劲开张，意态飘逸自然的《石门颂》，以及秀美生动的《曹全碑》，骨肉匀适的《乙瑛碑》，古厚朴实的《史晨碑》，粗犷豪放的《张迁碑》，书兼众美的《鲜于璜碑》，古健丰腴的《衡方碑》，雄迈静穆的《西狭颂》等。

3. 草书

一般认为，草书形成于汉代，是为了书写简便在隶书基础上演变出来的。《说文解字》中说："汉兴有草书。"初期的草书，打破隶书方整规矩严谨，称为"章草"，代表作是《皇象急就章》，索靖的《月仪帖》等。东汉末，张芝对章草进一步"草化"，脱去隶书笔画行迹，上下字之间笔势牵连相通，偏旁部首也做了简化和互借，称为"今草"。今草书体自魏晋后盛行不衰，二王（王羲之、王献之）、陈隋时期的书法家智永禅师、唐代书法家孙过庭等都有传世名作。"书圣"王羲之的《十七帖》"从容衍裕而气象超然"（朱熹语），被书家奉为"书中龙象"；王献之的《中秋帖》奇逸奔放；智永的《草书千字文》温和内敛；孙过庭的《书谱》的笔法爽利精熟。唐代今草写得更加放纵，笔势连绵环绕，字形奇变百出，称为"大草"，亦名"狂草"。唐代张旭和怀素的草书狂放不羁、奔放自如、气势磅礴，两人并称"颠张狂素"，张旭的《古诗四帖》、怀素的《自叙帖》为狂草书法作品中的典型代表。

4. 楷书

楷书也叫楷体、正楷、真书、正书。比隶书更趋简化，横平竖直。它"形体方正，笔画平直，可作楷模"。这种字体端正，是通行的手写和印刷正体字。楷书从汉隶逐渐演变而来，汉晋是从隶到楷的过渡时期，其间代表作有钟繇的《宣示表》《荐季直表》，王羲之的《乐毅论》《黄庭经》等。南北朝对峙时期，楷体书法亦分为南北两派。北派书体，带着汉隶的遗型，笔法古拙劲正，而风格质朴方严，多用于北朝文字刻石，后被统称为魏碑。《张猛龙碑》以结构精绝，变化无端而被誉为"魏碑第一"。《石门铭》端正飘逸，别具一格，被康有为列为"神品"。《经石峪》被称为"大字鼻祖"。《龙门二十品》也是北魏书风代表，其中的《始平公造像记》全部用阳刻法刻出，书法雄重遒密，端庄流逸，具龙震虎威之势，富有阳刚之美。

南派楷书，多疏放妍妙，长于尺牍。王献之《洛神赋十三行》体势秀逸，笔致洒脱，被公认为"天下小楷第一"。今天所说的楷书多指到唐朝以后逐渐成熟起来的唐楷，其代表人物有初唐的欧阳询、虞世南、褚遂良、薛稷，中唐的颜真卿，晚唐的柳公权。书法界公认历代楷书成就最高的四大书法家是欧阳询、颜真卿、柳公权和元代的赵孟頫。欧阳询的楷书笔力险劲，法度森严，对后世影响深远，他的代表作有《九成宫醴泉铭》《化度寺碑》《温彦博碑》《皇甫诞碑》。颜真卿是书法史上唯一能与王羲之相提并论的书法家，他的书法突破了此前的墨守成规，自成一派，开拓了书法新境界，其楷书代表作品有《多宝塔碑》《麻姑仙坛记》《颜勤礼碑》。颜体法度严峻、气势磅礴，不仅是盛唐气象的文化标志，也是字如其人的最好范例。柳公权的字匀衡瘦硬，有斩钉截铁气势，结体更严谨，笔画间透出骨力，人们常把它和筋肉丰满的颜体并称"颜筋柳骨"。柳公权的楷书代表作有《玄秘塔碑》《金刚经》和《神策军碑》。唐楷之后，只有元代赵孟頫能遥接唐人，树立楷书的又一座丰碑。赵孟頫本人是集诗书画于一体的全才，擅长各种书体，他的楷书楷中带行，流动飞舞，矫健多姿。小楷代表作有《汲黯传》《洛神赋》《无逸》《过秦论》等。《洛神赋》书风清新秀丽，笔法和章法都有王羲之的神韵。《汲黯传》是赵孟頫获世人评价最高的小楷作品。大楷作品有《妙严寺碑》《胆巴碑》《玄妙观重修三门记》等。

5. 行书

行书，是介于楷书、草书之间的一种字体，它是为了弥补楷书的书写速度太慢和草书的难以辨认而产生的。"行"是"行走"的意思，它不像草书那样潦草，也不像楷书那样端正，实质上它是楷书的草化或草书的楷化，楷法多于草法的叫"行楷"，草法多于楷法的叫"行草"。行书是在楷书的基础上发展起来的，大约出现于东汉末年，但直到东晋王羲之的出现才盛行起来。王羲之将行书的实用性和艺术性结合，创立了南派行书艺术，成为书法史上影响最大的一宗。行书因其行云流水、书写快捷、飘逸易识的艺术表现力和宽广的实用性，从产生起便受到欢迎。在历经魏晋的黄金期、唐代的发展期后，到宋代达到了新的高峰，于各种书体中逐渐占据主流地位。纵观漫长的书史，篆书、隶书、楷书的发展都存在盛衰的变化，而行书则长盛不衰，始终是书法领域的显学。历代书法大家共同创造了行书发展辉煌的历史，留下了无数行书艺术宝藏精品。其中王羲之的《兰亭集序》通篇点画相应，飘逸灵秀，刚柔相济，变化无穷，行云流水，节奏感强，无论在用笔、结体还是章法上，都达到了行书的至高境界，是无可争议的"天下第一行书"。颜真卿在安史之乱后追祭从侄颜季明取义成仁，在极度悲愤的情绪下书写祭文，不顾笔墨之工拙，字随情绪起伏，纯是精神和平时工力的自然流露，用笔情如潮涌，书法气势磅礴，纵笔豪放，一气呵成，创作出了"天下第二行书"《祭侄文稿》。苏轼的《寒食帖》通篇书法起伏跌宕，光彩照人，气势奔放，而无荒率之笔，被誉为"天下第三行书"。

唐后书法名家辈出，如五代杨凝式，北宋苏（轼）、黄（庭坚）、米（芾）、蔡（襄）四大家，南宋姜夔，元代赵孟頫，明代文徵明、董其昌，清代翁方纲、刘墉、梁同书、王文治、张照等。而且多数书法家都擅长多种书体，特别是楷书、行书和草书，为后世留下了大批书法名作精品。

四、中国画艺术成就

中国画是中国的传统绘画形式，创作者使用毛笔、墨、中国画颜料在绢、宣纸、帛上作画并加以装裱，在创作过程中需要依照中国传统表现形式及艺术法则。"中国画"一词起源于汉代，当时的人们认为其身在的土地是居天地之中，谓之"中国"。因此中国的绘画就是"中国画"，简称"国画"。

中国画和中国书法同源，均来自上古时期的人造图形符号。中国画的发展和绘画的载体有很大关系。从远古时代开始大致经历了岩画、彩陶花纹、青铜器装饰画以及秦之后的壁画、漆画、画像砖、帛画、木版木简画等形式，这些绘画更侧重于装饰、祭祀、教化等实用性。及至适合作画的纸张被生产出来后，中国画的主要载体就集中在了纸、绢和帛，画家也越来越注重把自己的思想和艺术创作结合。

中国传统文化和外国特别是西方区别很大，这也使中国形成了与西方不同的审美理想和不同的绘画形态风格。中国画重神韵，西洋画重形似。中国画更重视用线条，西洋画线条都不显著，而更重视光影、色彩和体积感。中国画注重意境，景物多采用散点透视法，西洋画多用焦点透视法。西洋人物画很重解剖学比例；中国人物画的目的就是表现人物的姿态和气度、尊卑以及对其的褒贬，因此不需要严格按照真实人物解剖比例。中国画重传神，因此删除琐碎而特写其主题，注重留白；西洋画重写实，故构图饱满几无留白。

按技法分，中国画主要分为工笔和写意两种。按题材分，主要有人物画、山水画、花鸟画三大类，分别探讨中国人所关心的三个哲学命题：人与人的关系，人与自然的关系，大自然的各种生命之间的关系。

（一）中国传统人物画

在中国传统绘画史中，人物画比花鸟和山水画更早产生独立成幅作品。中国早期人物画首先承担的是肖像功能，一个例子是伍子胥被通缉难以过昭关，主要就是因为有伍子胥逼真的肖像在关口悬挂；另一个例子是王昭君因为没有贿赂画工毛延寿而被他在肖像里画丑。其次是辅助教化功能，用于宣传道德，劝恶扬善等，比如"孔子观乎明堂，睹四门牖，有尧、舜之容，桀、纣之像，而各有善恶之状，兴废之诫焉"[1]，类似后世的宣传画。肖像画在南北朝时期又与宗教相结合，出现了大量的宗教人物画。但是也恰好在魏晋南北朝这一时期，中国画家真正开始从美的角度来创作审视人物画，出现了顾恺之、陆探微、张僧繇等一批人物画的名家。顾恺之的代表作中最有名的是《女史箴图》（图10-4）和《洛神赋图》（均为摹本）。陆探微的作品目前尚存《竹林七贤与荣启期》（摹本）和据传其作的《归去来辞图》。据历史记载，张僧繇画过大量诸王子图和佛像图，可惜均未流传下来，只有一幅疑似唐代梁令瓒临摹的《五星二十八宿神形图》。

中国人物画最典型的艺术特征就是线条造型。用简练的笔墨表现空间、质感和结构，以形写神，用笔墨虚实来显示图画层次，表达画家的感情。顾恺之等还提出了绘画的艺术理论，包括人物必须要做到"传神"，即重视精神面貌的表现。

---

[1] 出自《孔子家语·观周》。

图 10-4　女史箴图（局部）

　　人物画在唐代发展到了一个高峰，显示了唐代人物绘画的成熟和大国气象，内容也包括了帝王、仕女、神仙以及现实中的贵族生活。阎立本是唐初的杰出人物画家，他现存的两幅作品均是帝王题材：一幅是《步辇图》，表现松赞干布使者禄东赞朝见唐太宗；另一幅是《历代帝王图》，展现了自汉到隋的十三位帝王的形象，极富艺术魅力。盛唐时期被称为"画圣"的吴道子，专心进行寺观壁画绘制，被誉为"穷丹青之妙"。他的画笔势圆转，人物衣带飘举，有"天衣飞扬，满壁风动"之势，被后人誉为"吴带当风"。他的《地狱变相图》令观者不寒而栗。由于吴道子多为宫廷寺观作画，随着建筑的损毁，他的作品几未留存。现有《送子天王图》（图 10-5），据传是他为壁画上墙前设计的不着色小样"白画"，人物轮廓勾描得细致入微，展现了吴道子笔势的雄壮与利落。传为吴道子所作的另一名作《八十七神仙卷》，现藏于北京徐悲鸿纪念馆。

图 10-5　送子天王图（局部）

　　五代时期画家顾闳中的《韩熙载夜宴图》，描绘了南唐官员韩熙载家设夜宴载歌行乐的场面。此画绘写的是一次完整的韩府夜宴过程，即琵琶演奏、观舞、宴间休息、清吹、欢送宾客五段场景。整幅作品线条遒劲流畅，工整精细，构图富有想象力，代表了中国传统人物画的制高点。

两宋时期，风俗画和历史画取得了很高成就，著名的《清明上河图》是北宋张择端的鸿篇巨制，卷中描绘了五百多个不同人物，是全面展示北宋汴梁生活的纪录片。这一时期文人画潮流影响到了人物画风格。

北宋的李公麟发展完善了"白描"人物手法，被称作人物画"宋人第一"。他的代表作有《五马图》《维摩演教图》《临韦偃牧放图》。

南宋的梁楷以简括笔法，开创了人物写意新风，他自由潇洒的画法，在以后的中国绘画中被称为"写意"或"泼墨"。梁楷的代表作有《六祖伐竹图》《泼墨仙人图》和《李白行吟图》。

元明清的人物画在版画、年画、插画等方面很有特色，但总体上没有了唐宋的艺术突破。

（二）中国传统山水画

中国传统山水画是以山川自然景观为主要描写对象的中国画，在魏晋南北朝时已逐渐从人物画中分离出来，形成独立的画科，到唐代已完全成熟。山水画是中国人情思中最为厚重的沉淀。游山玩水成为士大夫"澄怀味道"的重要途径，以山为德、以水为性的内在修为意识，咫尺天涯的视错觉意识，一直是山水画演绎的中轴主线。山水画的审美价值体现在意象美、空灵美和诗意美，其最大特色表现为"鸟瞰式"构图形式，能使人看到高远之景、深远之境、平远之势。

从山水画的色彩使用的不同情况，可以分为青绿山水画和水墨山水画。早期宫廷画家、职业画家多创作以石青、石绿为主色的青绿山水画。五代以后，大部分文人绘画时主要依靠水与墨的不同含量达到"墨分五彩"的画面效果、水墨山水画成为主要表现形态。

1. 青绿山水画

著名的青绿山水画家有隋代的展子虔和唐代的大小李将军——李思训、李昭道父子。《游春图》是展子虔传世的唯一作品，被认为是青绿山水画的开山之作，展子虔也因此被称为"青绿山水之祖"。此画用青绿重着山水，用泥金描绘山脚，用赭石填染树干，遥摄全景，人物布局得当，在早期的山水画中非常具有代表性，也是迄今为止存世最古的画卷。

李思训擅画山水、楼阁、花木及走兽等，其山水树石，师法展子虔并加以发展，笔格遒劲，金碧辉映，意境奇伟，用笔遒劲。《江帆楼阁图》是李思训所创作的一幅绢本设色绘画作品，在色彩的表现上，依然是以青绿为主，但是墨线转折处以金粉饰之，形成"青绿为质，金碧为纹"的特殊效果，故又称"金碧山水"。时人评李思训"国朝山水第一"，明朝董其昌尊其为"北宗"画派之祖。

李思训之子李昭道亦有《明皇幸蜀图》传世。展子虔和李家父子突破了"人大于山""水不容泛"的桎梏，确立了青绿山水这一形式。

后世青绿山水名家名作极少，直到北宋政和年间，天才少年王希孟创作了一幅千古名画《千里江山图》，成为青绿山水又一次高峰。随着水墨山水兴起，青绿山水逐步被忽视，王希孟之后就只有南宋的赵伯驹、赵伯骕以及元代钱选，明代的仇英、文徵明等少数几人

· 153 ·

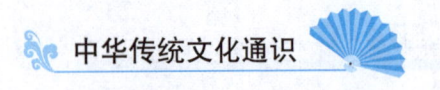

的青绿山水画比较出名。

2. 水墨山水画

根据文献记载，水墨山水画发轫于唐代的王维、张璪、吴道子等人，但至今还没有发现他们的水墨山水画作品，因此一般以五代作为水墨山水画的实际起步，由于彼时不同割据政权强化了水墨山水画的地区性特点，以及南北地域地质构造上的不同特性，导致刚起步的水墨山水画分为了南北两派。北方山水画派代表人物有五代的荆浩、关仝，北宋的李成、范宽、郭熙、许道宁、王诜等。他们开创了独特的构图形式，善于描写雄伟壮美的全景式山水。代表作有李成的《晴峦萧寺图》《寒林平野图》，范宽的《溪山行旅图》《雪山萧寺图》，郭熙的《早春图》《树色平远图》等。

以南唐的董源、巨然为代表的江南山水画派，善于表现江南景色，体现风雨的变化，代表作有董源的《潇湘图》《夏山图》，巨然的《层岩从树图》《溪山兰若图》等。两宋时期以及元代出现的惠崇、米芾、米友仁、赵孟頫、高克恭、黄公望、王蒙、吴镇、倪瓒等是"江南山水画派"第一个发展阶段出现的绘画群体。明代中期以后出现的主要画家有沈周、文徵明、董其昌、恽寿平、王原祁等，他们是"江南山水画派"鼎盛时期出现的画家。

明末到清中叶，以石涛、"八大山人"、"扬州八怪"为代表的革新派，对日益保守的江南山水画派进行了变革，一直影响到清末和近代。

（三）中国传统花鸟画

中国花鸟画，是指用中国的笔墨纸绢等传统工具，以"花、鸟、虫、鱼、兽"等动植物形象为描绘对象的一种绘画。花鸟画描绘的对象，实际上不仅是指花与鸟，还泛指各种动植物，包括花卉、蔬果、翎毛、草虫、飞禽等类。花鸟画具有深厚的文化寓意和象征意义，比如牡丹、芙蓉、桂花象征"花开富贵"，石榴、葡萄寓意"多子多福"，青松、白鹤寓意"延年益寿"，猫与蝴蝶表示"耄耋之寿"等。花鸟还能与君子之德相比，如梅兰竹菊四君子，松竹梅岁寒三友，荷花表示高洁不可亵玩等。

花鸟画的独立成科，是在唐代之前的魏晋南北朝。从隋唐到两宋的六百多年中，以工笔形态为主的花鸟画在唐代宫廷完全成熟，产生了像擅长画马的曹霸与韩干，擅长画牛的韩滉，擅长画花鸟的边鸾等书画大家。五代两宋宫廷画院花鸟画发展到历史顶峰时期，西蜀出现了黄荃，以工笔重彩"富贵"风格奠定了"院体花鸟画"的黄家样式；南唐时出现了"野逸"风格，代表是以水墨淡彩为主的非宫廷画家徐熙；从此中国花鸟画形成了"黄家富贵，徐熙野逸"的两大风格体系。北宋黄荃、黄居寀父子的"黄氏画风"风靡北宋画坛。宋徽宗赵佶不仅全力建设了国家画院，把画院作为其实现艺术理想的重要载体，将院体花鸟画艺术达到了前所未有的高度，同时也使水墨花鸟艺术开始被认可接纳。他以帝王身份身体力行，依靠高超的绘画技能和极高的文化艺术修养，直接作用于绘画发展，特别是花鸟画艺术，他的《芙蓉锦鸡图》《写生珍禽图卷》《柳鸦图》等作品都是不可多得的精品。赵佶既稳固了宫体花鸟画黄氏画风，又发展了水墨花鸟画风，为绘画艺术发展作出了卓越贡献。

元明清三代是花鸟画的繁荣期，名家辈出，流派纷呈。不仅有全才赵孟頫、"江南画王"陈琳，还有采用"墨花墨禽"绘画方式的王渊、张中、高克恭、王冕等人，他们以水墨取代色彩，但仍然用工笔方式求细求真，而且把梅兰竹菊等君子题材作为主要的表现对象。王冕的《墨梅图》就是其中的典型代表。

明代，除了宫廷花鸟画，还有吴门画派的写意花鸟。明代的边景昭被誉为"花果翎毛写生第一手"，而明宣宗朱瞻基在绘画成就上可比肩宋徽宗赵佶。明代中晚期的徐渭，以豪放肆意的大写意形态，树立了古代花鸟画的新里程碑。

清代"八大山人"朱耷被认为是中国写意花鸟画的巅峰性人物。清代中期兴起的扬州画派画家群体，画风越发靠近世俗的审美。其代表人物郑燮（板桥）善以书法用笔画兰、竹、石，特别是墨竹，来抒发个人情感，其代表作有《竹石图》《悬崖兰竹图》等。

第二节　天籁舞台

中国素以礼仪之邦闻名，音乐发展起源很早。考古发掘也证实我国有悠久的音乐传统，目前发现世界上最古老的乐器就是从贾湖遗址出土的骨笛，距今八千多年。早期歌、舞、乐没有严格分开，而是彼此依赖，可以统称为乐舞。《尚书·舜典》记载：

帝曰："夔！命汝典乐，教胄子，直而温，宽而栗，刚而无虐，简而无傲。诗言志，歌永言，声依永，律和声。"八音克谐，无相夺伦，神人以和。夔曰："於！予击石拊石，百兽率舞。"

舜让夔掌管乐舞，教导年轻人。夔就敲起石磬，让大家扮成百兽边歌边舞。夔不但是氏族乐舞的组织者和指挥者，而且有高超的音乐演奏才能，编导了当时最高水平的乐舞《韶》，是有史记载最早的音乐家。据相关文献记载，从上古到夏商，不同朝代的不同领袖，会分别制作不同的音乐作品，比如葛天氏之乐、朱襄氏之乐以及舜帝时的《韶》乐。夏禹时代则由皋陶创编了《大夏》，也被称为《九成》。商朝代夏后，则有《大濩（huò）》《雩（yú）舞》《魌（qī）舞》等乐舞被创制。随着现代考古技术的精进，多种古老的乐器彼时被陆续发掘出来，有的乐器至今都能发出准确的音高音阶，比如战国曾侯乙墓出土的编钟，这意味着演奏复杂的乐章成为可能，文献和考古对此互相给予了印证。在后续数千年的悠久历史中，中国人民创造了数量极其丰富的音乐艺术作品。

西周开国后，周公建立了礼乐治国体系，对礼仪和音乐做了严格的等级化规范。音乐，特别是官方的音乐，成为国家治理制度的一部分。春秋乱世礼坏乐崩，孔子终生致力于恢复礼乐体系，修订六经——《诗》《书》《礼》《易》《乐》《春秋》，传授六艺——礼、乐、射、御、书、数，体现了他对礼乐的高度重视。

一、庙堂宫廷音乐的发展

庙堂宫廷音乐是历代统治者用于重大仪式场合表演的音乐和舞蹈，为方便叙说，我们后面将历代王朝的官方乐舞统一简称"宫廷音乐"。

西周和唐代是宫廷音乐发展的两座高峰。西周官方设有庞大的音乐机构，统归大司乐管，有乐师一千二百多人，分职于音乐行政、音乐教育和音乐表演三个方面。音乐教育的对象是贵族阶层的子弟，即国子。在音乐表演方面，《周礼·春官·大司乐》规定，以六律、六吕、五声、六舞、大合乐"以致鬼神祇，以和邦国，以谐万民，以安宾客，以说远人，以作动物"，意思是："用来安抚鬼神，用来协调天下各国，使民众和谐，使宾客安居，使远方的人心悦诚服，使动物繁殖生长。"

西周的宫廷音乐可以参考《诗经》中风、雅、颂的分法，将其分成雅乐和颂乐。

（一）雅乐

雅乐是周代宫廷最重要的音乐类型之一，是大型典礼活动时采用的乐歌。雅乐分大雅和小雅，大雅多用在祭祀、朝贺、宴享等场合，小雅则是用于一般宴会的典礼。当时的乐和歌、舞多是联系在一起的。如祭天神时，须奏《黄钟》乐，和《大吕》歌，跳《云门》舞；祭地神时，须奏《太蔟》乐，和《应钟》歌，跳《咸池》舞。有一礼，必配有一乐一歌一舞。这个制度为以后历代宫廷沿袭，几乎成为定式。

雅乐中有大量乐舞，比如"六代乐舞"、小舞、散乐、四夷之乐、宗教性乐舞等。其中"六代乐舞"是雅乐的最高典范，它包含六段各个时期的乐舞，即黄帝时期的《云门大卷》、唐尧时期的《大咸》、虞舜时期的《韶》、夏禹时期的《大夏》、商汤时期的《大濩》以及周武王时期的《大武》。小舞指规模较小的乐舞，多与祭祀有关，其代表作有《帗（fú）舞》《羽舞》《皇舞》《旄舞》《干舞》《人舞》等。

（二）颂乐

颂乐为宗庙祭祀所用的音乐，具有浓厚的宗教气氛，同时对统治者进行赞美歌颂。颂乐和平中正，形式庄严肃穆，但规模比"六代乐舞"小。

其他还有一些宫廷内的小场合使用的音乐，比如将采来的各国之"风"，经过加工修饰后作为与典礼配合的诗，用雅颂的声调歌唱。

隋唐时期，音乐文化达到了一个高峰，音乐机构也相当庞大，分为政府和宫廷两个系统，其中大乐署、鼓吹署属于太常寺系统，教坊、梨园属于宫廷系统。

太常寺是封建社会掌管礼乐的最高行政机关，负责管理雅乐和俗乐。大乐署和鼓吹署都隶属于太常寺。大乐署负责管理雅乐和燕乐，并对乐工进行培训考核，考核分为多个等级，修乐时间长达十年，毕业后从事音乐服务。鼓吹署则专门管理仪仗中的鼓吹乐，是卤簿与军乐的官署，由乐户充任。

教坊是宫廷的音乐摇篮。教坊是从政府管理的音乐机构中独立出来的，由宫廷直接管理，专门为宫廷燕乐的表演培养音乐人才。教坊集中了大量的高水平的歌舞音乐人才，均由女性入选。教坊专习歌舞，由皇帝直接派专人管理。

梨园是皇帝的音乐殿堂。梨园是唐玄宗在禁苑设立的音乐机构，以教习、演奏法曲为主。梨园多由男性担任，由唐玄宗亲自组织排练。这些乐工被称为梨园子弟，有三百人左右，身份地位较高。此外，唐玄宗还非常注重少年人才培养，在梨园设置了一个"小部音声"。

唐代宫廷音乐最为典型的应属燕乐（又称"宴乐"），燕乐原指宫廷在宴请宾客时所用的一种专用音乐，后逐渐成为宫廷宴饮、朝会、游乐等场合演奏乐。其主体为歌舞音乐，具体形式包括声乐、器乐、舞蹈、百戏等，集中代表了唐代燕乐的最高艺术水平。

唐代燕乐中，西胡乐部占据大部分，这也使得大量的胡地乐器也随之进入中原，最终成为中国的传统民族乐器。由此也可以从侧面反映出，隋唐以来各地区、各民族文化汇聚中原，相互借鉴、吸收和融合的总趋势。随着时代的发展，在唐代历任统治者的大力支持下，燕乐一度走向繁荣，它在一定程度上代表了同一时期乐舞文化的最高成就。像唐初高祖、太宗、武则天、高宗、玄宗等皇帝都热衷于乐舞：唐太宗创制了《秦王破阵乐》，其舞者多达一百二十人；武则天自制"神宫乐"，用舞者九百人；唐玄宗的《霓裳羽衣曲》共三十六段，融歌、舞、器乐演奏于一体，曲调优美，构思精巧，在宫廷之中极受欢迎。此外，唐代宫廷里还有《绿腰》《凉州》《伊州》以及《玉树后庭花》等大曲。

欲学习更多相关内容，请扫描查看延伸阅读10-2。

随着安史之乱的到来，燕乐盛极一时的繁荣就如昙花一现，唐朝从此由盛转衰，军阀割据，朝局动荡，民生凋敝，不少文艺作品因此完全失传，传统宫廷音乐在后世朝代再也不能达到此前的巅峰水平了。

二、中国传统乐器

《三字经》里提到按材质区分中国传统的八类乐器，即"匏、土、革、木、石、金、丝、竹"，简称"八音"。匏，指用葫芦做的笙、竽类乐器。土，指烧制陶土制成的埙、缶等。革，代指皮制的鼓、鼗（táo，拨浪鼓）。木，表示木质的柷、敔（yǔ）。石，指的是石磬。金，代表金属制成的钟、铙、镈（bó）等。丝，表示所有弦乐类，如古琴、琵琶等。竹，则是所有管乐类，如箫、笛等。这些乐器按演奏方式则可以分为吹奏乐器、打击乐器、弹拨乐器和拉弦乐器四大类。很多乐器从上古发明后一直流传至今，也有不少在风靡一时之后消失在历史尘埃中。还有不少早年外来的乐器，经过中国人长期使用和调整改造，最终成为地道的民族传统乐器。下面我们每一类分别举几样乐器为例。

（一）吹奏乐器

笛，是迄今为止发现的最古老的汉族乐器，是中国传统音乐中常用的横吹管乐器，多为竹制。笛也是汉族乐器中最具代表性最有民族特色的吹奏乐器。"笛"字在汉代前多指竖吹笛，汉武帝时发展出横笛，亦称"横吹"。两汉之后，"笛"成为箫和横笛的共同名称，并延续了很长时期。

箫，分为洞箫和琴箫，一般也是竹制，单管竖吹，吹孔在上端，不设膜孔。长期与横笛共用"笛"字，直到宋元时期，才用"箫"字把它与横吹的笛区别开来。

篪，篪也是一种横吹竹管乐器，样貌似笛，具有六个孔（包括上出孔）。但它底端密封，与笛子有所不同。

埙，埙是汉族特有的闭口吹奏乐器，是中国最古老的吹奏乐器之一，大约有七千年的历史。埙大多是用石头和骨头制作的，后来发展成为陶制的，形状也有多种，如扁圆形、椭圆形、球形、鱼形和梨形等，其中以梨形最为普遍。在宫廷音乐中，埙分成颂埙和雅埙两种。颂埙形体较小，像个鸡蛋，音响稍高；雅埙形体较大，音响浑厚低沉。

（二）打击乐器

编钟，是中国汉族古代大型打击乐器，兴起于商周之际，并盛于春秋战国直至秦汉。中国是制造和使用乐钟最早的国家。因为每个钟的音调不同，按照音谱敲打，可以演奏出美妙的乐曲。在中国古代，编钟是上层社会专用的乐器，是等级和权力的象征。战国曾侯乙编钟是中国迄今发现数量最多、保存最好、音律最全、气势最宏伟的一套编钟,代表了中国先秦礼乐文明与青铜器铸造技术的最高成就。

石磬,是中国历史上最古老的石制打击乐器和礼器。取片状石材,制成曲尺形,上钻磨一孔,悬挂敲击。磬有单个"特磬"与按律吕依次编排的"编磬"(离磬)之分。单个"特磬",作为氏族"鸣以聚众"的信号乐器;"编磬"则是在宗庙祭祀、宗族盛宴等大典时与编钟一起合奏。

(三)弹拨乐器

琴,又称古琴、瑶琴、玉琴、七弦琴,是中国传统拨弦乐器,有三千年以上历史,属于"八音"中的丝。古琴音域宽广,音色深沉,余音悠远。琴是中国古代文化地位崇高的乐器,有"士无故不撤琴瑟"和"左琴右书"之说,位列四艺"琴棋书画"之首,被文人视为高雅的代表,亦为文人吟唱时的伴奏乐器。

瑟,是我国最早的弹弦乐器之一,共有二十五根弦。先秦便极为盛行,汉代亦流行很广,南北朝时常用于相和歌伴奏,唐时应用颇多,后世渐少使用。

筝,是一种多弦多柱的弹拨乐器,早在公元前5世纪至公元前3世纪的战国时代,古筝已于秦国一带广泛流传,故得名秦筝,已有两千五百余年的历史。筝在汉晋以前为十二弦,后逐渐增加,今天的标准为二十一弦。

琵琶,是中国传统弹拨乐器首座,一般用特殊的木头或竹子制成,音箱呈半梨形,上装四弦,颈与面板上设有以确定音位的"相"和"品"。最早被称为"琵琶"的乐器大约在中国秦朝出现,距今已有两千多年的历史。其名"琵琶"是根据演奏这些乐器的右手技法而来的,也就是说,琵和琶原是两种弹奏手法的名称,琵是右手向前弹,琶是右手向后挑。到了南北朝时,从西域传来了一种梨形音箱、曲颈、四条弦的乐器,有人就把它和中国的琵琶结合起来,改制成新式琵琶。在演奏方法上,改横抱式为竖抱式,改拨子拨奏为右手五指弹奏。经过无数改进,才成为如今的四相十三品及六相二十四品的两种琵琶。

(四)拉弦乐器

二胡,又名胡琴,始于唐代。古代中原的汉族人,把居住在北方和西北方的少数民族统称为胡,对他们所用的乐器、音乐以及服饰等,也都冠以"胡"字。胡琴为唐代末年我国北方少数民族奚族所用的一种乐器,它是在古代弹弦乐器弦鼗的基础上衍变发展而成的。胡琴在唐宋时期,既是拉弦、又是弹弦乐器,两种演奏方法兼而有之。现代胡琴,全长六十厘米;琴筒木或竹制,有半圆球形和长筒形两种,前口蒙桐木薄板;琴杆木制,张两条丝弦;琴头呈弯月状、无饰;两轴置于琴杆上部右侧,与琴筒平行,轴顶旋成葫芦形。

三、中国戏曲

戏曲是包含文学、音乐、舞蹈、美术、杂技等各种元素而以音乐和舞蹈为主要表现手段的戏剧。溯本追源,中国戏曲是在古代祭祀歌舞的基础上孕育出来的。汉代的"角觝百戏",可以被认为是中国戏曲出现的最早雏形,其后经历了唐代的歌舞戏和参军戏的发展。

北宋中叶出现的宋杂剧使戏曲从叙事性的曲艺说唱中独立出来，成为以代言体表演为中心的一门综合艺术，它也是中国古典戏剧正式形成的标志。宋杂剧最初是含有故事内容的各种声乐伎艺综合演出的总称，包括了歌舞、扮演、说唱诸般伎艺①，以及汉唐以来传统的散乐、百戏的演出，演出场所在瓦舍勾栏。宋杂剧形成的时候正处在北宋和金对峙的时期，此时的宋杂剧在金被称为"院本"，两者并无实质差异，所以可以合称"宋金杂剧"。此后中国南北戏曲各自走出了自己的发展道路（图10-1）。

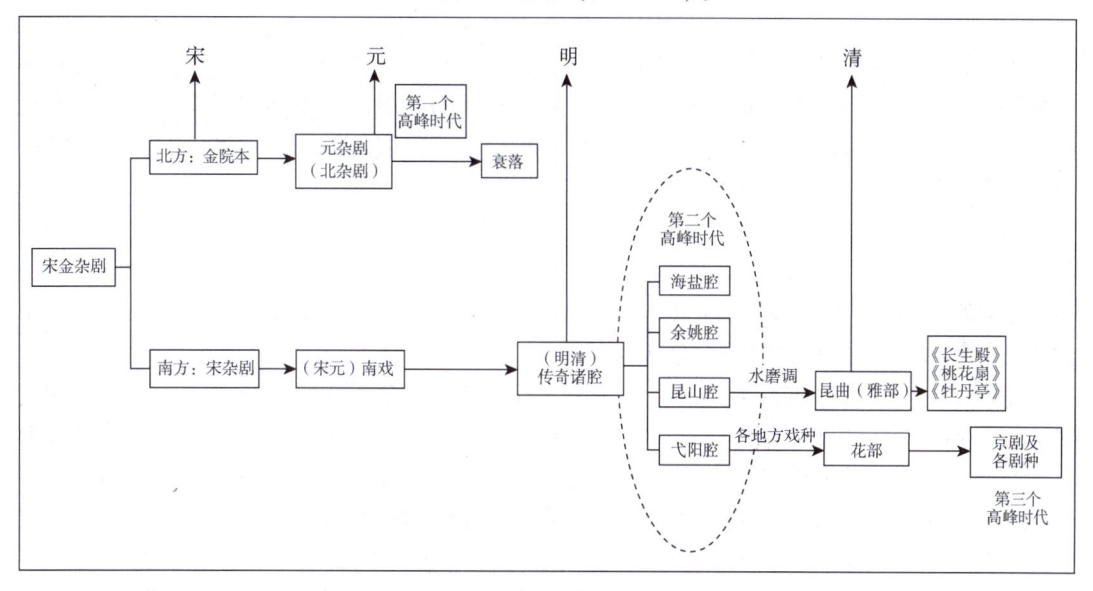

图10-1 由宋至清中国戏剧发展脉络

从宋末到明初，南戏成为一直在中国南方地区流行的戏曲艺术，因此也被称为宋元南戏。南戏是中国最早"以歌舞演故事"为特征的舞台表演艺术，它早期的三个剧本——《张协状元》《小孙屠》《宦门子弟错立身》仍然完好地保存到了今天。后期元代南戏有著名四大戏文"荆刘拜杀"——《荆钗记》《刘知远白兔记》《拜月亭记》《杀狗记》，以及被誉为最著名最优秀的南戏——高明所作的《琵琶记》。

北方的宋杂剧（金院本）则发展成为元杂剧，也叫北杂剧。元杂剧演唱乐曲属北曲系统，尽管其产生比南戏稍晚，但发展得更为迅速，在元代远比南戏兴盛和成熟，风行全国。元杂剧是元代文学的代表性样式，是元曲的重要部分。唐诗、宋词、元曲历来并称，可见杂剧在元代的地位。如果说宋杂剧标志着古典戏剧的形成，那么元杂剧的兴盛表明古典戏剧开始成熟，中国戏剧进入第一个高峰时代。此时出现了许多杰出的剧作家，包括关汉卿、王实甫、马致远、郑光祖、白朴、康进之等人，其中关汉卿、马致远、郑光祖、白朴，并称"元曲四大家"，他们创作出大量优秀作品，如《窦娥冤》《西厢记》《汉宫秋》《倩女幽魂》《梧桐雨》《赵氏孤儿》《秋胡戏妻》等。

元末明初，北杂剧开始逐渐走向衰落，而在元代偃旗息鼓的南戏重新崛起，并流传于各地。在各地的演出中，为适应当地观众，采用当地语言，形成不同的声腔，造就了诸腔

---

① 伎艺不仅指各种技艺，还包括表演艺术，如诗歌、音乐、舞蹈等。

空前繁荣的局面。其中浙江海盐腔、余姚腔、江苏昆山腔、江西弋阳腔被称为"四大声腔"。南戏的名称也被大量的声腔剧种所代替，统称"明清传奇"，这是中国戏剧的第二个高峰时代。

这些声腔中昆山腔和弋阳腔影响最大。昆山腔发展出了轻柔细腻的"水磨调"，奠定了昆曲的基础。昆腔以优美的曲调和丰富的戏剧音乐特色征服了广大民众，在明万历之后，昆腔更是成为"官腔"，很多传奇剧本均为昆腔。这些戏剧被称为昆曲，在明清盛极一时。

弋阳腔风格粗犷豪迈，演唱时采用一唱众和的"帮腔"手段，虽然一开始不如昆腔那样能登大雅之堂，但对各个地方剧种的发展起了很大的作用，很多剧种都是从弋阳腔发展而来，比如川剧、湘剧、赣剧等，北京的京腔也受了弋阳腔的影响。到乾隆时，弋阳腔已经成为遍布四方的戏剧表演主要唱腔之一。

传奇和昆曲在清朝前期继续繁荣发展，并在"南洪北孔"出现时到达顶峰，"南洪"指的是《长生殿》的作者洪昇，"北孔"则指的是《桃花扇》的作者孔尚任，这两部剧将昆曲带到了巅峰。《长生殿》《桃花扇》与明朝汤显祖的昆曲《牡丹亭》以及元代王实甫的杂剧《西厢记》并称"中国古典四大名剧"。

昆曲因其文辞典雅被称为雅部，从明中叶到清初两百余年在剧坛占有几乎压倒一切的优势。但到了清代中叶，秦腔、京腔、梆子腔、二黄调等这些被归入"乱弹"的花部腔调异军突起。各声腔戏种因其内容和演唱贴近生活更受到百姓的欢迎，在各自形成的地方得到良好发展。花部与曾经盛极一时的雅部昆曲展开了激烈的竞争，在戏剧史上被称为"花雅之争"。生机勃勃的花部在这一竞争中，借鉴吸收了雅部的艺术成就，使自身不断发展完善，最终取代了雅部，使清代中后期的戏剧形成百花齐放的局面。

这一期间，京剧得益于天时地利，成为最具影响力的新剧种。以京剧为代表的戏曲地方戏高度繁荣为标志，中国戏剧也进入第三个高峰时代。

欲学习更多相关内容，请扫描查看延伸阅读10-3。

延伸阅读 10-3

第三节　建筑与园林

中国传统建筑是世界六支原生的古老建筑体系之一（其他五支分别为古代埃及建筑、古代西亚建筑、古代印度建筑、古代爱琴海建筑和古代美洲建筑），是中华传统文化最直观的传承载体和表现形式之一。以下简要介绍中国的几种主要建筑。

一、宫殿建筑

宫殿建筑是古建筑中等级最高，也最豪华的一类，是传统建筑技术和艺术最集中的代表。中国宫殿建筑以北京的故宫最具典范，故宫的宫殿建筑，是中国现存最大、最完整的古建筑群。作为帝王权威和统治象征，它具有明显的政治性，建筑大都金碧辉煌、规模宏大，以体现皇权至高无上的威严。建筑布局上采取严格的中轴对称的布局方式，强调君主中正居于中枢。故宫中轴线也是北京城的中轴线，三大殿、后三宫、御花园都位于这条中轴线上。

故宫建筑遵循"左庙右社""前朝后寝"的规制。所谓"左庙",是在宫殿左前方设祖庙,是帝王祭拜祖先的地方,即太庙;所谓"右社",是在宫殿右前方设社稷坛,社为土地神,稷为五谷之神,社稷坛是帝王祭祀土地神、五谷之神的地方。尊崇"左庙右社"的规制,是古代礼制思想中重祖先、敬土地的体现。

"前朝"即外朝各殿,是帝王处理政务、举行大典之处,主要建筑有太和殿、中和殿、保和殿,这些建筑都位于中轴线上,并建在汉白玉砌成八米高的台基上,文华殿、武英殿分布两翼。"后寝"即后廷各宫,是皇帝与后妃们居住生活的所在。这一部分的主要建筑有乾清宫、坤宁宫、御花园等,其间大多设置有花园、书斋、馆榭、山石等,它们均自成院落,富有浓郁的生活气息。

二、古典园林建筑

我国园林建筑有着悠久的历史,传统园林讲究古木葱茏,亭台相瞩,山石嶙峋,水光潋滟,无处不充满着诗情画意。在几千年的发展过程中,中国园林一直作为中华传统文化的重要载体,传达着一个民族对美、对自然、对生活的理解与追求。自然诗意的居住一直是中国人的理想,山水园林贯穿了人与自然和谐统一的哲学观念。

中国古典园林一般分为皇家园林和私家园林两大类。皇家园林规模宏大,有的建在京城内,甚至与皇宫相连,即大内御苑,如北京的明清皇城西苑(包括北海、中海和南海);有的则在郊外有山有水、自然风光优美的地方造园,甚至将真山真水包入花园,与行宫离宫结合,这就是大型山水苑囿,例如北京的颐和园。颐和园规模宏大,占地面积2.97平方千米,主要由万寿山和昆明湖两部分组成,其中水面占四分之三(大约220公顷)。园内建筑以佛香阁为中心,园中有景点建筑物百余座、大小院落二十余处,三千五百五十五处古建筑,共有亭、台、楼、阁、廊、榭等不同形式的建筑三千多间,其中佛香阁、长廊、石舫、苏州街、十七孔桥、谐趣园、大戏台均为其代表性建筑。古树名木一千六百余株。颐和园总体规划以杭州西湖为蓝本,同时广泛仿建江南园林及山水名胜,如凤凰墩仿太湖、景明楼仿岳阳楼、望蟾阁仿黄鹤楼、后溪湖买卖街仿苏州水街、西所买卖街仿扬州廿四桥等。园内的主体建筑为大报恩延寿寺,并有一条长达七百多米的长廊,其建筑与装饰绘画都相当精彩,具有很高的艺术价值。

中国私家园林的杰出代表是苏州园林。苏州的造园家运用独特的造园手法,在有限的空间里,通过叠山理水、栽植花木、配置园林建筑,并用大量的匾额、楹联、书画、雕刻、碑石、家具陈设和各式摆件等来反映古代哲理观念、文化意识和审美情趣,从而形成充满诗情画意的文人写意山水园林,使人"不出城廓而获山水之怡,身居闹市而得林泉之趣",达到"虽由人作,宛若天开"的艺术境地。

苏州古典园林是文化意蕴深厚的"文人写意山水园",其占地面积虽小,但建筑布局、结构、造型及风格都巧妙地运用了对比、衬托、对景、借景以及尺度变换、层次配合、小中见大、以少胜多等种种造园艺术技巧和手法,将亭、台、楼、阁、泉、石、花、木组合在一起,在城市中创造出人与自然和谐的居住环境,构成了苏州古典园林的总体特色。著名的苏州园林有拙政园、留园、网师园、环秀山庄、沧浪亭、狮子林、耦园、艺圃和退思园等。

三、宗教建筑

宗教场所往往富有宗教文化和信众民族文化色彩。中国境内的宗教建筑涉及佛教、道教、伊斯兰教、基督教，数量很大，风格各异。中国宗教建筑一般分为寺、观、塔、石窟四种形式。

（一）寺

以国内最为兴盛的汉传佛教建筑为例，佛教一般称其宗教场所为寺，又叫庙宇或宝刹，佛教僧侣在此供奉佛像或舍利，并进行宗教活动和居住。佛教自东汉传入中国后，就开始在各地修筑各种寺院，此时建筑就已经逐渐中国化。一般以佛殿或佛塔为主体建筑，采用了中国传统的院落形式，从山门开始沿中轴线依次为一到三座殿堂，常见的是天王殿、大雄宝殿等，有的寺院在中轴线一侧另开若干庭院，修建附属建筑，如戒坛、罗汉堂、藏经楼等，或修建佛塔以供奉舍利（遗骸）、经卷和法物。

（二）观

观一般是道教建筑。在道教中，观是指道士们修行和居住的场所，所以通常称为"道观"。道观通常选址于山林幽静之处，以体现道教追求"清静无为"的出世境界。建筑布局多采用中国传统院落式布局，中轴对称，层层递进，形成一个完整的建筑群。例如，青城山道观的建筑布局就体现了这种特点，其建筑群由多个天井和曲折走廊组成，与自然景观相融合。此外，道观的布局还讲究风水，强调"藏风聚气"，依山起势，形成"虚静灵动"的建筑构局。道观建筑风格简朴典雅，注重与自然环境的和谐。常见的建筑形式包括殿堂、楼阁、斋堂、钟鼓楼等，其中殿堂是宗教活动的主要场所，通常布置在中轴线。道观建筑的功能分区明确，通常包括神殿、膳堂、宿舍和园林四部分。神殿是宗教活动的核心场所，膳堂用于饮食起居，宿舍供道士和信徒居住，园林则为休闲和修行提供场所。这种分区设计既满足了宗教活动的需求，也体现了道教对生活的重视。

（三）塔

塔是一种重要的宗教建筑形式，以其独特的建筑风格在佛教文化中具有深远的历史和丰富的文化意义。塔的起源可以追溯到古代印度，最初是作为佛教高僧的埋骨建筑，称为"窣堵坡"（梵文 Stupa），用于供奉佛陀的舍利、佛像、佛经等圣物。它象征着佛法的守护力量，是佛教徒表达对佛陀思想的尊崇与敬仰的场所。塔通常由塔刹、塔身和基座三部分组成，其中塔刹是塔的最高部分，象征着佛陀的国度。塔身通常装饰有佛像、花卉和字画等，反映了佛教文化的深刻内涵。

在中国，塔也常被建在风景优美的地方，成为一种风景点缀之物。这种建筑形式后来随着佛教的传播，与中国原有的建筑形式相结合，演变出了各种丰富多彩的造型和结构，包括楼阁式塔、密檐式塔、覆钵式塔和金刚宝座塔等，形成了一种具有中华民族传统特色的新的建筑类型，并在中国各地形成了具有地方特色的建筑类型，成为中国建筑中的重要组成部分。

（四）石窟

石窟是一种特殊的佛教建筑形式，是依山崖开凿的洞窟，主要用于佛教僧侣的修行、礼佛和集会。这种建筑形式也起源于印度，最早可以追溯到释迦牟尼时代，起初是作为僧侣坐禅和修行的场所。石窟的选址通常选择在山崖或岩石上，利用自然地形进行开凿，这种设计不仅体现了佛教追求"遁世隐修"的理念，也使得石窟在自然环境中显得更加庄严肃穆。此外，石窟的建筑形式也随着历史的发展而不断演变，从早期的深邃洞窟逐渐演变为崖壁上的浅龛形式。

在中国，石窟建筑自3世纪开始传入，并逐渐发展成为具有中国特色的宗教建筑形式。隋唐时期，随着佛教文化的广泛传播，中国北方地区如云冈、龙门等地形成了著名的石窟寺。中国的石窟寺主要分为四种类型：僧房窟、塔庙窟、佛殿窟和大像窟。其中，僧房窟主要用于僧侣居住和修行；塔庙窟以塔为中心，常用于供奉佛像；佛殿窟则类似于一般寺庙中的佛殿；大像窟则以雕刻大型佛像为主。

石窟还集雕刻艺术、绘画和建筑于一体，成为古代艺术的宝库。因此不仅在宗教活动中扮演重要角色，同时也为研究古代建筑、艺术和文化提供了宝贵的资料。例如，敦煌莫高窟、山西云冈石窟、洛阳龙门石窟和重庆大足石刻等都是世界著名的石窟艺术遗址，保存了大量的壁画和雕塑，展示了中国古代艺术的辉煌，以其独特的艺术价值和历史意义被联合国教科文组织列入世界文化遗产名录。

四、陵墓建筑

陵墓建筑，是我国传统建筑中的重要组成部分。中国古人普遍相信人死后，其灵魂是不灭的，所以对陵墓的修建十分重视。而且古人认为好的墓地，还有利于子孙的前途命运，因此，一般会精心挑选"万年吉地"。尤其是帝王陵墓，往往由地下和地上两部分组成，在地下修筑墓室安置死者遗体和随葬的物品，"事死如事生"，在地上修建供后人追思祭祀的场所，"事亡如事存"。以北京的明十三陵为例，各陵宫建筑自成整体，祭祀在前，寝宫在后，门廊、殿堂、明楼、宝城，排列层次分明，严肃整齐，突出了陵基建筑的特点。建筑分布以中轴线为主体，两侧为附属建筑陪衬，建筑布局合理完整，与中国传统建筑的布局相吻合。随着地势的逐步升高，建筑高低错落有致。地下建筑前面一般建有隧道和甬道，成为进入地宫的导引部分。地宫是帝后棺椁的停放区域，平面为"十"字形，石拱券结构，后殿拱券与中殿拱券呈正交，这种拱券当时称"丁"字大券，是专供帝王使用的建筑形式，公侯大臣墓葬是不允许建造成此种形式的。明代帝陵"十"字形建筑布局的地宫形制，是仿照皇帝生前居住的内宫建筑布局规划的，即所谓"九重法宫"，法宫即为皇宫中的内廷建筑，就是皇帝的寝宫。明代陵寝地宫属多室建筑布局，这种建筑布局虽然在唐宋时期已经普遍采用，但是明代的陵寝地宫的建筑布局和建筑形制都超过了前朝。地宫的后殿放置帝后的棺木，左右配殿亦筑有棺床。中殿是梓宫奉安后，护葬官员举行祭祀礼仪活动和安置帝后的石御座及琉璃五供等随葬物品的场所。

第四节　器物服饰

几千年来，中国的能工巧匠们以陶瓷、青铜、玉石、丝织等为材料制作了无数工艺精品，形成了灿烂的古代工艺文化，这些器物是中国古代劳动人民汗水和智慧的结晶。

一、陶瓷

陶器是人类掌握的第一种人工材料制品，它的出现是人类进入新石器时代的重要标志。中国的制陶制瓷是对人类文明的重大贡献之一，瓷器也是中国古代灿烂文明的象征，至今英语单词里中国和瓷器两词是通用的。而在陶瓷制作过程中，中国古代人民积累了丰富的化学工艺知识。

距今两万年左右的新石器时代初期，中国已出现最原始的陶器，最常见的是红陶、灰陶和黑陶。山东章丘龙山城子崖遗址出土的细泥薄壁黑陶，其工艺精巧高超，体型匀称端雅，表面乌黑坚硬，壁厚度只有 0.5~1 毫米，又被称为"蛋壳黑陶，"是新石器晚期的龙山文化时期最具代表性的陶器（图 10-6）。龙山文化中还出现了白陶，但大量白陶的制作则在殷商时期。

瓷器的出现要远远晚于陶器，需要原料加工能力、烧制技术和釉的发明运用等条件齐备，才能将高质量的高岭土经过 1 200℃ 的高温烧制出胎体致密、品质优良的瓷石制品。真正的瓷器从东汉才开始产生。之后人们通过创新挑战，使瓷器种类不断丰富，从最开始单一的青瓷增加到白瓷、色釉瓷、花瓷、各种釉上釉下瓷。宋代研发出了窑变、开片的效果，钧、汝、官、哥、定五大窑的卓越成就，使中国在传统制瓷业上登峰造极。元代彩色瓷开始流行，并研制成功了青花、釉里红等各种精品。明清时则出现了五彩、粉彩、斗彩、珐琅彩等诸多新彩瓷。

图 10-6　山东章丘龙山城子崖出土的细泥薄壁黑陶

二、青铜

青铜器的发明是人类文明史上的一个划时代标志，中国青铜文化也被认为是中华文明史上的一个重要里程碑。新石器时代晚期，随着制陶技术的发展，人们开始探索用铜锡合金制作器物的方法，青铜器逐渐进入了人们的生产和生活领域。从夏、商、西周到春秋战国时代，青铜器的发展经历了数千年的历程。因为发掘出的青铜器原本埋藏在地下，时间久了经过氧化，出土时就变成了铜绿色，才有了"青铜器"这个名称。实际上，由于青铜器刚制时的颜色为金黄色，它们在当时被称为"金器"或"吉金器"。

青铜器的种类繁多，用途广泛。根据其用途和形制可分为礼器、乐器、兵器、生产工具、车马器、生活用品和艺术品等几大类。礼器是青铜器中最重要的一类，包括炊具、食具（比如盛放肉食的鼎，就是食具兼礼器；"藏礼于器"，周天子食九鼎、诸侯食七鼎、卿大夫食五鼎、高级的士食三鼎、低级的士食一鼎）、酒具和水具等。这些器物在古代社会中具有神圣和神秘的色彩，是祭祀、宴享等礼仪活动中的必备品。乐器是青铜文化中独具特色的一个类别，包括编钟、铜鼓等。这些乐器在古代不仅是表演音乐的工具，还具有宗教和政治意义。兵器是商代和西周时期战争频繁的产物，包括戈、矛、剑、钺等。这些兵器在当时不仅是战争中的杀伤工具，还是显示身份和地位的象征。生产工具和车马器是青铜器中实用性较强的一类，包括斧、锛、凿、锯等工具以及车马器和鞍具等。这些器物的应用，极大地方便了人们的生产和生活。日常生活用品和艺术品是青铜文化中较为广泛的一类，包括铜镜、铜灯、铜印章等生活用品以及各种雕塑工艺品。这些器物不仅具有实用价值，还是古代工匠们智慧和艺术的结晶。

三、玉器

所谓"美石为玉"，中国人眼里的玉是与众不同的石头，被赋予了特殊的文化含义。首先玉被视为美德的象征。在中国传统文化中，玉具有"温润"的品质，这种品质被视为一种理想的人格特质。玉的质地坚硬而细腻，光泽熠熠，象征着坚韧、纯洁、谦逊和高雅。因此，人们常常用玉来比喻君子的品德，如用"谦谦君子，温润如玉"来形容一个人的品德高尚、谦虚谨慎。

玉还被视为一种精神的寄托。在中国传统文化中，玉被赋予了许多神秘的色彩和宗教意义。古人认为玉具有通灵的作用，可以沟通天地，能够驱邪避凶、辟邪禳灾。良渚文化出土了大量的玉琮，象征天圆地方和人与天地沟通。红山文化出土的玉龙被称为"中华第一龙"（图10-7），功能也是用来帮助佩戴者与神灵沟通。

图10-7 红山玉"中华第一龙"

另外，玉也是权力和地位的象征。在中国古代，玉器的制作工艺复杂，材料珍贵，因此成为权力和地位的象征。玉器是贵族和皇室的专属品，只有拥有一定身份和地位的人才能拥有和使用玉器。在古代的礼仪制度中，玉器的使用也有严格的规定，不同的场合和身份要使用不同的玉器，以显示其身份和地位的高低。"古之君子必佩玉""君子无故玉不去身"。

玉在中国传统文化中还具有很高的艺术价值。玉器的造型、雕刻和镶嵌都体现了古代工匠的精湛技艺和艺术创造力。玉器的图案和纹饰也反映了古代社会的文化、宗教和审美观念，具有很高的历史和文化研究价值。

中国四大名玉，是指新疆的"和田玉"，陕西西安的"蓝田玉"，河南南阳的"独山玉"，以及辽宁岫岩的"岫玉"。

四、丝绸锦绣

传说黄帝的元妃嫘祖给人们传授了养蚕缫丝的方法，开启了中国丝绸文化。春秋至中唐的两千多年是我国丝绸古典体系的成熟时期。此时，生产重心位于黄河中下游，绢帛成为政府赋税的重要内容。斜织机和提花机广泛应用于丝织生产，各种织物应运而生，印花技术臻于完备，图案主题神秘并富有装饰性。西汉时期，张骞通西域，开通了著名的丝绸之路，建立了中国通往中东和欧洲的通道。

（一）四大名锦

中国织锦，是用彩色金缕线织成各种花纹，在所有丝织品中体现的技术水平最高。在中国众多的织锦中，最为著名的是蜀锦、云锦、宋锦和壮锦，合称"四大名锦"。

蜀锦，汉至三国时蜀郡（今四川成都一带）所产特色锦的通称，其历史悠久、工艺精湛、图案华美。成都"锦官城"得名于秦汉时期，秦汉至隋唐时期的锦织品几乎全部为蜀锦，蜀锦是丝绸之路上的主要交易品之一。1995年在新疆出土的"五星出东方利中国"汉代护臂（图10-8）就是一件蜀锦，代表着当时我国乃至世界上丝绸织造工艺的顶级水平。

图10-8　汉代蜀锦护臂"五星出东方利中国"

云锦，产地南京，可追溯至宋朝，因色泽光丽灿烂，状如天上云彩，故而得名。云锦流行于明清时期，是皇家御用品，被专家称作是中国古代织锦工艺史上最后一座里程碑。

宋锦，产地苏州，始于宋末，是在唐代蜀锦的基础上发展而来的。宋锦色泽华丽，图案精致，质地坚柔，产品分大锦、小锦、彩带等数种，其中大锦又称"仿古锦"。

壮锦，又称僮锦，是广西壮族自治区传统的著名丝织物，利用棉线或丝线编织成精美工艺品，图案生动，结构严谨，色彩斑斓，充满热烈、开朗的民族格调。

（二）四大名绣

刺绣是针线在织物上绣制的各种装饰图案的总称。四大名绣，指的是中国刺绣中的四川蜀绣、湖南湘绣、广东粤绣、苏州苏绣。

蜀绣又名川绣，流行于巴蜀地区，是在丝绸或其他织物上采用蚕丝线绣出花纹图案的中国传统工艺。作为中国刺绣传承时间最长的绣种之一，蜀绣以其明丽清秀的色彩和精湛细腻的针法形成了自身的独特韵味，丰富程度居四大名绣之首。蜀绣历史悠久，最早可上溯到三星堆文明，东晋以来与蜀锦并称"蜀中瑰宝"。蜀绣以软缎、彩丝为主要原料，针法包括十二大类一百二十二种，具有针法严谨、针脚平齐、变化丰富、形象生动、富有立体感等特点。

湘绣以湖南长沙为中心，是带有鲜明湘楚文化特色的湖南刺绣产品总称。它起源于湖南的民间刺绣，吸取了苏绣和粤绣的优点而发展起来，已经有两千多年历史。湘绣的风格是形象生动逼真，色彩丰富鲜艳，十分强调用色的阴阳浓淡，针法多变，劈线细致，绣工讲究"绣花能生香、绣鸟能听声、绣虎能奔跑、绣人能传神"。

粤绣是产于广东地区的刺绣品，以潮州和广州为中心，包括潮绣和广绣。潮绣以精良闻名海内外，它构图饱满、图案繁茂、场面热烈、用色富丽、对比强烈。广绣讲究形象传神、精细，色彩丰富，针法多变，技艺精湛。

苏绣，是苏州地区刺绣产品的总称。苏绣具有图案秀丽、构思巧妙、绣工细致、针法活泼、色彩清雅的独特风格，地方特色浓郁。苏绣的绣技具有"平、齐、细、密、和、光、顺、匀"的特点。"平"指绣面平展；"齐"指图案边缘齐整；"细"指用针细巧，绣线精细；"密"指线条排列紧凑，不露针迹；"和"指设色适宜；"光"指光彩夺目，色泽鲜明；"顺"指丝理圆转自如；"匀"指线条精细均匀，疏密一致。在种类上，苏绣作品主要可分为零剪、戏衣、挂屏三大类，装饰性与实用性兼备，其中以"双面绣"作品最为精美。

课后赏析

作品名称：《中国书法五千年》
出品单位：CCTV-4 中文国际（亚）台
上映时间：2013 年

剧情介绍：八集文献片《中国书法五千年》以中国文字五大书体篆、隶、草、行、楷为主角，挖掘它们的来龙去脉，讲述它们的前世今生。五大书体刻于甲骨，铸于金铜，书于竹木，写于纸帛，从上古走来，直至今天。央视中文国际频道五个摄制组跋涉将近五万千米，远行欧洲、美洲、亚洲三大洲，走访考古遗迹和博物馆数百处，拍摄有关书法的文物三万余件，力图呈现中华文明核心符号体系的核心价值。

课后思考

1. 你学习过什么传统文化的技艺吗？你是否考虑要把某种传统文化技艺作为自己的终身爱好？
2. 请思考如何平衡修身养性和现代快节奏生活。

第十一章
礼求诸野：世风民俗

学习目标

1. 了解日常饮食中的传统文化。
2. 了解民风习俗中的传统文化。

能力目标

能够提升日常生活中对传统文化的感知鉴赏力。

中华文化的深厚，不仅体现在庙堂气势恢宏、文章煌煌锦绣、盛世物华天宝，也体现在各阶层人士的日用常行之中。孔子曾说"君子之德风，小人之德草。草上之风，必偃"[1]，强调社会上层统治阶级对普通阶层民众的教化责任。同时他也说到"礼失而求诸野"[2]，意指即使社会剧变时上层礼崩乐坏，但通过世风习俗还能使很多文化元素得以留存。这些文化的片段基因可能经过时代的嬗变转合之后，又能再次潜移默化地影响全社会。

民风习俗是在广大民众共同创造和积累中形成的，社会各个阶层自发而广泛地参与，不断为其添砖加瓦。中华传统文化的丰富性、时代性和稳定性，都体现在接地气的民俗生活里。

民以食为天，吃饭问题是贯穿全人类始终的最基本、最首要的问题。中国人对这一问题的解答过程，也是中华文明的发展过程，并在这一过程中把它从最基本的生存层面，逐渐提升到生活层面，继而到文化艺术层面。

古代中国，普通阶层民众忙于生计，极其缺乏正规教育。要使他们也能接受秩序，认同当下社会思想，愿意遵守某些共同规则，是大一统王朝的基本要求。而通过各种民间喜闻乐见的娱乐形式，既能满足民众内心的诉求和需要，也可起到润物细无声的良好教化效果。

农耕文明时期的古代中国，东西南北地跨万里之遥，人口亿万之多，语言、行为习惯、禁忌、生活方式相差巨大，异域、异时的不同习俗背后隐藏着文化密码，这也就是我们常说的"十里不同风，百里不同俗。"

---

[1] 出自《论语·颜渊篇第十二》。
[2] 出自《汉书·艺文志》。

第十一章　礼求诸野：世风民俗

第一节　饮食文化

一、食为礼始

人类一切文化必须建立在生存的基础之上。"夫礼之始，始于饮食"①，足够的饮食资源是人类的生命和种族繁衍的前提。"人猿相揖别"的考古证据，无论是石器时代制作的工具（多为狩猎和采集之用），还是学会用火和生火，这些本领大都和获取食材资料有关，直接代表当时人类生产力的高度。早期人类获取食物的主要方式有采集、狩猎和捕捞，这三大方式也被认为是农耕文明、游牧文明和海洋文明的发轫。从这个意义上说，不同的饮食形态确实可作为不同文明的一个区分标志，由此派生出的饮食文化，则体现了不同文明各自的生活方式。

中华传统文化以农耕文明为基础，也代表传统农耕文明的最高成就，中华传统饮食文化即根植于此。中国人民在悠长的历史中，充分发挥智慧，不断创造，依靠丰富的农业生产经验和丰饶的食材资源，广采并包，因时因地，物尽其用，上可用于调和鼎鼐、庄严祭祀，下可遍于婚丧嫁娶、应酬社交。中国人将原本仅仅作为生存需求的饮食发展成集生活与艺术于一体的中华饮食文化体系，它博大精深、百花纷呈并至今仍生机勃勃。

二、五谷五菜六畜

五谷是中华民族农耕文明的主食，五谷通常指"稻、黍、稷、麦、豆（菽）"（图11-1）。

稻　黍　稷　麦　菽

图11-1　五谷

水稻是唯一被人类选择栽培并驯化的湿地植物，中国的长江中下游地区是粳稻的起源中心，浙江境内的上山文化、河姆渡文化和马家浜文化等多处遗址发现了大量的栽培稻稻壳，可以证明：距今七千年到一万年的先民已经成功驯化并大量栽培水稻作为粮食。从那时起至今，水稻一直是中国，特别是中国南方的主要农作物。目前中国水稻总产量位居世界第一，而且稻类（早稻、晚稻、籼稻、粳稻、糯稻等）齐全，以稻米制成的各种米食覆盖了整个南方地区，并逐渐扩散到全国。

中国北方的主要农作物最早是小米（粟，也称稷）和黄米（黍）。粟是世界上最早被驯化的作物之一，河北武安的磁山遗址发现了八千年前巨大的粟黍储粮窖穴，证明中国不

---

① 出自《礼记·礼运》。

仅是世界上粟的发祥地,也是黍的起源地。

周的始祖弃曾经被舜帝封为"后稷"①,意即主管农业的官员,显然此时是以当时北方的主粮"稷"代指所有农作物。《诗经·魏风》中有"硕鼠硕鼠,无食吾黍"的记载,《诗经·王风》的《黍离》篇中载"彼黍离离,彼稷之苗",由此可见商周时期稷和黍已被普遍种植。

此时小麦也已经在北方不少地区推广,但早期小麦仍然以粒食麦饭方式食用,在口感等方面没有优势。秦汉时中国人独立发明转磨后,小麦磨粉制作成的各种面食逐渐成为主流。到唐朝中期,小麦超过小米和黍米,成为北方种植量居首位的农作物,最终形成"南稻北麦"的主粮格局。

菽是五谷中最晚被人类驯化的,但在商代甲骨文上已有关于菽的记载,《诗经·小雅》中有"中原有菽,庶民采之"的诗句。在汉代后菽被改称为"大豆",这个名称包括了今天的黄豆、青豆、黑豆、红豆等豆类。中国是大豆的源产地,也是豆腐等豆制品的发明国(传说西汉淮南王刘安发明了豆腐)。常见的豆制品有豆浆、豆腐、豆干、腐竹、豆豉等,营养价值很高,可以制作成很多美味食品和菜肴,在中国人食谱中至今占据重要的地位。

蔬菜在人类食物构成中不可或缺。古代把荒年称为"饥馑之年",主粮五谷收成不好叫"饥",而连蔬菜和野菜都吃不上则叫"馑"。中国今天拥有品种繁多,四季不断的各种时令蔬菜。但秦汉之前,中国人食用的蔬菜种类较少。当时采摘、栽培和食用的本土菜蔬以"五菜"为主要代表,即葵、藿、薤、韭、葱(图11-2);此外还有藜、笋、芹、荇、蒴、荷(藕)等。这些名称都曾出现在《诗经》里,如《豳风·七月》里的"六月食郁及薁,七月亨葵及菽",《周南·关雎》里"参差荇菜,左右流之。窈窕淑女,寤寐求之"……但今天的饭桌上,上述蔬菜已基本失去当年"主力"的地位,比如作为"五菜之王"的葵菜今天只能以"冬寒菜"的名字偶尔出现在配菜、凉拌菜或者菜粥里,作为大豆苗嫩叶的藿现在也很少有人食用,有的菜如荇菜甚至已经退出食用蔬菜行列。从秦汉到今,中国劳动人民通过不断选择和改造原有种类,最后培养出许多新的优质本土蔬菜,比较有代表性的如大白菜,它的始祖就是古代的葑菜,通过历代不断选育,先从葑菜发展出菘菜,再由菘菜杂交培育出今天品类丰富庞大的"大白菜家族"。

| 葵(冬寒菜) | 藿(豆苗嫩叶) | 薤(藠头) | 韭 | 葱 |

图11-2 五菜

另外,自张骞通西域起,历代陆续有选择地从域外国外引进了大量果菜品种,并成功进行了本土化改良,包括我们今天熟知的黄瓜、大葱、胡萝卜、扁豆、茄子、莴苣、西葫芦、番茄、南瓜、卷心菜、马铃薯、四季豆、洋葱、辣椒等,极大丰富了中国人的菜篮子,它们也成为悠久的文化交流史的见证者。

---

① 出自《史记·周本纪》。

传统饮食文化中主要肉食来源是饲养的家禽家畜，古时水产品受产地产量的限制，只能作为肉类的补充部分。无论游牧文明和农耕文明，古代先民很早就对在狩猎捕获的野兽野禽进行选择，根据其特性进行长期驯化，最终培养出家养禽畜。考古发现，早在仰韶文化时期，人们已经驯化了猪和犬，稍后的龙山文化时期，人们又驯化了马、牛、羊、鸡。最晚在商周时期，人们已经把"马、牛、羊、鸡、犬、豕（猪）"合称六畜。从殷商甲骨文记载中也可得知，最迟在三千多年前，这六种动物就成为最重要的家畜。《周礼·夏官·职方氏》中记载"河南曰豫州……其畜宜六扰"，"扰"在此处表示蓄养。

　　在农耕文明时代，人类驯化动物的首要目的是其有助于农业社会的生产生活，其次才是供应肉食。由于肉食产量低，造成其价格昂贵，同时也受限于礼制，普通人家平时很难吃到肉。故而人们通常以"肉食者"指代统治阶级贵族当权者。孟子在阐述理想社会时，把老年人能经常吃到肉作为"王道乐土"的图景之一，"五亩之宅，树之以桑，五十者可以衣帛矣；鸡豚狗彘之畜，无失其时，七十者可以食肉矣。"① 肉食的宝贵也使得它自古以来都作为重要的祭祀供品。国家高等级的祭祀活动要用到牛、羊、猪三牲，被称为"太牢"；稍低等级的祭祀使用羊、猪二牲，被称为"少牢"。普通人家祭祀时使用的肉食则一般用鸡、鱼或猪头来代替。太牢三牲中，由于牛是农业耕作的主力，因此自秦汉起历代对耕牛进行保护，严禁宰杀。故市面肉食供应主要由羊肉和猪肉来承担。自魏晋到明朝，羊肉不仅地位和价格比猪肉高，在市场上所占份额更是远超猪肉，一般人提到"肉"字都是默认为羊肉，比如北宋"御厨止用羊肉"②。另外，当时科举考生流传过一句谚语："苏文熟，吃羊肉；苏文生，吃菜羹。"③ 这里提到的苏文就是"三苏"（苏洵、苏轼、苏辙）的文章，而"三苏"中的苏轼作为美食家，在创制名菜东坡肉时，写过一首《猪肉颂》，其中一句就是"黄州好猪肉，价贱如泥土。贵者不肯吃，贫者不解煮"。这一局面到明清后出现了逆转，猪肉后来者居上，其地位超过了羊肉。今天，我国已成为世界上第一大猪肉生产国和消费国。国家统计局数据显示，2023 年，我国猪肉产量达 5 794 万吨，羊肉产量为 531 万吨。由此可见，猪肉年产量已是羊肉的十倍以上。老百姓口中常说的"吃肉"通常就是吃猪肉。肉食早已成为普通百姓的日常消费，巨量的肉类食材供给为中华饮食文化的繁荣奠定了牢固的物质基础。

三、四大菜系

　　著名作家李劼人曾说："考较吃，如何才得吃，才吃得有味道，才好吃，这可以说是中国人的通性。"④ 中国有广袤的国土、复杂的地理，各地物产资源迥异，加之人口众多，一方水土养一方人，生活在不同地区的人们因各地气候、物产、习俗的不同而形成各地各具特色的饮食习惯，并由此形成不同的烹饪方式。这些区域的烹饪也在长期演变后渐成风味技艺体系，其鲜明的地方特色得到公认。这就是中国饮食菜肴地方流派的由来，也称为地域菜系。不同菜系有倾向性的口味特征，对选料采用独特的切配烹调手法和调味方法，形成经典的代表菜品。这些精妙的制作思路、高超的烹饪手法和色香味俱佳的菜式体现了

---

① 出自《孟子·梁惠王上》。
② 出自《续资治通鉴长编》。
③ 出自陆游《老学庵笔记·卷八》。
④ 出自李劼人《漫谈中国人的衣食住行》。

生活智慧与艺术的结合，蕴含着丰富的历史文化传统。

中国传统菜品的划分标准有多种，可以按民族、宗教、阶层、地位等，比如朝鲜族菜、傣族菜、清真菜、素斋、宫廷菜、官府菜、江湖菜……但今天最为大众熟悉的则是按地域地方划分菜系（主要是在汉族为主的地域）。实际上，尽管不少地域有很悠久的烹饪历史，但"菜系"这个词本身出现得很晚，因此之前这种地域菜系被称作"帮菜"或"帮口菜"。川菜、苏菜、鲁菜和粤菜是最早被确定名称的四大菜系，也是长江上游、长江下游、黄河流域和珠江流域的地方菜系代表。

川菜发祥于巴蜀地区，这里自古以来便有"尚滋味，好辛香"的传统。川菜以麻、辣、鲜、香为特色，讲究"一菜一格，百菜百味"，以"味"闻名，味型达二十四种之多。川菜内部分为以川西成都、乐山为中心的上河帮，川南自贡、宜宾为核心的小河帮，重庆、达州为中心的下河帮。川菜的典型代表菜品有回锅肉、鱼香肉丝、麻婆豆腐（图11-3）、酸菜鱼、口水鸡、水煮肉片、重庆火锅等，其中回锅肉、鱼香肉丝和麻婆豆腐是最为知名的家常川菜。川菜近年在国内和国际发展非常迅猛，根据2023年发布的《川菜产业高质量发展研究报告》，截至2023年上半年，川菜门店数量已超过三十二万家，远超其他菜系，成为名副其实的第一大菜系。

| 回锅肉 | 鱼香肉丝 | 麻婆豆腐 |

图 11-3　经典川菜

苏菜发祥于江苏地区，其历史可追溯到两千多年前先秦时期，春秋末期的吴地名厨太和公（或太湖公）善制炙鱼、蒸鱼和鱼片，曾将技艺传授给了专诸。江苏为鱼米之乡，同时有大运河、长江的便利条件。苏菜用料广泛，味兼南北，善做江河湖海水鲜；刀工精细，烹调方法多样，擅长炖焖煨焐；追求本味，清鲜平和；菜品风格雅丽，形质均美；酥松脱骨而不失其形，滑嫩爽脆而不失其味。苏菜由金陵菜、淮扬菜、苏锡菜、徐海菜组成。著名的菜肴有金陵烤鸭、炖生敲、鸭包鱼翅、水晶肴蹄、松鼠桂鱼、红烧狮子头、盐水鸭、清炖甲鱼等。中华人民共和国国宴一直以苏菜中的淮扬菜为主。

鲁菜，发祥于山东临淄和曲阜，是历史最悠久的自发型菜系。早在春秋早期，鲁都曲阜和齐都临淄就已非常繁华，两地名厨辈出，饮食行业盛极一时。齐桓公时的易牙是当时最著名的厨师，被认为是鲁菜的行业祖师。而起源于山东的儒家学派极为注重饮食，孔子指出："食不厌精，脍不厌细。""不时不食。"[①] 山东位于黄河下游，气候温和，省内汇集多样性的地貌，造就了鲁菜的食材选料品种的丰富与均衡。鲁菜讲究以盐提鲜，以汤壮鲜，调味讲求咸鲜纯正，突出本味，特色烹调方法为爆、扒、拔丝。鲁菜系包括胶东菜和济南菜两个流派，以及曲阜的孔府菜。鲁菜著名的菜肴有糖醋鲤鱼、芙蓉鸡片、葱烧海

---

① 出自《论语·乡党》。

·172·

参、九转大肠、汤爆双脆、糟熘鱼片、蝴蝶海参、乌鱼蛋汤、德州扒鸡等。明清年间鲁菜厨师长期主导皇宫御膳房，垄断北京餐饮市场，将山东风味带到了京津、东北等广大地区，成为中国北方菜的代表。

粤菜，发祥于广州。狭义的粤菜就指广州府菜，广义的粤菜指广东菜，包括广府菜（即广州府菜）、潮州菜（也称潮汕菜）、东江菜（也称客家菜）三种地方风味。广东濒临南海，四季常青，物产富饶。粤菜特点是丰富精细的选材和清淡的口味。讲究"清、鲜、嫩、滑、爽、香"，追求原料的本味、清鲜味，鲜而不俗，嫩而不生，油而不腻。粤菜烹调技艺多样善变，以炒、爆为主，兼有烩、煎、烤，擅长小炒，还兼容了许多西菜做法。粤菜著名的菜点有白切鸡、烧鹅、烤乳猪、红烧乳鸽、蜜汁叉烧、清蒸石斑鱼、干炒牛河、煲仔饭、菠萝咕噜肉、鱼香茄子煲、沙茶牛肉、客家酿豆腐、盐焗鸡等。粤菜是起步较晚的菜系，但它影响深远。民国时期，粤菜在上海曾取得霸主地位。当今世界各国的中菜馆，多数是以粤菜为主，近百年来的发展已使得粤菜成为国内具代表性和最有世界影响的饮食菜系，因此也有人认为粤菜不仅是珠江流域的代表菜系，也是海外中国的代表菜系。

四、茶与酒

茶和酒两种饮品可以代表中国人两种相反相成的气质面貌：茶使人冷静安定、收敛清醒；酒使人热情奔放，放纵豪情；茶让人更加理性，更适合宋人的哲思，故宋词多茶；酒让人更加感性，更匹配唐人的心声，故唐诗多酒。对于历代俊杰英才，这两种精神气质都不可或缺，正如"穷则独善其身，达则兼济天下"。因此，我们常常也在美妙的诗文中看到茶和酒的携手，比如"寒夜客来茶当酒，竹炉汤沸火初红"。① 又如"被酒莫惊春睡重，赌书消得泼茶香"②，还有"且将新火试新茶，诗酒趁年华"③……

（一）可以清心——茶

提到中国传统饮食文化中的饮，就离不开中国茶和中国酒。茶和酒在中国文化里早已不是普通的饮品，而是与中国人的精神一体相连的文化象征。中国是世界上种茶、制茶、饮茶最早的国家，我国的西南地区也是茶的原产地。传说上古时期，神农就发现了野茶的解毒功能，《神农本草经》载："神农尝百草，日遇七十二毒，得荼（茶）而解之。"因此，茶最早是先民用以解毒的药用植物，在历史演变中逐渐被选择为饮品，发展至今而成为世界三大饮料（茶、咖啡、可可）之一。

1. 茶叶及其发展历史

中国在世界上最早发现并利用茶叶，迄今已有五六千年。中国也是最早人工栽培茶树、最早加工茶叶和茶类最为丰富的国家，是世界茶文化的发源地。中国西南高原地区是茶树的起源中心。

茶树生长于高山，受云雾甘露滋润，被认为得了天地的灵气。茶本身能解热提神、清心明智，可独饮也可待客，非常符合中国人的文化气质。唐代陆羽作了世界首部茶学专著

---

① 出自杜耒《寒夜》。
② 出自纳兰性德《浣溪沙·谁念西风独自凉》。
③ 出自苏轼《望江南·超然台作》。

《茶经》，比较完整地介绍了茶和饮茶的知识，详细讲解了我国的主要产茶地及其土壤、气候和产茶情况，制作和加工茶叶的工具，茶的制作过程，煮茶、饮茶器皿，煮茶的过程、技艺，饮茶的方法和茶品鉴赏。陆羽还深入发掘了饮茶的文化内涵，他认为饮茶有利于强身健体，有利于陶冶情操，其目的是追求正身。他提出的茶道主张是"精行俭德"：精为精诚专一，行为践行自律，俭为品性俭朴，德为淡泊守德。他将饮茶从日常生活习惯提升到了艺术和审美的层次，推动了后世茶道的盛行。自《茶经》（图11-4）出版，后世文人受其影响，对待饮茶大为讲究，他们认为须得格调高雅，环境清幽，更需要好水、好火、好器与好茶相配。品茗时亦不可过于热闹，适合与三五位好友，于静谧室中，烹茶观汤，低语交心。

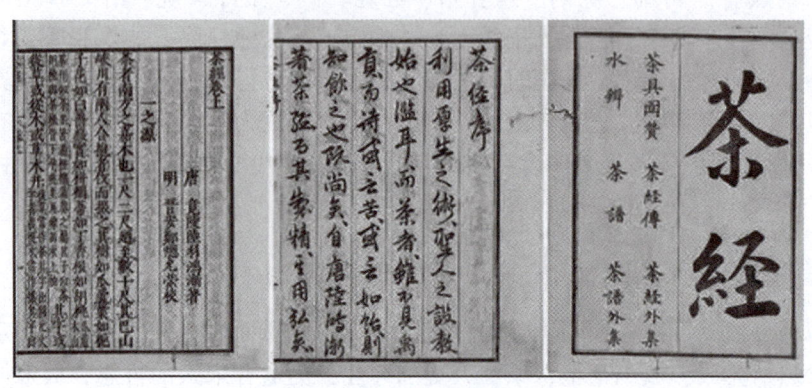

图11-4 陆羽的《茶经》

到了宋代，一方面，饮茶已成为民众日常生活的一部分，所谓开门七件事，即"柴米油盐酱醋茶"①，当时面向大众的茶肆、茶坊也热闹非凡；另一方面，文人们以琴棋书画融入茶事，大大提高了茶的文化品位。明代在饮茶方式上进行了一次重大的变革，冲泡法取代了已流传上千年的煎煮法，同时也发展出了精细的绿茶炒青工艺，而花茶窨制技术也趋于成熟。红茶也是在这一时期出现的。

无论在历史上还是在今天，茶叶都是中国重要的对外贸易商品。在我国藏族地区，甚至有着藏族"不可一日无茶"的说法，早在隋唐时期，为顺应当地人民需求，在中国西南和西北地区，开辟了一条专门的运输贸易商道，以茶叶和马匹为主要交易内容，以马帮为主要运输工具，被称为茶马古道。这条古道从唐代到民国，一直是中国西南民族经济文化交流的走廊，也是古代中国与南亚地区一条重要的贸易通道。

欲学习更多相关内容，请扫描查看延伸阅读11-1。

延伸阅读11-1

2. 茶叶的分类

茶叶按照发酵工艺和程度可以分为绿茶（不发酵茶）、黄茶（微发酵茶）、白茶（轻度发酵茶）、青茶或乌龙茶（半发酵茶）、红茶（全发酵茶）和黑茶（后发酵茶）。需要注意的是，有一部分工夫茶属于红茶，另有一部分工夫茶属于乌龙茶。普洱茶虽然是后发酵茶，但不属于黑茶。中国著名的茶叶有浙江杭州的西湖龙井（绿茶）、江苏苏州的洞庭碧

---

① 出自吴自牧《梦粱录·鲞铺》。

螺春（绿茶）、安徽歙县的黄山毛峰（绿茶）、福建安溪铁观音（乌龙茶）、安徽祁门县祁门红茶（红茶）、福建崇安武夷岩茶（乌龙茶）、云南普洱市普洱茶（普洱茶）、福建福鼎银针白毫（白茶）、四川雅安蒙顶黄芽（黄茶）、湖南益阳安化黑茶（黑茶）、四川峨眉竹叶青（绿茶）等。

（二）醉翁之意——酒

酒在中国传统文化中具有传奇的地位。一方面，酒自古被认为是神圣之物，用于各种庄严的场合，如祭祀天地祖先、礼奉嘉客贵宾；另一方面，从酒诞生至今，它就被认为会让人兴奋忘乎所以，进而引发各种失控事件的发生，比如商纣因在位期间为了纵情享乐而施行"酒池肉林"，最终成为一位被后人耻笑的亡国之君。

中国是世界上酿酒最早的国家之一，据《世本》和《战国策》记载：夏禹时期的仪狄最先造出了酒醪，进献给夏禹品尝。酒醪大概和今天的醪糟相同，大禹对这甘美的饮品产生了极高的警惕，担心后世饮酒亡国，故禁止了仪狄造酒。另一个传说则认为夏朝的第五代君王少康发明了酒，而少康又名杜康，故后世尊杜康为酿酒始祖，杜康也成为酒的代称。上述传说已很难究其是否为史实，但目前可以肯定的是，最晚到商周时期，已经出现了曲蘖（niè），这为我国独特的酿酒方式——曲酒固态发酵法奠定了基础。这一时期造酒技术已比较发达，酒的种类开始多样化，其产量也很可观。酒的原料有粮食，如黍、稷、稻等，也有水果。

此时酒的酿造工艺上主要分两类，对于加了酒曲后酿成的酒，一般称其为"醪"，对于不加酒曲直接酿造或者加酒蘖酿造的酒，则称为"醴"，相当于如今的甜酒。另外，由于酿造的醪同时含有酒糟，人们将这些用酒糟过滤后的酒称为"清酒"。

在祭祀时，将醪酒在包茅草上，包茅留下酒糟，能得到过滤后的清酒，就是"缩酒"仪式，象征祖先魂魄已饮用。当齐桓公联军伐楚时，管仲给楚国加的罪名之一就是没有给天子进贡包茅草，使得天子无法进行缩酒，"尔贡包茅不入，王祭不共，无以缩酒，寡人是徵。"[①] 清酒自然比醪高级、昂贵，因此一般民众平时喝的还是多少带着酒糟的醪。新酿成的酒里的酒糟，色微绿，细如蚁，所以又称其为"绿蚁"。白居易《问刘十九》中就曾写道："绿蚁新醅酒，红泥小火炉。"无论是醪还是醴，其实酒精度数都不高。醪及过滤后的清酒都可以算成"水酒"大类。

此外，比较特别的还有黄酒。黄酒的酿造流程基本和水酒差不多，但原料和普通的醪不一样。一般南方黄酒原料会使用糯米，而北方会使用黍米、粟及糯米。因此黄酒酒体颜色一般为黄色、褐色、黑色、红色或棕色，而水酒颜色一般清澈透明或是稍微浑浊的米白色。黄酒的酿制始于夏商，是中华民族独有的世界上最古老酒种之一，除了饮用，还可以用于浸泡中药材和烹饪调味。

白酒则出现在元代。在蒸馏酒制法被发明出来之后，对醪进行蒸馏，收集冷凝的酒蒸汽就能到酒精含量较高、气味芬芳、入口甜绵的白酒。这种先用酒曲发酵再蒸馏的生产工艺和其他国家的烈性酒相比显得十分独特。

白酒是今天人们日常社交和重大活动中必不可少的饮品。根据香型的不同，一般把白

---

① 出自《左传·僖公四年》。

酒分为酱香型、浓香型、清香型、复合香型。酱香型的代表是贵州仁怀的茅台酒，浓香型的代表是泸州特曲和五粮液，清香型的代表是山西杏花村的汾酒，复合香型的代表是贵州的董酒。

酒的类别如图11-5所示。

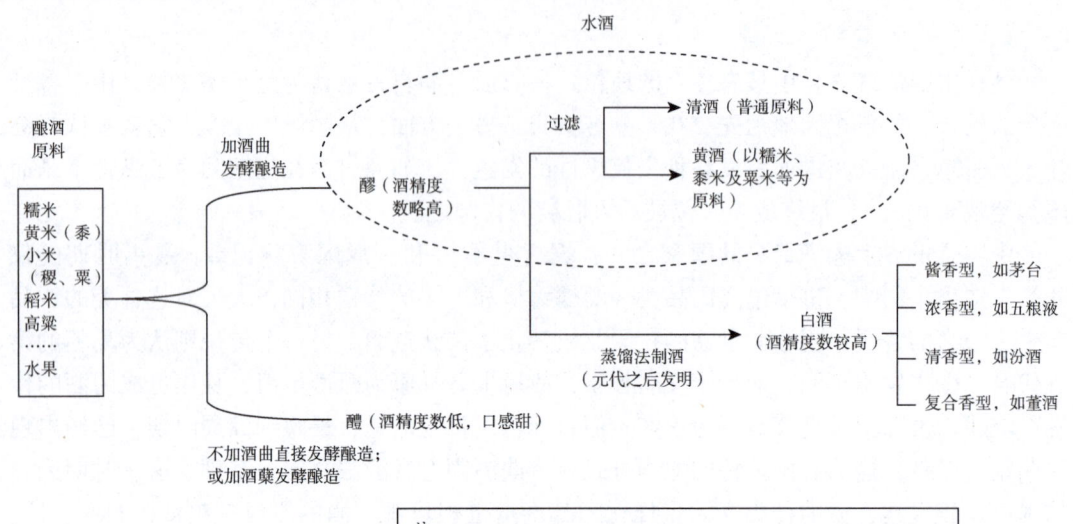

图11-5 酒的类别

第二节　下里巴人

一、民间乐歌

最初的音乐诞生于节奏，节拍来自劳动；旋律脱胎于呐喊，偕有自然的音调。中国古乐（舞）是后世乐、歌、诗、舞、戏等文化艺术共同的起源。尽管后来逐渐有了雅俗之分，有了庙堂和江湖在地位和待遇上的悬殊，但这些艺术活动依然在民间顽强地生存和自行发展，成为中华传统文化不可或缺的部分。

（一）上古时期的民间乐歌

对于上古时期的音乐，后世有零星记载，很多是乐舞一体的，可以参见前章关于乐舞起源介绍。这些乐舞内容有的是表现劳动的，比如伏羲时代的《扶来》是表现渔猎生产的"网罟之歌"，《扶犁》《下谋》则是神农时代用于祈求农耕丰收的；有的是表彰帝王功德的，如颛顼时的《承云》和帝喾时的《九招》。虽然这些记载的真实性已无法证实，但依然可以看出早期乐舞时期的不同作品，是有不同目的和受众倾向的。

目前发现的最古老的乐器是从贾湖遗址出土的八千多年前的骨笛。古代把和着乐器唱的叫歌，所谓合乐为歌；把无伴奏清唱的叫谣，即徒歌为谣；二者统称歌谣，加上乐器演奏，则合称乐歌。歌谣的历史也将近万年了，但目前记载最早的歌相传诞生在距今四千七百年的黄帝时代，名为《弹歌》，内容反映了狩猎劳动，虽短小但是把制作弓箭去射杀猎物的过程表现得非常生动，歌词记载在《吴越春秋》，全文是："断竹，续竹，飞土，逐宍（肉）。"类似这种反映普通民众生活的歌谣在上古时期还有《击壤》《康衢》等，其中《击壤歌》的作者据说是尧帝时代乡间一位八十多岁的普通老人，他在太平盛世玩着击壤游戏时随口而唱，歌曰："日出而作，日入而息。凿井而饮，耕田而食。帝力于我何有哉！"此歌最早收录在《论衡·感应篇》，尽管它进入书籍的时间反而晚于后来的《诗经》，但很多学者还是认同它是中国最早的诗，也是最古老的歌，当然也是最早的民歌。它非常符合民歌的特点：即兴编作、口头传唱，具有强烈的现实性。这样的歌容易通过口口相传而流行起来，因此能在一定程度上反映普通民众的思想、感情、要求和愿望。

（二）周代采风——《诗经》中的民歌

《尚书·虞书·舜典》认为："诗言志，歌永言，声依永，律和声。"后来有统治者会把采集当时的民歌作为了解社会舆情的调查手段。西周初就曾设有采诗官，官名叫"行人"或"遒人"，专门负责到各地民间去采集诗歌，上报给朝廷，这个工作一直持续到了东周。古代也把民间歌谣称为"风"，所以采集民歌的活动称为"采风"。"孟春之月，群居者将散，行人振木铎绚于路以采诗，献之太师，比其音律，以闻于天子。"[①] 这里的"行人"便是负责采风的官员，由于行人巡行时必乘輶（yóu）轩，所以又称他们为"輶轩之使"。他们深入民间，"巡游万国，采览异言，车轨之所交，人迹之所蹈，靡不毕载。"[②] 大量原始而鲜活的民歌民谣被采集上来，经过初步整理，编进当时王官之学的重要资料——《诗》当中。孔子修订六经，《诗》也形成最终定本，就是今天我们看到的《诗经》。

《诗经》分为《风》《雅》《颂》三部分，其中《风》就是包括王畿地区在内十五个诸侯国的民歌，被后世称为"十五国风"，共有一百六十篇。这些民歌大部分作品是普通民众的集体创作，反映了他们真实的生活。有的表达人民反抗剥削压迫的愿望和对劳役、兵役的痛苦与反感，如《豳风·七月》《魏风·伐檀》《魏风·硕鼠》《唐风·鸨羽》《豳风·东山》《王风·君子于役》等；有的表达对劳动的讴歌，如《周南·芣苢》《魏风·十亩之间》等；还有的表现爱国主义情操和对统治者丑恶行径的揭露，如《秦风·无衣》《鄘风·载驰》《陈风·株林》《鄘风·相鼠》等；还有的表达爱情，如《周南·关雎》。从尧舜禹到夏商周三代，宫廷上层的雅乐已经形成相当完备体系，恢宏壮观的大型乐舞作品已蔚为大观，除了满足祭祀大礼之用，也供统治者的奢靡生活享受。相比而言，十五国风这些民歌要简易得多。虽然时至今日当年的民歌已然只剩歌词，但歌里那些场景描写真实而生动，令人读了有如身临其境。

---

① 出自《汉书·食货志》。
② 出自郭璞《方言序》。

（三）春秋到汉初——民间乐歌的大发展

春秋战国时期可以说是民间歌谣的一个大发展时期。当时，不仅出现了不少影响面广大的流行歌曲，而且也产生了许多著名的民间歌手和乐师。宋玉在《对楚王问》中提到："客有歌于郢中者，其始曰《下里》《巴人》国中属而和者数千人。其为《阳阿》《薤露》，国中属而和者数百人。其为《阳春》《白雪》，国中有属而和者，不过数十人。引商刻羽，杂以流徵，国中属而和者，不过数人而已。"从该句可以看出民间歌手既能演唱流行歌曲也会演唱高难度的雅乐，而楚国都城里的居民听到《下里》《巴人》这样熟悉的歌时，都会跟着随声唱和，和者有时甚至有数千人，可见当时作为俗乐的民间歌谣具有强大的传播力和极其广泛的群众基础。

据记载，当时的上层统治者私下也更愿意听俗乐而非雅乐。魏文侯"听郑卫之音则不知倦"①，齐宣王则直言"寡人非能好先王之乐也，直好世俗之乐耳"②。历史上的汉族（华夏族）和其他少数民族一样，也曾是一个能歌善舞的民族。有许多歌唱家的传奇，也有普通民众的热情随性。《孟子·告子下》中曾记载："昔者王豹处于淇，而河西善讴；绵驹处于高唐，而齐右善歌。"能带动卫齐两国大片区域民众喜爱歌唱，王豹和绵驹显然是春秋时代歌手中的"王者"。还有一些歌手简直就是神话一般的存在，秦国的秦青能够"抚节悲歌，声振林木，响遏行云"③，韩国的韩娥则能"余音绕梁，三日不绝""曼声方哀哭，一里老幼悲愁，垂涕相对，三日不食""复为曼声长歌。一里老幼喜跃抃舞，弗能自禁，忘向之悲也"④，听众能被歌手完全带入悲喜之中而难以自禁。

即便是一直推崇雅乐教育，反对郑声乱雅的孔子，也很懂得欣赏民间歌谣。《孟子·离娄》记载孔子听到小孩子唱的名为《沧浪之水》的歌谣后，大为感慨地说："人必自侮，然后人侮之；家必自毁，而后人毁之；国必自伐，而后人伐之"。孔子常和人一起唱歌，"子与人歌而善，必使反之，而后和之"。⑤ 如果别人唱得好，孔子会请他再唱一次，自己则来伴唱应和。普通民众即使没有受过正规音乐教育，也不妨碍他们兴致所至时随心高歌一曲。狂士接舆曾在孔子车前高歌："凤兮，凤兮，何德之衰？往者不可谏，来者犹可追；已而，已而，今之从政者殆而！"⑥ 荆轲刺秦王之前，太子丹、高渐离等人在易水秘密送行，身着白衣而唱："风萧萧兮易水寒，壮士一去兮不复还。"秦末汉初，四面楚歌声中，项羽只能在军营无奈唱出流传千古的《垓下歌》："力拔山兮气盖世，时不利兮骓不逝。骓不逝兮可奈何，虞兮虞兮奈若何！"而他的老对手，平民出身的刘邦衣锦还乡后酒酣之时，自己击筑相和唱了《大风歌》："大风起兮云飞扬，威加海内兮归故乡，安得猛士兮守四方！"歌罢起舞，慷慨伤怀，泣数行下。可见，唱歌跳舞是当时几乎所有人都能做到的事，不必经过专门学习。因此，唱歌自然也成为民众最便利的娱乐方式。

---

① 出自《礼记·乐记》。
② 出自《孟子·梁惠王下》。
③④ 出自《列子·汤问》。
⑤ 出自《论语·述而》。
⑥ 出自《论语·微子》。

（四）隋唐时期的民间乐歌

作为新型歌曲的"曲子"是在隋代产生的，它来源于山歌、俚语歌谣。据专家考证，"山歌"一词最早出现于唐代，当时在民间广为流传的船歌、劳动号子、风俗性歌舞都属于山歌。唐朝的刘禹锡就很重视对山歌的采集和学习，并在此基础上进行再创作。比如他任夔州刺史时，将巴蜀一带的民歌制成新的《竹枝词》："杨柳青青江水平，闻郎江上唱歌声。东边日出西边雨，道是无晴却有晴。""楚水巴山江雨多，巴人能唱本乡歌。今朝北客思归去，回入纥那披绿罗。"他被贬在广东任连州刺史期间又写了《插田歌》："冈头花草齐，燕子东西飞。田塍望如线，白水光参差。农妇白纻裙，农夫绿蓑衣。齐唱田中歌，嘤伫如竹枝。"当时的城市里则流行小曲，它一般经过了艺人加工改编，新颖富有生气，形式自由，节奏活泼，歌词口语化，经常被当地人口头传唱。敦煌石窟藏经洞曾发现唐代的曲子八十多支，大多数是民间作品，其中部分作品来自少数民族。

（五）宋元明清时期的民间乐歌

到了宋元时期，由于经济文化的发展，城市里出现了专业演出场所——勾栏，使得这一时期的说唱艺术得到了良好的发展环境。

1. 宋元时期说唱音乐的主要形式

宋元时期说唱音乐的主要形式有陶真、鼓子词、诸宫调、唱赚、货郎儿等。

陶真是当时通俗易懂的说唱音乐，起源于北宋，盛行于南宋、金、元，主要是流行于民间的一种说唱艺术，歌词大多是七言句式，通俗易懂，唱的时候是上下两句反复吟唱，伴唱的乐器是琵琶和鼓。

鼓子词流行语宋代，是用散文讲说和曲调轮流相间反复说唱的一种形式，主要以唱为主，音乐简单，用一首曲调就可以反复吟唱。

诸宫调，从变文和教坊大曲、杂曲的基础上发展而来，因集若干套不同宫调的曲子轮递歌唱而得名，以说唱为主，用琵琶等乐器伴奏。

唱赚较早是用同一宫调中若干支曲子组成的一个套数来歌唱的，其早期形式为缠令、缠达，为歌舞相兼之曲，后经过发展，吸取民间音乐的特色，形成了唱赚。

货郎儿是宋元时期来往于城乡贩卖日用杂物和儿童玩具的挑担小贩沿途敲锣摇鼓，唱着物品的名称以招徕顾客，其所唱的腔调不断被加工定型。

元代在民间流传的俚语歌谣基础上发展出了散曲，突破日益僵化的宋词设定的限制。散曲采用清唱的套数和小令，没有道白，属于歌曲，这就和同为元曲但属于戏剧杂剧的"剧曲"区分开来。曲和词都供演唱，但它和词最大的区别是不仅可以抒情，还可以叙事说理、讽刺戏谑，可以加衬字，更接近口语，更通俗化和有地方特色，也更易被民众所接受。散曲作者也是名家辈出，如马致远、关汉卿、张养浩、白朴、睢景臣等。

2. 明清时期民间歌曲的发展

明清时期民间歌曲的发展主要体现在民歌和说唱音乐两个方面。

（1）民歌的发展

明清时期的民歌极为丰富，特别是在明中叶以后得到了很大的发展。民歌数量庞大、种类繁多，内容广泛，涉及日常生活、情感表达等多个方面。文人们积极从事民歌的收集、整理和出版工作，进一步推动了民歌的传播和发展。

明清的民歌具有划时代的意义，它们风格多样，遍及各地，思想性和艺术性都较以前有很大的发展。民歌不再局限于普通百姓中，不少文人也加入了搜集和整理的行列，如明代的冯梦龙编辑了《桂枝儿》《山歌》《夹竹桃》三种民歌，清代李调元编辑了中国清代广西各族的民间情歌集《粤风》，清代山东历城（今山东济南）人华广生编辑的《白雪遗音》，这些作品都对后世的音乐发展产生了积极的推动作用。

（2）说唱音乐的发展

明清时期说唱音乐也非常盛行，主要分为弹词、鼓词和牌子曲三类。

弹词主要流行于我国南方，如苏州弹词、扬州弹词等。苏州弹词语言分"土音"和"闻音"两大类，伴奏多用琵琶、三弦等弹拨乐器。清嘉庆、同治年间，弹词艺人俞秀山、陈遇乾、马如飞分别创立了俞调、陈调和马调。

鼓词主要流行于我国北方地区，如乐亭大鼓、东北大鼓、京韵大鼓等。鼓词的前身可能是宋代的"鼓子词"。清末民初，著名京韵大鼓表演家刘宝全创立了"刘派京韵"风格。

牌子曲是明清时期流行的民间小曲以一定形式连接起来的套曲，如京津的单弦牌子曲、四川清音等。伴奏乐器以三弦为主，南方常用琵琶、二胡、扬琴等。

3. 明清时期民间歌曲的传播和影响

明清时期的民间歌曲不仅在南北各地广泛传播，还在曲艺、戏曲、俗文学创作中产生了深远影响。例如，昆山腔经过改革后成为昆剧，影响了许多戏曲剧种的发展。此外，民间歌曲的传播也促进了地方文化的形成和发展，如各地的方言小戏和地方戏曲逐渐增多。

明清时期的民间歌曲在数量、种类和传播范围上都达到了一个新的高峰，对后世的文化艺术发展产生了重要影响。

二、民间娱乐

早期娱乐来源于劳动、祭祀、军事等多种活动。从形式上，可以把古代娱乐分为饮食类（如茶道）、艺文类（如诗文书画）、戏乐类（如戏剧、舞蹈、音乐、杂耍）、棋牌类（如围棋、樗蒲、双陆、叶子戏、麻将等）、运动竞技类（射箭、蹴鞠、击鞠、角抵、拔河等）、动植物斗赛（赛马、斗草、斗鸡、斗狗、斗蟋蟀等）、助兴类（猜拳行令，击鼓传花）。从参与方式上，则可把娱乐简单地可分为参与性为主和观赏性为主两大类。对前者，如普通民众日常把玩的棋牌；对后者，如普通民众喜欢看戏听曲观杂耍等娱乐活动。竞技类比较特殊，既有很强的亲身参与性，同时也有更多的观众，是民间娱乐的重要形式。另外，有的娱乐游戏因为参与者普遍幼小，比如"过家家""捉迷藏""滚铁环"和"老鹰抓小鸡"等，我们就没有把其纳入讨论。还有的娱乐活动不是长年都能开展，具有很强的时令性，比如每年端午的划龙舟；有的则是太受地域性限制，比如冰上运动、雪上运动等。以下主要讲述射箭、蹴鞠、叶子戏、听剧看戏这四大类娱乐活动。

（一）射箭

射箭是人类最早掌握的生存技能之一。仰韶文化遗址中发现的类似箭头的石镞遗物，证明古代中国先人已经开始使用箭矢进行狩猎和战斗。射箭不仅要求射手具备出色的技术水平，还需要有良好的心理素质和体能，所以射箭很自然成为古人竞技类娱乐方式之一。尤其在以游牧为生的古代北方少数民族中，射箭是人人皆会的技能。《史记·匈奴列传》曾提到："儿能骑羊，引弓射鸟鼠；少长则射狐兔；用为食。士力能毋弓，尽为甲骑。"可见射箭就是他们日常的生活技能和娱乐手段，以至于"中国罢于兵革，以故冒顿得自强，控弦之士三十余万"。一旦和中原发生军事冲突，就能动辄征发数以万计的甲骑。

在周代，射箭活动的开展按照严格的规定进行。射属于六艺（礼、乐、射、御、书、数）之一，而西周时期形成的射礼制度，是对射箭活动的礼仪化、规范化。在古代中国，射礼不仅承载着祭祀神灵、祈求丰收的意义，还象征着统治者的威仪和能力，成为政治生活中的重要组成部分。

儒家特别注重射箭的礼仪和教育功能，孔子曰："君子无所争，必也射乎。揖让而升，下而饮，其争也君子。"① 道家更加关注弓箭的内在修养和心态，墨家强调弓箭的实用和实战价值，法家将弓箭视为维护社会秩序和治安的手段，兵家则将其视为军事战略和战术的重要组成部分。周礼中的射礼分四种：大射，是天子、诸侯祭祀前选择参加祭祀人而举行的射礼；宾射，是诸侯朝见天子或诸侯相会时举行的射礼；燕射，是平时燕息之日举行的射礼；乡射，是地方官为荐贤举士而举行的射礼。据《周礼·地官》和《仪礼·乡射礼》等典章记载，周代社会基层行政体系"五州为乡"，每年春秋在各乡下属的州，由乡大夫或州长作为主人，会聚民众习射（即乡射礼），地点一般选在乡州的学校（乡校或州序）。乡射礼活动有一套完整固定的程式，参加者有德才兼备的学子，还有主人、特邀的佳宾和众宾，根据射击的成绩，分出胜负。乡射礼民众参与最多，不仅是一种娱乐，还有敦化民俗的作用。

和射箭相近的娱乐还有投壶。投壶是射箭的变异，以箭矢投入壶中为胜。壶束颈鼓腹，壶中盛以小豆，使箭矢投入后不至于弹出。投壶可在室中、堂中或庭中举行。因为不需要特别大的场地张侯置鹄（立靶），所以这种娱乐方式更加方便和流行。

（二）蹴鞠

蹴鞠是一项传统竞技类娱乐，它同时具有很强的参与性和观赏性。蹴鞠，又名"踢鞠""蹴球""蹴圆""筑球""踢圆"等。"蹴"有用脚蹴、踏、踢的含义，"鞠"最早指外包皮革、内实米糠的球，因而"蹴鞠"就是指古人以脚蹴、踏、踢皮球的活动，被认为是现代足球的前身。西汉学者刘向在《别录》中写"蹴鞠者，传言黄帝所作"，是说蹴鞠相传为黄帝所发明。明代《太平清话》也曾记载"踏鞠始于轩后，军中练武之剧，以革为元囊，实以毛发"，是说蹴鞠始于黄帝，开始用于军事训练。鞠是用皮子做成圆形，里

---

① 出自《论语·八佾》。

面装满毛发。战国时蹴鞠开始在民间流传,《战国策·齐策》中记载:"临淄之中七万户……甚富而实,其民无不吹竽、鼓瑟、击筑、弹琴、斗鸡、走犬、六博、蹹鞠者。"这些史料表明,战国时期的齐国都城临淄,蹴鞠已发展成一种在民间广为盛行的娱乐方式。

汉代是蹴鞠文化发展的第一个高潮,《盐铁论·国病》中记载西汉"里有俗,党有场,康庄驰逐,穷巷踏鞠"。宋代《太平御览》卷七百五十四中引《会稽典录》曰:"三国鼎峙,互兴金革,士以弓马为务,家以蹴鞠为学。"汉代出现了表演性蹴鞠和竞技性蹴鞠。表演性蹴鞠是在鼓乐伴奏下进行以脚、膝、肩、头等部位控球技能的表演,有人称之为"蹴鞠舞",是百戏中的重要节目。竞技性蹴鞠则是在"鞠城"中进行,"鞠城"已有现代足球场雏形,长方形,两头设置新月形球门相对①。汉代的竞技性蹴鞠不仅和今天的足球比赛一样,可在赛场上用身体直接对抗,还允许用"推""摔"等犯规动作来阻止对手进攻,其激烈程度类似今天的橄榄球竞赛,汉军因此经常拿蹴鞠作为一个重要的军事训练项目(图11-6)。

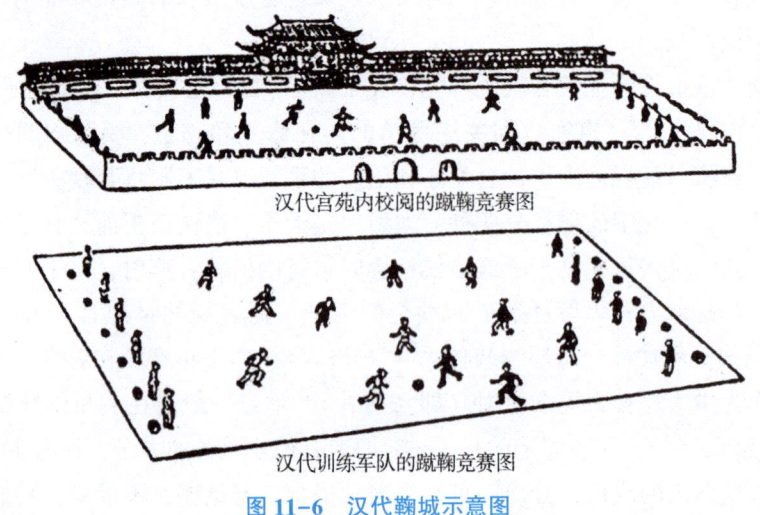

汉代宫苑内校阅的蹴鞠竞赛图

汉代训练军队的蹴鞠竞赛图

图11-6 汉代鞠城示意图

唐宋是蹴鞠文化发展的第二个高潮,一个重要原因就是唐代和宋代的皇帝大多喜欢玩它,元代钱选所绘《宋太祖蹴鞠图》,便是描绘宋太祖赵匡胤与赵炅、赵普等人踢球的场面。这直接带动了全民参与蹴鞠运动,宋代从皇宫内院到平民家庭,都以蹴鞠为乐。平民也常常在御街和横街玩蹴鞠,"举目则秋千巧笑,触处则蹴鞠疏狂"②。

唐宋时期对蹴鞠玩法做了一些改变,先是以充气球取代毛发实心球。其次,竞技性蹴鞠从原来身体直接对抗改为间接对抗。马端临在《文献通考·乐考二十》中说:"蹴毬盖始于唐,植两修竹,高数丈,络网于上为门,以度毬。毬工分左右朋,以角胜负。"新玩法把原来鞠城两边的球门取消,只设单独一个球门,球门设置在球场中央,竖立两根高三丈的球杆,从上到下拉一张大网,网的上部开一个球门洞,直径约一尺,叫"风流眼"。两队的人员分立球门两边,被球门球网隔开身体不接触。对比赛中有哪些人上场,每个人

---

① 出自何晏《景福殿赋》。
② 出自孟元老《东京梦华录》。

在场上的职责身份是什么，如何站立等细节都有明确规定，比如负责进攻射门的叫球头。比赛时某队球头将球踢过风流眼而对方须用身体接住不使落地，然后想法传给己方球头反攻踢回风流眼。哪一方踢过风流眼而且接球不落地的次数多即获胜。从今天来看，这更像用脚踢排球。蹴鞠新玩法显然更强调技巧性，更适合表演，也更加平民化，因此在女子和儿童中也流行起来，蹴鞠成为当时儿童最重要的娱乐游戏之一。此外，表演性蹴鞠在唐宋时期逐步发展为"白打蹴鞠"，不用球门也能自娱自乐玩出各种花活。《水浒传》中的高俅就是一位白打蹴鞠的高手。白打蹴鞠主要是以踢花样为主，也可以分组比赛，从一人场到十人场均可。由于它不受场地及球门的限制，在民间流传得最广。

宋代的蹴鞠运动最为鼎盛时出现了类似今天足球俱乐部的"齐云社"（也叫"圆社"），齐云社后来在全国发展分会，最后变成事实上的全国性蹴鞠行业组织，类似于今天的足球协会，也是世界上最早的专业足球组织。它最重要的职责之一就是组织每年一次的全国性蹴鞠比赛"山岳正赛"。山岳正赛类似于定级赛，对国内蹴鞠者的技术水平进行考核和评价，并确定蹴鞠者的技术等级。宋代的"足球场"鞠城和唐代相比在范围和数量上都有很大的提升。宋代鞠城已不仅建设在京都专供皇室贵胄服务，也开始建造于各地的中心城市，使寻常百姓也能参与蹴鞠的娱乐及竞赛活动。

唐宋之后直到明朝，蹴鞠虽不复顶峰盛况，但作为娱乐活动还在全国广泛流行。明代皇室也很喜欢蹴鞠，明宣宗朱瞻基这个超级球迷还写了一首《蹴鞠》诗来表达他观赛时的感受："密密清阴接贝宫，锦衣花帽蹴东风。最怜宛转如星度，今古风流气概同。[1]"明朝时甚至还出现了专门的"品牌足球制造商"，即专门制作鞠的手工业作坊，出售各式各样的鞠（时名为"健色"）。在《蹴鞠图谱》中著录健色名（指足球品牌）二十四种，在《蹴鞠谱》中著录健色名四十种。

清代由于王朝统治阶级担心蹴鞠自带的传播与结社属性，会使其与民间反清运动结合，因此曾多次下达对蹴鞠的禁令。在乾隆时期干脆明令禁止蹴鞠活动，民间的蹴鞠活动受到了极大的限制。清代中期，西方现代足球随着传教士传入中国后，中国传统的蹴鞠活动基本上被来自欧洲的现代足球所取代，而踢毽子作为"蹴鞠之遗事"[2]，勉强得以继承与发展。我国古代流行几千年的蹴鞠活动，到了清代晚期终于基本消失在历史长河中。

（三）叶子戏

古代中国也发明了大量棋牌类桌面游戏供娱乐，其中不少游戏后来还继续派生出更多玩法，参与者也没有什么门槛限制，所以一经流行就长久不衰。叶子戏就是这样一款经典桌面娱乐游戏，它后来衍生发展出了马吊牌、麻将和扑克牌这些游戏，所以也被称为"卡牌鼻祖"。

有人认为叶子戏是唐代僧一行发明的。史书上最早对叶子戏的明确记载则是唐人苏鹗的《同昌公主传》："韦氏诸宗，好为叶子戏。夜则公主以红琉璃盛光珠，令僧祁捧之堂

---

[1] 出自《大明宣宗皇帝御制集·卷四十三》。
[2] 出自高承《事物纪原》。

中，而光明如昼焉。"为了玩叶子戏，公主竟然用珍贵的夜明珠来照明，可见此游戏巨大的吸引力。"叶子"一词这里实际就是代指纸牌，还有人撰写了叶子戏的专著《叶子格》，由此可推测当时这种纸牌游戏已经成熟，而且影响广泛，但这些专著今天只存其名。欧阳修在《归田录》卷二中说：

叶子格者，自唐中世以后有之。说者云，因人有姓叶号子清（一作清或作晋）者撰此格，因此为名。此说非也。唐人藏书，皆作卷轴，其后有叶子，其制似今策子。凡文字有备检用者，卷轴数难卷舒，故以叶子写之……骰子格，本备检用，故亦以叶子写之，因以为名尔。唐世士人宴聚，盛行叶子格，五代、国初犹然，后渐废不传。今其格世或有之，而无人知者。

以上说的是到了宋初，唐朝的叶子戏玩法已渐渐失传，后人因此无法确定唐代叶子戏的本来面目。另外还提到，唐朝时玩叶子戏需要用到骰子。因此不妨据此推测，叶子戏后来的一个演进方向，是和骰子相关的骨牌，如牌九、天九和麻将。

尽管唐代的叶子戏到北宋时便逐渐失传，但新的叶子戏玩法又不断问世，其形制、花样也不断翻新。1905 年，德国人冯·柯克在新疆吐鲁番的一座古墓中发现了一张博戏叶子，这张已知存世最古老的博戏叶子现收藏在柏林一博物馆中，据考证，它产生的年代不会晚于 11 世纪，也就是北宋前期。马吊牌则产生于明代，不晚于明中叶。从现存于世的明末清初的马吊牌来看，所印图案与前述 1905 年发现于吐鲁番的古叶子颇多相似之处，二者之间应当存在一脉相承的渊源。因此宋代后的新叶子戏其中一支演变成明代马吊牌的可能性是存在的。

延伸阅读 11-2

欲学习更多相关内容，请扫描查看延伸阅读 11-2。

（四）听剧看戏

据王国维在《戏曲考原》中所述，古代中国的多数民众受教育程度比较低，但他们中不少人却往往能"贤贤易色；事父母，能竭其力；事君，能致其身；与朋友交，言而有信"。[①] 不仅有朴素善良的是非观，而且了解很多社会生存的智慧。有的人可能是因为天生气禀清轻，但更多的是受到了潜移默化的教化熏陶。这种潜移默化有的来自良好的社会环境，有的来自以身作则的身边人，有的来自和谐友善的乡党朋友，也有的来自寓教于乐的娱乐中，比如在城里乡下看的各种戏曲演出。王国维曾在《宋元戏曲考》中说："戏曲者，谓以歌舞演故事也。"他考证中国戏曲的起源与形成，认为："中国戏曲是在古代祭祀歌舞的基础上孕育出来的。"

西汉武帝年间，民间出现具有表演成分的"角觝百戏"，其中《东海黄公》作为角抵戏的代表，可以认为是中国戏曲出现的最早雏形。虽然是角抵戏，却是根据特定的人物故事演出排练好的情节，不再属于两两相角、以力的强弱裁定胜负的"角抵"竞技了，这种既定故事内容的戏剧表演，为早期戏曲的形成奠定了初步基础，中国戏剧就是从这条路发

---

① 出自《论语·学而》。

展起来的。

后世的各个剧种戏目都不乏歌颂传统美德和英雄贤良的故事。历史上，中国戏曲受到广大民众普遍接受，首先是因为戏曲的锣鼓喧天、色彩斑斓、历史荣辱与人生悲喜，为人们单调贫乏的日常生活带来莫大乐趣；然后是传统的"戏班子"流动性强并且较少受地点限制的灵活演出形式，使穷乡僻壤的人们也可以享受到戏曲美妙唱腔和华丽服饰的悦耳悦目之美的滋养，还有善恶有报的心灵抚慰。这便是传统戏曲"教化"作用的体现。唱腔优美、衣饰华丽、情节曲折、感人至深的戏曲，自然能寓教于乐地宣扬统治者倡导的"仁义礼智信"的价值观。关于这点，英国传教士麦高温在 20 世纪初也观察到了中国戏曲的这种"教化"作用，他在著作《多面中国人》里写道："中国历史上有大量的场景都被戏剧化了。戏剧因此成了一种手段，不仅用历史大事教育了平民百姓（他们大多数目不识丁），而且维持了全民对英雄的崇拜，正是这些崇拜，在他们早已消亡的时代发挥了一个如此有力的作用。"美国传教士倪维思在其所著的《中国和中国人》中也认为："对中国人而言，戏曲可以算是道德教育的一种手段，因为剧中的人物一般都善恶分明、因果有报。"所以中国戏曲"舞台上的角色和剧情内容与西方的戏剧截然不同"。

第三节　时域殊俗

无论从国土面积、国家人口还是文明时长的角度来衡量，中国在人类文明国家中始终处在第一梯队，而且是大多数时间统一在同一个文明体里的单一制大国，是名副其实的广土巨族之国。深入这个国家的内部，就会发现无论地理、气候、物产抑或人民的性格气质、生活习俗，不仅东西南北迥异，而且即使是在同一个地方，也可往昔今朝互悖。就像春秋时期的吴越，当时还民风彪悍、断发文身，是经济文化落后的边蛮之地；而随着八百年后中原衣冠南渡，斯地斯人恰似脱胎换骨：地，成为富甲天下，烟雨杨柳，鱼米之乡；人，则已文质彬彬、精致典雅，温润柔美之气中不失蕴藉的阳刚，从此还定格了江南美景和江南士子的模样……就像这民间的信仰，也是五花八门的。

一、民间信仰对鬼神的态度

中国是世俗国家，但自古尊重和保障公民的宗教信仰自由。中国古代历史上长期占据主流思想地位的儒家，对宗教鬼神的态度是："敬鬼神而远之""不语怪力乱神"[①]。因此，普通百姓也多数以"临时烧香"的实用态度对待各路神祇，真正虔诚的宗教信徒占比很少。几乎每个人都或多或少知道几个"著名"的实用神仙，急用的时候可以马上拜一拜，也不太在意神仙究竟是哪一个教的，只要是在需要时能"有求必灵"就是好神仙。事成如愿，许愿者就愿意支付承诺的香火钱来还愿。这种心态就是中国"民间信仰"的实质，它

---

① 出自《论语·述而》。

是在长期的历史发展中，百姓自发产生的有关神灵崇拜的观念、行为、禁忌、仪式等信仰习俗惯制，所以也被称为信仰民俗。民间信仰承袭了原始信仰"万物有灵"的朴素自然观，虽然不属于正式宗教信仰，但有时又混搭了一些正式宗教的元素，最后形成一种混合的文化现象。这些实用"神仙"有一部分具有范围较广的影响力，比如财神、门神、灶王爷、送子观音、文曲星等，也有一部分具有明显的区域性，或者只针对特定信众。

二、财神信仰

财神是中国民间普遍供奉的善神之一，每逢新年，家家户户悬挂财神像，希冀财神保佑，以求来年财源广进，这种真切的祈望成为人们的普遍心理。财神不止一个，佛教体系里财神分别是北方多闻天王和善财童子。而民间信仰体系里，财神更多，包括"正财神"赵公明[①]、"文财神"范蠡[②]、"武财神"关羽[③]、五路神[④]，以及"准财神"刘海蟾[⑤]。

在人们奉祀的财神当中，影响最大的是赵公明。据《三教搜神大全》记载，赵公明神通广大，变化无穷，有唤雨呼风、降瘟剪疟的本领，人们习惯称之为"赵公元帅"。中国民间认为，赵公明手下掌管四名都与财富有关的小神，分别是招宝、纳珍、招财和利市，因而赵公明是正财神。

范蠡（陶朱公）是春秋末期越国杰出的政治家、谋略家、思想家，同时他也是一位生财有道的著名商人，因而民间将他奉为文财神。

关羽以忠义勇武著称，众商贾希望他能够成为自己发财致富的守护神。人们也都希望商贾能够坚守诚信，因而双方把关羽视为公正人，奉他为武财神。

在民间所供奉的文武财神之外，还有五路神，就是指镇守东西南北中五方的财神（图11-7）。百姓在门上贴五路财神像，是祈望自己一出门就会得到财神的保佑。

[①] 赵公明，根据道教典籍和民间传说，赵公明曾是终南山的得道高人，后被封为"金龙如意正一龙虎玄坛真君"，掌管人间财富，成为五路财神之首。赵公明的形象通常为黑面浓须，头戴铁冠，手执铁鞭，骑乘黑虎，象征着金水相逢的财富象征。他不仅掌管金银财宝，还负责公平买卖、迎祥纳福等事务。在《封神演义》中，赵公明被描绘为截教高人，拥有定海珠、缚龙索等法宝，并最终被姜子牙封为正财神。

[②] 范蠡，字少伯，曾辅佐越王勾践复国灭吴，功成后隐退从商，改名"鸱夷子皮"，自号"陶朱公"，在陶地（今山东定陶）定居，三次成为巨富，又三次散尽家财救济穷人，因此被后人尊为"文财神"和"商圣"。

[③] 关羽被尊为财神，主要与晋商的兴起和民间信仰密切相关。晋商作为中国古代商业巨头，以诚信经营闻名，他们需要一个象征来彰显商业伦理中的诚信和义气。关羽的忠义精神正好契合了这一需求，而且他发明了"日清簿"等会计方法，这些方法被后世商人广泛认可，因此被商人奉为保护神，并逐渐演变为武财神。

[④] 五路神，又称偏财神或路头神，是中国民间信仰中的一种财神形象。五路神的起源和传说多种多样，但主要指的是赵公明及其四位部将：招宝天尊萧升、纳珍天尊曹宝、招财使者陈九公和利市仙官姚少司。五路神的名称来源于"五路"，即东、西、南、北、中五个方位，象征着出门五路皆得财的意思。在民间信仰中，五路神作为偏财神，与正财神（如文财神范蠡、武财神关羽等）相对应。偏财神通常被认为能够带来意外之财或暴富的机会，满足人们对于财富快速增长的渴望。

[⑤] 刘海蟾，原名刘操，字宗成，号海蟾子，是五代时期的燕山（今北京）人。他曾是辽朝的进士，并在燕主刘守光手下担任丞相。然而，由于对道教的痴迷，他最终辞官隐居，拜吕洞宾为师，修道成仙，成为全真派北五祖之一。刘海蟾因"刘海戏金蟾"的传说而被奉为准财神。传说中，他用金钱作诱饵钓起了一只三足金蟾，金蟾能吐金钱，象征着财富与吉祥。刘海蟾每到一地就撒钱济贫，救济了许多穷人，因此被尊称为"活神仙"，他虽未正式获得财神封号，但因其能为人们带来一定的财运，承担了一部分财神的职责，因此被民间奉为准财神。

第十一章 礼求诸野：世风民俗

图 11-7 五路财神

另外还有一类只能被称为准财神，是由于此类神能够给人带来财运，人们就愿意将其作为财神看待，比如刘海蟾。刘海蟾是五代时人，曾官至丞相。传说，他曾降伏了口吐金钱的金蟾，因而他走到哪里，就把钱撒到哪里，故民间奉他为准财神。

（三）门神信仰

门神也是我国民间流行的神祇，不仅历史悠久、流传广泛，而且担任过门神一职的名人众多，很受欢迎。先民从"穴居"进入"屋居"时门神就已经开始伴随民众。早在周代，就有祭门的风俗，其用意与祭灶祭社（土地）相同，只是此时的门神还没有姓名。汉代时，出现了三位门神：神荼、郁垒[1]和成庆[2]。前两者是神话人物，基本成对出现在大门的左右两边，人们最开始用桃木雕出二神的像（图11-8），后来简化为画二神的像，由此还衍生出了"楹联"这一民俗。成庆则首开了用真实勇士充当门神的先河，他单人即可

---

[1] 神荼和郁垒是中国汉族民间传说中的两位门神，最早见于《山海经》和《论衡》等古籍。他们被描述为兄弟二人，擅长捉鬼，居住在东海度朔山上，守护着一棵巨大的桃树和鬼门。每当有恶鬼作乱，神荼和郁垒就会用苇索将其捆绑，并喂给老虎，以此驱除邪恶，保护百姓。神荼的形象通常为威武勇猛，身穿战甲，手持斧钺或兵器，面容凶狠；而郁垒则较为文雅，身穿黑色战袍，手持白莲花或轻抚金眼白虎。在民间信仰中，人们会在门上画神荼和郁垒的画像，或用桃木雕刻他们的形象，以驱鬼辟邪。

[2] 成庆是汉代的一位勇士，他有着健硕的身躯和威武的相貌。民间传说他性情刚烈，武艺高强，经常替弱小百姓出头，打抱不平，这与神荼、郁垒的身份不谋而合。据考证，成庆的原型极有可能就是荆轲。在汉代，荆轲那愤世嫉俗、视死如归的悲壮气概，深受百姓的崇敬和赞许。于是，荆轲这个形象在民间广泛流传开来。由于成庆和荆轲之间有着千丝万缕的联系，成庆也一跃成为广受欢迎的门神，常出现在汉人的家门和城门之上。

独挡一门。此后，荆轲、钟馗也曾被民间信仰推为门神。

图 11-8　传统门神像

唐代之后，人们开始偏爱用忠臣良将担任辛苦的门神工作，其中最有名的是唐代大将秦琼和尉迟恭。据说唐太宗李世民在睡觉时总会心神不宁，必须由秦琼、尉迟恭戎装守在门口方能安枕。后来他便让画匠将两位将军的像画下来贴在自己的寝宫门口后，也取得了同样的效果。上行下效，这个做法就传到了民间，从此秦琼和尉迟恭成为流传至今的首选门神。

此外，赵云、马超、薛仁贵、盖苏文、孙膑、庞涓、黄三太、杨香武、燃灯道人、赵公明、马武、姚期、萧何、韩信、孟良、焦赞乃至哼哈二将都曾受一些信众推崇而进入过门神队伍。

（四）灶神信仰

灶神，也被尊称灶王爷，是汉族民间最富代表性、最有广泛群众基础的流行神。旧时，差不多家家灶间设有灶王爷神位。本来灶神是民间信仰中主管饮食的神仙，在民间信仰神仙体系里地位最低，但由于他天天驻扎在各家管理灶事，是对每家最知根知底的神仙，所以顺便担任监督人间善恶的司命神，记录这家人私密的言行，每年小年这天，上天庭向玉皇大帝汇报工作，让天庭根据每户人家的表现采取奖惩措施。这就让古人感觉家里相当于平添了一位"家长"，不能得罪这位灶神。尤其每年腊月二十三（北方）或腊月二十四（南方）祭灶送灶神上天，要请灶神吃吃喝喝，贿赂灶神，让他醉饱上天，不要议论自家短长，用一块黏稠的糖瓜或者是糕粘在他嘴上，以使其"嘴甜"只能说好事。正所谓："上天言好事，下界保平安"。

另外，因为"男不拜月，女不祭灶"的习俗，因此祭灶神只限于男子。灶神实际是由原始的火崇拜发展起来的一种神祇崇拜，寄托了汉族劳动人民辟邪除灾、迎祥纳福的美好愿望。

（五）妈祖信仰

妈祖是古代海上航行的船工、海员、商贾、旅客和渔民共同信奉的海上保护神。妈祖又称天后、天妃，俗称"海神娘娘"，是传说中掌管海上航运的女神。

妈祖原本是宋朝一位女子，本名林默，宋建隆元年（960年）三月廿三出生于福建莆田湄洲岛。林默自幼生长在海边，洞晓天文气象，熟习水性。在湄洲岛和大陆之间的海峡中有不少暗礁，经常有渔舟、商船在此遇难，林默屡次救助这些遇难的百姓，久而久之，人们便传说她能"乘席渡海"。她平时又精研医理，为乡里治病，教人防疫消灾，大家非常感激她。此外，她善于预测天气变化，提前告知船户能否出航，因此民间又传说她能够"预知休咎事"，并将她称为"神女""龙女"。她于宋太宗雍熙四年（987年）九月初九去世（一说因救助渔民而不幸遇难），但民间传说中她是盛装登山石"升天"为神。由于林默生前与民为善，因而在她死后，沿海人民共同尊她为海上女神，并立庙祭祀。据说后来她屡次显灵于海上，因而渡海者尊称她为"通灵神女"。

妈祖信仰从产生之日起至今，已经有一千多年的历史。作为一种民间信仰，它延续时间之久、传播范围之广、对人影响之深，是一般的民间崇拜所未曾有过的。不仅沿海百姓对她极为崇拜，官方也大力对其褒封，从宋高宗封妈祖为"灵惠夫人"开始，历代帝王不断提升她的地位，直至清代封为"天后"。20世纪80年代，联合国有关机构授予妈祖"和平女神"称号。2009年9月30日，妈祖信俗被联合国教科文组织正式列入人类非物质文化遗产代表作名录，成为全国首个信俗类世界遗产和全人类共同精神财富。2021年11月，妈祖信俗入选"福建文化标识"。

如今，各地的妈祖庙、天后宫都供奉着妈祖的神像。在大陆，妈祖庙分布在二十二个省市的四百五十个县，福建莆田就有三百一十六处之多，海南有二百多座；此外，香港有五十七座，澳门有十座，台湾地区有妈祖宫庙五千多座。尤其是台湾地区，妈祖信众有一千六百多万人，妈祖信仰已经成了当地民俗文化的重要组成部分。

课后赏析

作品名称：《舌尖上的中国》
出品单位：CCTV1《魅力纪录》栏目
上映时间：2012年
导演：陈晓卿、任长箴、程工（等）

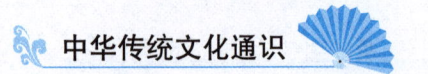

剧情介绍：《舌尖上的中国》是由陈晓卿等人执导，中国中央电视台出品的一部美食类纪录片。该节目主题围绕中国人对美食和生活的美好追求，用具体人物故事串联起中国各地的美食生态。

课后思考

1. 如何理解老子所说的"治大国若烹小鲜"？
2. 中国目前已经成为第一工业制造大国，你期待这一变化可能会在生活中创造怎样的新文化？

参 考 文 献

[1] 谭其骧. 谭其骧历史地理十讲［M］. 北京：中华书局，2022.
[2] 史念海. 历史地理学十讲［M］. 武汉：长江文艺出版社，2020.
[3] 韩茂莉. 中国历史地理十五讲［M］. 北京：北京大学出版社，2015.
[4] 陈胜前. 中国文化基因的起源：考古学的视角［M］. 北京：中国人民大学出版社，2021.
[5] 刘庆柱. 不断裂的文明史：对中国国家认同的五千年考古学解读［M］. 成都：四川人民出版社，2020.
[6] 梁启超. 论中国成文法编制之沿革得失［M］//饮冰室文集. 北京：中华书局，1936.
[7] 王国维. 殷周制度论［M］//观堂集林：卷十. 北京：中华书局，1959.
[8] 陈来. 古代宗教与伦理（增订本）［M］. 北京：北京大学出版社，2017.
[9] 常玉芝. 商代宗教祭祀［M］//宋镇豪. 商代史：卷八. 北京：中国社会科学出版社，2010.
[10] 朱凤瀚. 商周家族形态研究（增订本）［M］. 天津：天津古籍出版社，2004.
[11] 晁福林. 夏商西周的社会变迁［M］. 北京：中国人民大学出版社，2010.
[12] 井上徹. 中国的宗族与国家礼制［M］. 钱杭，译. 上海：上海书店出版社，2008.
[13] 滋贺秀三. 中国家族法原理［M］. 张建国，李力，译. 北京：商务印书馆，2013.
[14] 姜国柱. 中国军事思想简史［M］. 北京：新世界出版社，2006.
[15] 崔晓姣. 仁者无敌：早期中国的兵家与军事［M］. 北京：外语教学与研究出版社，2022.
[16] 白立超，黄朴民. 中国兵学通史·先秦卷［M］. 长沙：岳麓书社，2022.
[17] 张文儒. 中国兵学文化［M］. 北京：北京大学出版社，1997.
[18] 冯友兰. 中国哲学史［M］. 北京：商务印书馆，2011.
[19] 冯友兰. 中国哲学简史［M］. 北京：北京大学出版社，2010.
[20] 杨立华. 中国哲学十五讲［M］. 北京：北京大学出版社，2019.
[21] 朱熹. 四书章句集注［M］. 北京：中华书局，1983.
[22] 楼宇烈. 老子道德经校释［M］. 北京：中华书局，2008.
[23] 王先谦. 荀子集解［M］. 北京：中华书局，2016.
[24] 詹石窗. 新编中国哲学史［M］. 北京：中国书店，2002.
[25] 陈来. 宋明理学［M］. 北京：北京大学出版社，2020.
[26] 杨立华. 宋明理学十五讲［M］. 北京：北京大学出版社，2015.
[27] 宫崎市定. 科举史［M］. 郑州：大象出版社，2020.
[28] 沈兼士. 中国考试制度史［M］. 北京：中国和平出版社，2014.

[29] 杨学为，朱仇美，张海鹏. 中国考试制度史资料选编［C］. 合肥：黄山书社. 1992.
[30] 郭树春. 中国传统数学史话［M］. 北京：中国国际广播出版社，2021.
[31] 钱宝琮. 中国数学史［M］. 北京：科学出版社，1964.
[32] 路甬祥. 走进殿堂的中国古代科技史［M］. 上海：上海交通大学出版社，2009.
[33] 陈美东. 中国科学技术史·天文学卷［M］. 北京：科学出版社，2003.
[34] 曾雄生. 中国农学史［M］. 福州：福建人民出版社，2008.
[35] 李根蟠. 中国古代农业［M］. 北京：中国国际广播出版社，2010.
[36] 郑肇经. 中国水利史［M］. 上海：上海书店，1984.
[37] 周魁一. 中国科学技术史（水利卷）［M］. 北京：科学出版社，2002.
[38] 俞慎初. 中国医学简史［M］. 福州：福建科学技术出版社，1983.
[39] 刘树勇，白欣. 中国古代物理学史［M］. 北京：首都师范大学出版社，2011.
[40] 赵匡华. 中国古代化学［M］. 济南：山东教育出版社，1991.
[41] 周嘉华，曾敬民，王扬宗. 中国古代化学史略［M］. 石家庄：河北科技出版社，1992.
[42] 郗文倩. 食色里的传统［M］. 北京：中华书局，2018.
[43] 张竞. 餐桌上的中国史［M］. 方明生，方祖鸿，译. 北京：中信出版集团，2022.
[44] 赵荣光，谢定源. 饮食文化概论［M］. 北京：中国轻工业出版社，2000.
[45] 华国梁，等. 中国饮食文化［M］. 大连：东北财经大学出版社，2002.
[46] 马宏伟. 中国饮食文化［M］. 呼和浩特：内蒙古人民出版社，1992.
[47] 刘琦，等. 麦黍文化研究论文集［C］. 兰州：甘肃人民出版社，1993.
[48] 徐海荣. 中国饮食史［M］. 北京：华夏出版社，1999.
[49] 伍英. 中国古代音乐［M］. 北京：中国商业出版社，2015.
[50] 王光祈. 中国音乐史［M］. 北京：中国和平出版社，2014.
[51] 聂震宁. 中国的音乐与戏剧［M］. 广州：广东教育出版社，2024.
[52] 吴钊，刘东生. 中国音乐史略［M］. 北京：人民音乐出版社，1993.
[53] 夏野. 中国古代音乐简编［M］. 上海：上海音乐出版社，1989.
[54] 胡朴安. 中华全国风俗志［M］. 石家庄：河北人民出版社，1988.
[55] 丁世良，等. 中国地方志民俗资料汇编［M］. 北京：国家图书馆出版社，1989.
[56] 李元秀. 民俗知识一本通［M］. 北京：企业管理出版社，2013.